高等职业教育课程改革项目研究成果系列教材
"互联网+"新形态教材

电信业务应用与产品服务

主　编　李　丽
副主编　于鉴桐
参　编　李　刚

北京理工大学出版社
BEIJING INSTITUTE OF TECHNOLOGY PRESS

内 容 提 要

本书全面系统地介绍了有关电信业务应用与产品服务的相关知识，分为基础知识篇、电信业务篇及产品服务篇3个部分。基础知识篇包括电信系统认知、电信行业企业认知、终端与业务；电信业务篇包括第一类基础电信业务认知及应用、第二类基础电信业务认知及应用、第一类增值电信业务认知及应用、第二类增值电信业务认知及应用；产品服务篇包括电信产品服务案例。

本书面向所有对信息服务行业感兴趣的人士，既可作为高职院校通信类、营销类专业学生的参考教材，也适合从事信息通信相关行业的工作人员和管理人员阅读参考，还可作为信息服务行业相关从业人员培训教材或自学用书。

版权专有　侵权必究

图书在版编目（CIP）数据

电信业务应用与产品服务 / 李丽主编． －－北京：北京理工大学出版社，2021.9（2022.1 重印）
ISBN 978 - 7 - 5763 - 0435 - 0

Ⅰ．①电… Ⅱ．①李… Ⅲ．①电信业务 - 教材 Ⅳ．①F626.12

中国版本图书馆 CIP 数据核字（2021）第 200095 号

出版发行 /	北京理工大学出版社有限责任公司
社　　址 /	北京市海淀区中关村南大街5号
邮　　编 /	100081
电　　话 /	（010）68914775（总编室）
	（010）82562903（教材售后服务热线）
	（010）68944723（其他图书服务热线）
网　　址 /	http://www.bitpress.com.cn
经　　销 /	全国各地新华书店
印　　刷 /	唐山富达印务有限公司
开　　本 /	787 毫米 × 1092 毫米　1/16
印　　张 /	16
字　　数 /	358 千字
版　　次 /	2021 年 9 月第 1 版　2022 年 1 月第 2 次印刷
定　　价 /	49.00 元

责任编辑 /	朱　婧
文案编辑 /	朱　婧
责任校对 /	周瑞红
责任印制 /	施胜娟

图书出现印装质量问题，请拨打售后服务热线，本社负责调换

伴随着我国信息通信技术的快速更新和发展，信息服务已经全方位渗入到人们学习、工作和生活中，信息通信行业需要大量既懂技术又懂业务应用推广的信息服务类人才。

为了培养适应现代信息通信行业快速发展的高素质信息服务人才，适应电信运营企业业务营销与推广等工作岗位的能力要求，同时结合全国通信专业技术人员职业水平考试、《电信业务员国家职业技能标准》《电信业务营业员国家职业技能标准》的要求，我们组织专业教师和专家编写了《电信业务应用与产品服务》一书。

本书组织上采用模块化、任务驱动设计，采用大量来自企业一线的真实案例说明电信业务的实际应用现状。对于电信业务中涉及的技术原理以"通信小知识"的形式展示，真正做到理论够用即可。每模块单元均设有"实践活动"，突出实际应用，做到既有任务驱动的形，又有任务驱动的实。同时通过融入思政元素，以"通信小历史"的形式介绍电信行业发展过程中的人物事迹，激发学习者的自豪感与爱国心。

本书面向所有对信息服务行业感兴趣的人士，既可作为高职院校通信类、营销类专业学生的参考教材，也适合从事信息通信相关行业的工作人员和管理人员阅读参考，还可作为信息服务行业相关从业人员培训教材或自学用书。

本书由湖南邮电职业技术学院的李丽主编，湖南邮电职业技术学院的于鉴桐副主编，中国电信湖南分公司李刚参编。李丽负责全书的整体构思、大纲设计、统稿和全书审阅。全书写作安排如下：模块一、二、三、八由李丽负责编写，模块四、五、六由于鉴桐负责编写，模块七由李刚负责编写。本书在编写过程中，得到中国电信湖南分公司、中国移动湖南分公司、中国联通湖南分公司的相关专家们的大力支持和帮助，在此表示由衷的感谢。本书的素材来自大量的参考文献和应用经验，特此向相关作者致谢。

由于编者水平有限，书中难免存在不妥或错误之处，敬请广大读者批评指正。

编　者

目录

第一部分 基础知识篇

模块一 电信系统认知 ············ 3
任务1 通信与电信 ············ 4
　一、通信定义 ············ 4
　二、电信定义 ············ 7
　三、通信与电信 ············ 10
任务2 电信系统 ············ 11
　一、电信系统组成 ············ 11
　二、网络拓扑结构 ············ 12
　三、网络分层结构 ············ 13
任务3 电信网络 ············ 16
　一、传统电信网 ············ 16
　二、计算机网络 ············ 21
　三、有线电视网 ············ 22
　四、三网融合 ············ 24
实践活动 ············ 25
过关训练 ············ 28

模块二 电信行业企业认知 ············ 30
任务1 电信行业认知 ············ 31
　一、电信产业链与生态圈 ············ 31
　二、电信行业特点 ············ 33
　三、电信行业监管机构 ············ 34
　四、电信行业监管法规 ············ 36
任务2 电信企业认知 ············ 38

一、电信企业类别 ……………………………………………………………… 38
　　二、中国电信 …………………………………………………………………… 39
　　三、中国移动 …………………………………………………………………… 42
　　四、中国联通 …………………………………………………………………… 44
　　五、中国广电 …………………………………………………………………… 47
　　六、虚拟运营商 ………………………………………………………………… 47
　任务3　电信资源 ………………………………………………………………… 49
　　一、无线频率资源 ……………………………………………………………… 49
　　二、电信号码资源 ……………………………………………………………… 51
　实践活动 …………………………………………………………………………… 53
　过关训练 …………………………………………………………………………… 55

模块三　终端与业务 ……………………………………………………………… 57

　任务1　通信终端认知 …………………………………………………………… 58
　　一、文本及图形图像通信终端 ………………………………………………… 58
　　二、音频通信终端 ……………………………………………………………… 59
　　三、视频通信终端 ……………………………………………………………… 60
　　四、数据通信终端 ……………………………………………………………… 61
　任务2　移动通信终端 …………………………………………………………… 64
　　一、移动通信终端的发展历程 ………………………………………………… 64
　　二、移动通信终端技术体系 …………………………………………………… 66
　任务3　物联网终端及可穿戴电子产品 ………………………………………… 72
　　一、物联网终端 ………………………………………………………………… 72
　　二、可穿戴电子产品 …………………………………………………………… 73
　任务4　电信业务定义及类别 …………………………………………………… 76
　　一、业务界定 …………………………………………………………………… 76
　　二、电信业务定义 ……………………………………………………………… 76
　　三、电信业务分类 ……………………………………………………………… 77
　　四、电信业务目录管理 ………………………………………………………… 80
　实践活动 …………………………………………………………………………… 83
　过关训练 …………………………………………………………………………… 85

第二部分　电信业务篇

模块四　第一类基础电信业务认知及应用 …………………………………… 89

　任务1　固定通信业务 …………………………………………………………… 90
　　一、固定电话网络编号计划 …………………………………………………… 90
　　二、固定通信业务 ……………………………………………………………… 91
　任务2　蜂窝移动通信业务 ……………………………………………………… 95

一、第二代数字蜂窝移动通信业务 ··· 95
　　二、第三代数字蜂窝移动通信业务 ··· 97
　　三、第四代数字蜂窝移动通信业务 ··· 99
　　四、第五代数字蜂窝移动通信业务 ·· 100
任务3　第一类卫星通信业务 ·· 102
　　一、卫星通信系统 ·· 102
　　二、第一类卫星通信业务 ··· 104
任务4　第一类数据通信业务 ·· 106
　　一、数据通信的定义 ··· 107
　　二、第一类数据通信业务 ··· 108
任务5　IP电话业务 ·· 110
　　一、IP电话的通信方式 ··· 111
　　二、IP电话与传统电话的比较 ·· 112
实践活动 ·· 113
过关训练 ·· 114

模块五　第二类基础电信业务认知及应用 ·· 116

任务1　集群通信业务 ··· 117
　　一、集群通信的定义 ··· 117
　　二、集群通信的技术体制 ··· 119
　　三、集群通信业务应用 ·· 120
任务2　第二类卫星通信业务 ·· 121
　　一、卫星转发器出租、出售业务 ·· 121
　　二、VSAT通信业务 ··· 123
任务3　第二类数据通信业务 ·· 125
　　一、DDN专线业务 ·· 126
　　二、X.25专线业务 ·· 128
　　三、FR专线业务 ··· 129
　　四、ATM专线业务 ·· 130
　　五、VPN ··· 131
任务4　网络接入设施服务业务 ··· 134
　　一、接入网定义 ··· 134
　　二、有线接入网 ··· 135
　　三、无线接入网 ··· 139
　　四、网络接入设施服务业务 ·· 140
任务5　国内通信设施服务业务 ··· 141
　　一、电路出租 ·· 141
　　二、网元出租 ·· 143
实践活动 ·· 145

过关训练 ··· 147

模块六　第一类增值电信业务认知及应用 ··· 148

任务 1　互联网数据中心业务 ·· 149
一、互联网数据中心 ··· 149
二、互联网数据中心业务 ·· 151
三、互联网数据中心业务应用 ·· 162

任务 2　内容分发网络业务 ·· 164
一、内容分发网络 ·· 164
二、内容分发网络业务 ··· 167

任务 3　国内互联网虚拟专用网业务 ··· 171
一、技术方案选型 ·· 171
二、应用案例 ··· 175

任务 4　互联网接入服务 ·· 177
一、拨号接入 ··· 178
二、专线接入 ··· 180
三、无线接入 ··· 181

实践活动 ··· 185
过关训练 ··· 187

模块七　第二类增值电信业务认知及应用 ··· 188

任务 1　在线数据处理与交易处理业务 ··· 189
一、交易处理业务 ·· 189
二、电子数据交换业务 ··· 191
三、网络/电子设备数据处理业务 ··· 194

任务 2　国内多方通信服务业务 ·· 196
一、国内多方电话会议服务业务 ·· 196
二、国内互联网会议电视及图像服务业务 ································· 199

任务 3　存储转发类业务 ·· 202
一、电子邮件业务 ·· 203
二、传真存储转发业务 ··· 206

任务 4　呼叫中心业务 ··· 209
一、呼叫中心认知 ·· 209
二、呼叫中心业务 ·· 211

任务 5　信息服务业务 ··· 213
一、信息服务业务认知 ··· 213
二、信息服务业务应用 ··· 214

任务 6　编码和规程转换业务 ·· 217
一、互联网域名认知 ··· 218
二、互联网域名解析服务业务 ·· 219

实践活动 ·· 222
过关训练 ·· 223

第三部分　产品服务篇

模块八　电信产品服务案例 ·· 227
　任务1　智慧校园服务案例 ·· 228
　　一、方案概述 ··· 228
　　二、典型案例 ··· 231
　任务2　车联网服务案例 ·· 234
　　一、车联网认知 ··· 234
　　二、典型案例 ··· 235
　任务3　智能物流服务案例 ·· 238
　　一、智能物流认知 ··· 238
　　二、典型案例 ··· 240

参考文献 ·· 244

第一部分 基础知识篇

第一部分 基础知识篇

模块一

电信系统认知

学习目标

* 知识目标：
- 了解电信的内涵、电信与通信的区别与联系；
- 了解电信系统的组成、电信网络的分层结构；
- 了解传统电信网络、计算机网络和广播电视网的内涵及特点。

* 能力目标：
- 能够领会通信系统的分类方法；
- 能够领会电信网络不同拓扑结构的特点；
- 能够领会"三网融合"的业务形态。

* 素养目标：
- 具备信息素养和创新意识；
- 培养爱国情怀、中华民族自豪感和电信行业的荣誉感；
- 培养终生学习的意识和能力。

学习导图

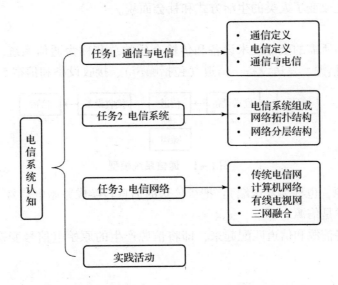

任务1　通信与电信

通信是信息化社会的重要支柱。无论是在人类的社会、经济活动中，还是在人们日常生活的方方面面，都离不开通信这个高效、可靠的手段。

一、通信定义

1. 什么是通信

所谓通信，简单而言就是指消息的传递。因此，通信的基本任务是解决两地之间的消息传递或交换。消息的传递或交换就是现代所说的信息交流，显然，人类之间的沟通、交流离不开通信。

根据《现代汉语词典》第7版的定义，通信是：①用书信互通消息，反映情况等；②利用电波、光波等信号传送文字、图像等。

《牛津词典》将 communication（通信）一词定义为：①传递思想、感情、信息的行为过程；②发送信息的方法，如电话、收音机、计算机等。

人类实践过程中，随着社会生产力的发展，对传递消息的要求不断提升，通信构成了人类文明进步的一个重要部分。在古代，人类通过身体语言、眼神、触碰、符号、击鼓、旗语、烽火台等多种方式进行信息传递，也有以驿站快马接力、飞鸽传书等多种传递方式进行的实物信息传递。在近现代，随着科学水平的飞速发展，人类发明了利用"电"来传递消息的通信方法。这种通信具有迅速、准确、可靠等特点，且几乎不受时间、地点、空间、距离的限制，因而得到了飞速发展和广泛应用，相继出现了无线电、固定通信、移动通信、互联网等各种通信方式。电波的快捷性，使从远古人类物质交换过程中就结合文化交流与实体经济不断积累进步的实物性通信（如邮政通信）不断被替代。当然，随着时代发展进步，实物性通信本身也在发展进步。通信技术拉近了人与人之间的距离，提高了经济的效率，深刻地改变了人类的生活方式和社会面貌。

2. 通信系统

实现消息传递所需的全部技术设备和传输介质的总和称为通信系统。其模型方框图如图1-1所示，由信源、发送设备、信道（包括噪声）、接收设备和信宿5部分组成。

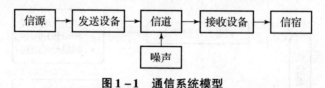

图1-1　通信系统模型

信源（信息源，也称为发送端）：把待传送的消息转换成原始电信号，如移动通信系统中的手机可以看成是信源。

发送设备：将信源和信道匹配起来，即将信源产生的原始电信号变换成适合在信道中传输的信号。

信道：信号传输的通道，可以是有线的，也可以是无线的，甚至还可以包含某些设备。

接收设备：接收设备的任务是从带有干扰的接收信号中恢复出相应的原始电信号。

信宿：将恢复的原始电信号转换成相应的信息。

3. 通信系统分类

按不同的分类方法，可以将通信系统分成不同类别。按照传输媒介的种类可以分为有线通信和无线通信，按照传输信号可以分为模拟通信和数字通信，按调制方式可以分为基带传输和频带传输，按通信双方的分工及数据传输方向可以分为单工通信、半双工通信和全双工通信。

（1）按传输介质分类

传输介质负责将信息从发送端传送到接收端。

①有线通信：是指传输介质为导线、电缆、光缆、波导、纳米材料等形式的通信，其特点是介质看得见、摸得着，如明线通信、电缆通信、光缆通信等。

图1-2 线务工人在维护电信传输架空明线

★通信小历史

【线路维护】解放初期的长途电信线路维护，由各地电信局（邮电局）中心站管辖，互不统属。当时的维护实行分段派人驻守，贯彻预防为主的方针，尽管还有很多制度尚待建立与健全，但广大线务人员仍能以高度的主人翁精神，尽职尽责地维护着线路的畅通（图1-2）。由于土匪猖獗，曾有李静芳、余云全、韦恩崇三位线务员为了维护线路的畅通，分别在抢修中或岗位上被土匪杀害，壮烈牺牲，我们将永远怀念他们。

②无线通信：是指传输介质为电磁波等形式的通信，其特点是介质看不见、摸不着，如微波通信（波长在1 mm～1 m之间的电磁波）、短波通信（波长在10～50 m之间的电磁波）、移动通信、卫星通信等。

（2）按信道中传输的信号分类

按信道中传输的信号是模拟信号还是数字信号，通信系统可分为模拟通信和数字通信。

①模拟信号：又称连续信号。信号的某一参量（如连续波的振幅、频率、相位，脉冲波的振幅、宽度、位置等）可以取无限多个数值，且直接与消息相对应。模拟信号是连续变化的信号，衰减得较慢，适合长距离传输，如图1-3（a）所示。语音信号和图像信号就是典型的模拟信号。

②数字信号：又称离散信号。信号的某一参量（如连续波的振幅、频率、相位，脉冲波的振幅、宽度、位置等）只能取有限个数值，并且常常不直接与消息相对应，如图1-3（b）所示。符号、文字和数据就是典型的数字信号。

数字通信系统是利用数字信号传输信息的系统。模拟通信系统是利用模拟信号传输信息的系统。

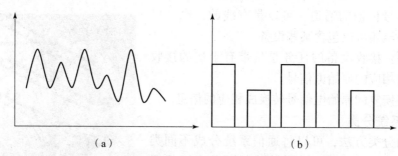

图1-3 模拟信号与数字信号
(a) 模拟信号; (b) 数字信号

(3) 按调制方式分类

按照调制方式通信系统可以分为基带传输和频带传输。

①基带传输: 在数据通信中, 由计算机等数字设备直接发出的信号是二进制数字信号, 是典型的矩形电脉冲信号, 其频谱包括直流、低频和高频等多种成分。在数字信号频谱中, 把直流(零频)开始到能量集中的一段频率范围称为基本频带, 简称为基带。因此, 数字信号被称为数字基带信号, 在信道中直接传输这种基带信号就称为基带传输。在基带传输中, 整个信道只传输一种信号, 通信信道利用率低。由于在近距离范围内, 基带信号的功率衰减不大, 从而信道容量也不会发生太大变化, 因此, 在局域网中通常使用基带传输技术。

在实际通信中有不少信道都不能直接传送基带信号, 必须进行调制。所谓调制, 就是用基带信号对载波波形的某些参数进行控制, 使这些参量随基带信号的变化而变化。用以调制的基带信号是数字信号, 所以又称数字调制。数字调制有幅度调制(ASK)、相位调制(PSK)和频率调制(FSK)3种基本形式, 并可派生出多种其他形式。

②频带传输: 远距离通信信道多为模拟信道, 例如, 传统的电话(电话信道)只适用于传输音频范围(300~3 400 Hz)的模拟信号, 不适用于直接传输频带很宽、但能量集中在低频段的数字基带信号。频带传输就是先将基带信号变换(调制)成便于在模拟信道中传输的、具有较高频率范围的模拟信号(称为频带信号), 再将这种频带信号在模拟信道中传输。计算机网络的远距离通信通常采用的是频带传输。

(4) 按通信双方的分工及数据传输方向分类

对于点对点的通信, 按消息传送的方向, 通信方式可分为单工通信、半双工通信及全双工通信。

①单工通信: 是指消息只能单方向进行传输的一种通信工作方式。单工通信的例子如广播、遥控、无线寻呼等。这里, 信号(消息)只从广播发射台、遥控器和无线寻呼中心分别传到收音机、遥控对象和寻呼机上。

②半双工通信: 是指通信双方都能收发消息, 但不能同时进行收和发的工作方式。对讲机、收发报机等都是半双工通信方式。

③全双工通信: 是指通信双方可同时进行双向传输消息的工作方式。在这种方式下, 双方都可同时进行收发消息。很明显, 全双工通信的信道必须是双向信道。生活中全双工通信的例子非常多, 如普通固定电话、移动电话等。

二、电信定义

1. 什么是电信

"电信"(telecommunication)是什么?《中华人民共和国电信条例》规定:本条例所称电信,是指利用有线、无线的电磁系统或者光电系统,传送、发射或者接收语音、文字、数据、图像以及其他任何形式信息的活动。

国际电联对"电信"的定义是:利用有线电、无线电、光或其他电磁系统对符号、信号、图像、声音以及别的任何性质信息的传输、发送或接收。按照国际电联对于电信的定义,凡是发信者利用任何电磁系统,包括有线电系统、无线电系统、光学通信系统及其他电磁系统,采用任何表示形式,包括符号、文字、声音、图像以及由这些形式组合而成的各种可视、可听或可用的信号,向一个或多个确定的接收者发送信息的过程,都称为电信。它不仅包括电报、电话等传统电信媒体,也包括光纤通信、数据通信、卫星通信等现代电信媒体;不仅包括上述双向传送信息的媒体,也包括广播、电视等单向信息传播的媒体,如图1-4所示。

图1-4 电信的基本概念

2. 电信的"简历"

(1) 电信的世界"简历"

人类用电来传送信息的历史是由电报开始的。电报是用符号传送信息的方式。它是一种数字通信方式。

① 电报通信(安培 1820年);

② 有线电报(莫尔斯 1844年);

电信的世界简历

③有线电话（贝尔 1876年）；
④无线电报（马可尼 1895年）；
⑤无线广播（美国 1920年）；
⑥无线寻呼（美国 1948年）；
⑦移动电话（美国 1940年）；
⑧计算机（数据通信 1946年）；
⑨因特网（美国 1969年）；
⑩21世纪初期演进为以IP（网际协议）信息业务为主的新格局。

信息技术（如图1-5所示）和通信技术（如图1-6所示）(information and communication technologies, ICT)的快速发展极大提高了社会运行效率，降低了社会运行成本，为整个社会的高度信息化奠定了坚实基础。

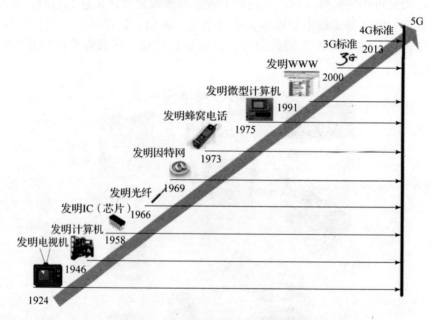

图1-5 信息技术的发展变迁

★ 通信小历史

【谁发明了电话？】目前，大家公认的电话发明人是贝尔，他是在1876年2月14日在美国专利局申请电话专利权的。其实，就在他提出申请两小时之后，一个名叫E.格雷的人也申请了电话专利权。在他们两个之前，欧洲已经有很多人在进行这方面的设想和研究。早在1854年，电话原理就已由法国人鲍萨尔设想出来了，6年之后德国人赖伊斯又重复了这个设想。在国际电信联盟出版的《电话一百年》一书中提到，公元968年，中国人发明了一种叫"竹信"的东西，它被认为是今天电话的雏形。

(2) 电信的中国"简历"

①最早的电话局：1882年2月21日，丹麦大北电报公司在上海外滩设立了电话交换所。

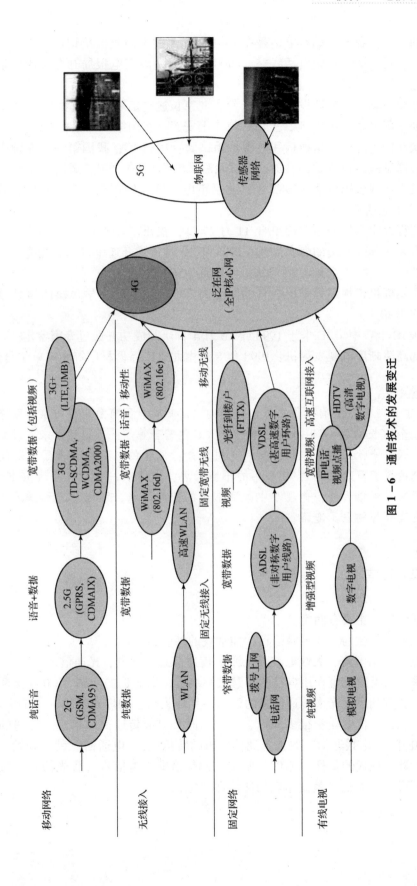

图1-6 通信技术的发展变迁

②最早的电话：我国开始有电话是在 1881 年。当时上海英商瑞记洋行在上海租界内开办华洋德律风公司，架设市内电话线路。1900 年，上海南京电报局开办市内电话，当时只有 16 部电话。

③第一套全自动长途电话设备：1969 年，北京长途电信局安装成功。

④第一部车载电话：1979 年，上海一汽车上安置了我国第一部车载电话。

⑤第一次在国内进行卫星通信和电视传播试验：1982 年，我国第一次在国内进行卫星通信和电视传播试验获得成功，参加这次试验测试的共有 10 个卫星通信地面站。

⑥第一批投币式公用电话：1982 年，北京市电信管理局在东、西长安街等繁华街道设 22 个投币式公用电话亭。

⑦第一套程控交换机开通：1982 年 11 月 27 日，福州市开通 F150 交换机。

⑧第一次采用国际通信的海底光缆：1993 年 12 月正式开通中日海底光缆，从上海的南汇通达日本九州的高崎，全长 1 260 km，可开通 7 560 路电话。

⑨第一所能提供正规高等学历教育的网上高等学府：湖南大学多媒体信息教育学院于 1998 年 3 月公开招生。

⑩第一张 IC 卡：中华 IC 卡于 1995 年 10 月 4 日研制成功并通过专家鉴定。

⑪第一部高清晰度电视发射机：1998 年 8 月由北京广播器材厂等 8 家单位合作生产。

★通信小历史

【摇把子电话时代】曾有一位在恩施工作的武汉知青，因有急事要与家里联系，于是用手摇电话挂了个"长途"。当时挂电话要排长队。他苦苦等了一天电话没来，没办法只好坐小飞机到了武汉。当他回到恩施后，接到总机通知：他挂的电话终于来了。这就是摇把子时代通信状态的真实写照。经过 70 多年的不懈努力，中国从一个"几乎没有电话的国家"一跃成为世界头号通信大国，体现了中国通信人的前瞻眼光、顽强意志和雄浑胆魄，为网络强国建设走向辉煌铺平了道路。

三、通信与电信

目前，通信方式主要有两类。

①利用人力或机械的方式传递信息，如常规的邮政；

②利用电（包括电流、无线电波或光波）传递信息，即电、光通信。

自古以来，人类就一直在用自己的智慧去解决远距离通信的问题。3 000 多年前，我国古代的周朝，就有利用火光来传递信息的设施——烽火台，用燃点烽火、狼烟来传递信息。用火光传递信息，不仅要耗费很多人力、财力，而且只能传递简单信息，传递的速度也十分有限。1820 年，"电报通信"是人类通信历史的转折点，"电通信"就此开始。随着通信技术的飞速发展，现代的各种"通信"基本上都是借助于电信号（含光信号）实现的，因此现代通常所说的"通信"就是指电的通信即"电信"。

任务 2　电信系统

电信系统-1分钟
小知识

一、电信系统组成

电信系统是各种协调工作的电信装备集合的整体。电信系统由硬件和软件组成，主要包括终端设备、传输设备和交换设备。电信系统的功能是把发信者的信息进行转换、处理、交换、传输，最后送给收信者，如图1-7所示。

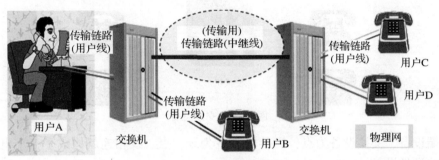

图1-7　电信系统组成

终端设备：一般装在用户处，提供由用户实现接入协议所必需的功能的设备（电信端点）。它的作用是将语音、文字、数据和图像信息转变为电信号、电磁信号或光信号发送出去，并将接收到的电信号、电磁信号或光信号复原为原来的语音、文字、数据或图像。典型的终端设备有电话机、电报机、手机、微型计算机、传真机、电视机等。

传输设备：传输设备是将电信号、电磁信号或光信号从一个地点传送到另一个地点的设备。它构成电信系统的传输链路（信道），包括无线传输设备和有线传输设备。无线传输设备有短波、超短波、微波的收发信机，传输系统以及卫星通信系统（包括卫星和地球站设备）等；有线传输设备有架空明线、同轴电缆、海底电缆、光缆等传输系统。装在上述系统中的各种调制解调设备、脉冲编码调制设备、终端和中继附属设备、监控设备等，也属于传输设备。传输设备与媒介如图1-8所示。

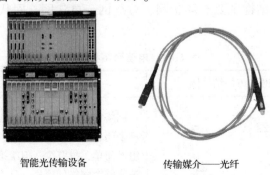

图1-8　传输设备与媒介

交换设备：交换设备是实现一个呼叫终端（用户）和它所要求的另一个或多个终端（用户）之间的接续或非连接传输选路的设备和系统，是构成通信网中节点的主要设备。交换设备根据主叫用户终端所发出的选择信号来选择被叫终端，使这两个或多个终端间建立连接，然后经过交换设备连通的路由传递信号。交换设备包括电话交换机、电报交换机、数据交换机、移动交换机、分组交换机、异步传输模式（ATM）交换机、宽带交换机等。

对于比较复杂的电信系统，为了解决随着用户数增加而带来的专线连接问题，产生了以交换机为核心的电信系统，如图 1-9 所示，多个用户同时连接到交换机上，由交换机根据需要实时完成呼叫接续。

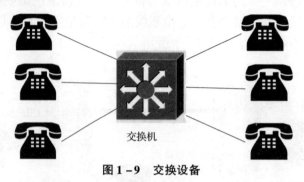

图 1-9 交换设备

以终端设备、交换设备为点，以传输设备为线，点、线相连就构成了一个电信网，即电信系统的硬件设备。

> ◈ 知识小归纳
>
> 电信系统只有终端设备、传输设备和交换设备这些硬件设备是不能很好地完成信息的传递和交换的，还需有系统的软件，类似于人的神经系统的功能。

二、网络拓扑结构

网络拓扑结构是指网络节点和传输线路的几何排列，反映设备物理上的连接性，拓扑结构直接决定网络的效能、可靠性和经济性。电信网拓扑结构是描述交换中心之间、交换中心与终端之间邻接关系的连通图。

目前，网络的拓扑结构主要有环状网、总线网、星状网、网状网、复合网等形式，如表 1-1 所示。

表 1-1 电信网拓扑结构

网络拓扑结构	网络拓扑结构图	网络拓扑结构特点
环状网		网络中的若干节点通过点到点的链路首尾相连形成一个闭合的环，信息从一个节点传输到另一个节点。组网简单，投资少；但维护困难，任意节点的故障会造成整个网络的瘫痪，且网络的扩展性较差

续表

网络拓扑结构	网络拓扑结构图	网络拓扑结构特点
总线网	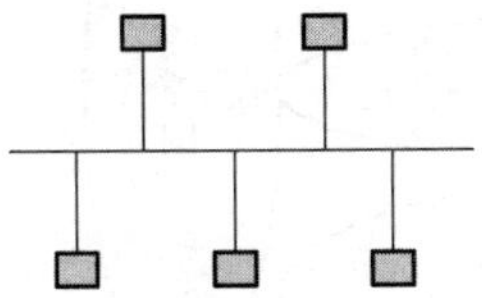	网络拓扑结构中所有节点都直接与总线相连,各节点地位平等,无中心控制节点。组网费用低,结构简单,组网容易,可扩充性好。维护难,难以排查分支节点故障
星状网	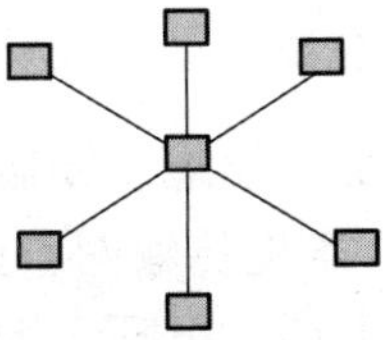	一个节点作为中心节点,其他节点直接与中心节点相连构成星状网络,由中心节点转发各个节点的数据。星状网控制简单,故障诊断和隔离较容易,但中心节点易成瓶颈,非中心节点数据处理能力较弱
网状网	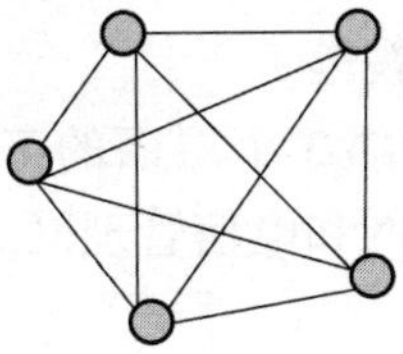	每个节点之间均有点到点的链路连接,当每个节点之间需要频繁发送信息时采用此种拓扑结构。连接不经济,安装也复杂,但系统可靠性高,容错能力强。有时也称为分布式结构
复合网	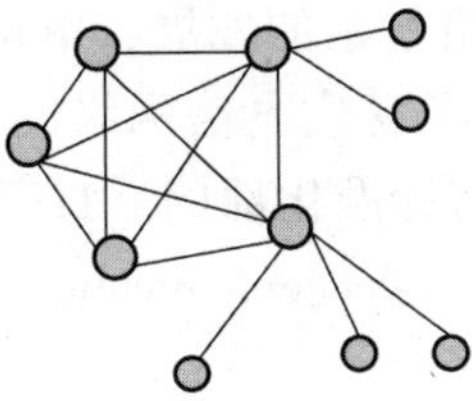	复合网又称为辐射汇接网,是以星状网为基础,在通信量较大的地区间构成网状网。复合网吸收了网状网和星状网二者的优点,比较经济合理且具有一定的可靠性,是目前通信网的基本结构形式

网络拓扑结构不能用"好"和"不好"而论,只能用"合理"和"不合理"来衡量。对于节点之间信息发布量比较均匀的网络,总线型拓扑结构更能满足传输要求;对于每个节点都要向中心节点频繁发送信息的情况,星状拓扑结构效率会更高;网状结构适合各个节点信息量大体一致的情况。信息交互比较频繁的情况;而信息处理呈现传递型结构,或者要对信息路径采取保护措施的,一般采用环状结构更加合理;若是复杂的多层管理机制,采用树形结构会更加有助于管理。

三、网络分层结构

1. 电信网的分层结构

为了更清晰地描述现代电信网,人们引入网络的分层结构,如图 1-10 所示。从网络纵向分层的观点来看,可根据不同的功能将网络分解成多个功能层,上下层之间的关系为客户/服务者关系。从垂直方向上分为传送网、业务网、应用层和支撑网。

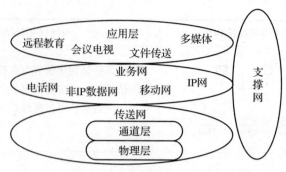

图1-10 电信网的分层结构

传送网是支持业务网的传送手段和基础设施,由线路设施、传输设施等组成的为传送信息业务提供所需传送承载能力的通道。长途传输网、本地传输网、接入网均属于传送网。

业务网用来传输各种信息,是指向用户提供诸如电话、电报、图像、数据等电信业务的网络。电话交换网、移动交换网、智能网、数据通信网均属于业务网。

应用层表示各种信息应用,如远程教育、会议电视等。

支撑网能使电信业务网络正常运行,可以支持全部3个层面的工作,提供保证网络有效正常运行的各控制和管理能力,包括信令网、同步网和电信管理网。

2. 电信管理网

电信网从产生以来就是面向公众提供服务业务的,结合电信业务的特点,为了保证业务质量,电信网的管理一直是非常重要的。随着网络技术的发展,电信网的设备越来越多样化和复杂化,规模上也越来越大。这些因素决定了现代电信网络的管理必须是有效的、可靠的、安全的和经济的。为此,国际电信联盟电信标准化部门(ITU-T)提出具有标准协议、接口和体系结构的管理网络——电信管理网(telecommunication management network, TMN),作为管理现代电信网的特点。

(1)电信管理网的作用

TMN为电信网和业务提供管理功能并提供与电信网和业务进行通信的能力。

TMN的基本思想是提供一个有组织的体系结构,实现各种运营系统及电信设备之间的互连,利用标准接口所支持的体系结构交换管理信息,从而为管理部门和厂商在开发设备以及设计管理电信网络和业务的基础结构时提供参考。

TMN的目标是在电信网的管理方面支持主管部门,提供一大批电信网的管理功能,并提供它本身与电信网之间的通信。

(2)电信管理网与电信网的关系

TMN与它所管理的电信网是紧密耦合的,但它在概念上又是一个分离的网络,它在若干点与电信网连接,另外TMN有可能利用电信网的一部分来实现它的通信能力,如图1-11所示。

(3)电信管理网的管理功能

电信管理网根据其管理的目的可以分成性能管理、故障管理(或维护管理)、配置管理、记账管理和安全管理5个功能域。

性能管理:性能管理包括一系列管理功能,以网络性能为准则收集、分析和调整管理

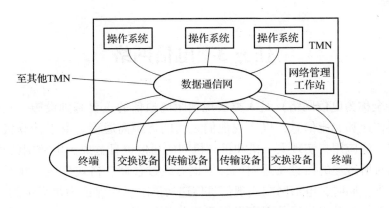

图 1-11 电信管理网与电信网的关系

对象的状态。其目的是保证网络可以提供可靠的、连续的通信能力，并使用最少的网络资源和具有最小的时延。

故障管理：故障管理是网络管理功能中与监测设备故障、故障设备的诊断、故障设备的恢复或故障排除等措施有关的网络管理功能，其目的是保证网络能够提供连接可靠的服务。

配置管理：配置管理是对网络单元的配置，业务的投入，开/停以及网络的状态进行管理，它反映网络的状态。通信网及其环境是经常变化的，如最简单的和最明显的就是用户对网络服务的需求可能经常发生变化。通信系统本身也要随着设备的维修、网络规模的扩大、旧设备的淘汰等原因而经常调整网络的配置。

记账管理：记账管理提供对网络中资源占有情况的记录，测量网络中各种服务的使用情况和决定它们的使用费用，完成资源使用费的核算等。它包括账单管理、资费管理、收费与资金管理、财务审计管理。

安全管理：安全管理是保证现有运行网络安全的一系列功能，对无权操作的人员进行限制，保证只有经授权的操作人员才允许存取数据。

普法小知识

【什么是侵犯公民个人信息罪？】

随着信息化建设的推进，信息资源成为重要的生产要素和社会财富。与此同时，个人信息泄露问题严重，个人信息安全成为一个全社会高度关注的问题。为保护公民个人信息，2009 年 2 月 28 日起施行的《刑法修正案（七）》增设了刑法第二百五十三条之一，规定了出售、非法提供公民个人信息罪和非法获取公民个人信息罪。

为加大对公民个人信息的保护力度，2015 年 11 月 1 日起施行的《刑法修正案（九）》对刑法第二百五十三条之一作出修改完善：一是扩大犯罪主体的范围，规定任何单位和个人违反国家有关规定，获取、出售或者提供公民个人信息，情节严重的，都构成犯罪；二是明确规定将在履行职责或者提供服务过程中获得的公民个人信息，出售或者提供给他人的，从重处罚；三是加重法定刑，增加规定"情节特别严重的，处三年以上七年以下有期徒刑，并处罚金"。

修改后，"出售、非法提供公民个人信息罪"和"非法获取公民个人信息罪"被整合为"侵犯公民个人信息罪"。

任务 3 电信网络

电信网（全称为电信网络）是人类实现远距离通信的重要基础设施，它的主要功能是按用户的需要传递和交流信息，以实现他们之间的远距离通信。由于计算机和遥感、遥测技术的发展和广泛应用，实现人－机和机－机间的通信也日益成为电信网的重要功能之一。通常，电信网对所传递的信息是透明的，但也可经过存储、格式变换，并对有关传递过程的信息进行处理；同时，电信网在实现信息传递功能时，应保证满足规定的通信质量要求。总之，电信网功能的基本目标是规定必要而充分的网络性能，以支持向用户提供各种电信服务。

具体的电信网的功能一般可用该网络支持的电信业务来表述，如公用交换电话网（PSTN）的功能是可提供本地电话、长途电话、国际电话业务，以及用户传真业务等。

电信网常见的分类方式如表 1-2 所示。

表 1-2 电信网常见的分类方式

分类方式	网络名称
按实现功能分类	业务网、传送网、支撑网
按业务分类	电话通信网、有线电视网、数据通信网（如综合业务数字网、计算机网络和多媒体通信网）
按传输手段分类	光纤通信网、长波通信网、无线电通信网、卫星通信网、微波接力网和多媒体通信网
按服务区域和空间距离分类	市话通信网、长话通信网和国际长途通信网，或局域网、城域网和广域网等
按运营方式和服务对象分类	公用通信网、专用通信网（如防空通信网、军事指挥网、遥测遥控网）等
按处理信号的形式分类	模拟通信网和数字通信网
按终端用户是否移动分类	固定通信网和移动通信网

下面就从业务分类的角度，对以电话网（包括移动通信网）为代表的传统电信网、以有线电视为代表的广播电视网、以互联网为代表的计算机通信网进行介绍。

一、传统电信网

1. 固定电话网

固定电话网是进入到现代通信阶段的第一个大规模的现代通信网络。公用交换电话网（public switched telephone network，PSTN）主要是指固定电话网。PSTN 中使用的技术标准由国际电信联盟（ITU）规定，采用 E.163/E.164（通俗称作电话号码）。

我国电话网分为国内本地电话网、国内长途、国际长途电话网，经历了从模拟到数字，从单一语音业务为主到综合业务发展的历程。

我国的电话网络分为长途和市话两部分。国内长途电话网经国际局，进入国际电话网。在交换局之间的主干线路上传输介质一般采用光缆，而用户端到端局之间采用电缆。

（1）长途电话网

在 1986 年至 1998 年期间，我国实行四级长途电话网等级结构，统称为长途交换机（toll switch，TS），如图 1-12（a）所示。相同等级采用网状结构，上下等级采用星状结构。

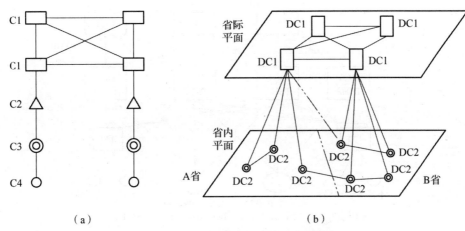

图 1-12 长途电话网的演变过程

①C1（class 1）：省间大区长途交换中心，按经济协作区分为 6 个，相互间呈两两相连的网状结构。

②C2（class 2）：省级长途交换中心，共有 30 个。

③C3（class 3）：地区长途交换中心，又名初级交换中心。

④C4（class 4）：县长途中心。

由于四级长途电话网等级结构转接段数多，存在接续时延长、传输损耗大、接通率低、可靠性差等一系列问题。因而，随着话务量的增加，许多直达电路应运而生。当某两级之间，大量的直达路由和迂回路由形成网状时，原有的两级就逐渐合并为一级，如图 1-12（b）所示。至 1998 年 4 月，原邮电部和电子部共同组建的国家信息产业部，颁布了现阶段我国电话网的新体制，明确了我国的长途电话网已演变为 2 级结构。

①DC1：由原有的 C1、C2 合并而成，省级交换中心采用两两相连的网状结构。

②DC2：由原有的 C3 扩大而成，本地长途交换中心汇接局（tandem，TM），负责疏通端局间的话务（C4 失去原有作用，趋于消失）。

将来，这样 2 级的结构还会逐步向"动态无级网"的方向过渡：

①无级，各节点之间无等级之分，都在一个平面上，形成网状。

②动态，选择路由的方式，随网络的实时情况而变化，同时，交换机容量还将越来越大，交换局数目将减少，网络结构将更趋于简单。

（2）本地电话网

本地电话网是指同一个长途编号区范围以内的所有交换设备、传输设备和用户终端设备组成的电话网络。本地网的标识是同一长途编号，而不是行政区域划分，或地理位置等其他因素。

我国的本地网一般采用2级结构：汇接局（TM）和端局（DL）。

汇接局是用户汇接本汇接区内的端局之间的本地业务或端局至长途局之间的长途业务，有时也兼有端局的功能。

端局是通过用户线路直接连接用户的交换局。

我国本地网常见组网结构实例如图1-13所示，外连了4个长途交换机。

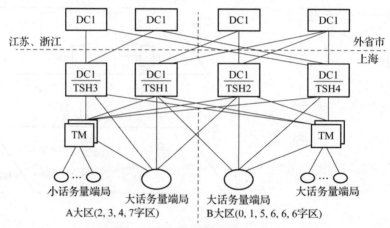

图1-13 本地电话网结构示例

2. 移动通信网

（1）移动通信的定义

移动通信是指在通信中一方或双方处于移动状态的通信方式，包括移动体（如车辆、船舶、飞机或行人）和移动体之间的通信，以及移动体和固定点（如固定无线电台或有线用户）之间的通信。

移动通信

（2）移动通信的发展历程

传统的移动通信技术发展从20世纪20年代初开始至20世纪70年代中期，分为三个阶段，其特点如表1-3所示。

表1-3 早期移动通信技术发展过程

时期	阶段	特点
20世纪20年代至20世纪40年代	移动通信的起步阶段	专用网，工作频率较低
20世纪40年代至20世纪60年代初期	专用移动网向公用移动网过渡阶段	实现人工交换与公众电话网的连接，大区制，网络容量较小

续表

时期	阶段	特点
20世纪60年代至20世纪70年代中期	移动通信系统改进与完善阶段	采用大区制、中小容量，使用450 MHz频段，实现了自动选频与自动接续。出现了频率合成器，信道间隔缩小，信道数目增加，系统容量增大

现代移动通信技术发展始于20世纪70年代末，开始对移动通信技术体制进行重新论证，出现了蜂窝式移动通信技术，并获得了快速发展。其发展过程可归纳为五个系统阶段，如表1-4所示。

表1-4　现代移动通信技术发展过程

阶段	典型的网络制式	特点
第一代模拟蜂窝移动通信系统（1G）	AMPS、TACS、NMT	频谱利用率低，容量有限，系统扩容困难；制式太多，互不兼容，不利于用户实现国际漫游，限制了用户覆盖面；不能与综合业务数字网兼容，提供的业务种类受限制，不能传输数据信息；保密性差等
第二代数字蜂窝移动通信系统（2G）	GSM、IS-95CDMA	以数字信号传输、时分多址（TDMA）、码分多址（CDMA）为主体技术，频谱效率提高，系统容量增大，易于实现数字保密，通信设备的小型化、智能化，标准化程度大大提高。可与窄带综合业务数字网相兼容，除了传送语音外，还可以传送数据业务，如传真和分组的数据业务等
第三代数字蜂窝移动通信系统（3G）	WCDMA、TD-SCDMA、CDMA2000、WiMAX	是多功能、多业务和多用途的数字移动通信系统，支持语音、数据及图像相结合的多媒体业务和高速率数据业务，工作在2 000 MHz频段，最高业务速率可达2 000 kbit/s
第四代数字蜂窝移动通信系统（4G）	TD-LTE、FDD-LTE	是宽带大容量的高速蜂窝系统，支持100~150 Mbit/s下行网络带宽，提供交互多媒体、高质量影像、3D动画和宽带互联网接入等业务，用户体验最大能达到20 Mbit/s下行速率

续表

阶段	典型的网络制式	特点
第五代数字蜂窝移动通信系统（5G）	5G	是4G之后的延伸，其峰值理论传输速度可达每秒数十吉比特，比4G网络的传输速度快数百倍，一部超高画质电影可在 1 s 之内下载完成。支持增强移动宽带 eMBB、海量低功耗连接 mMTC 和低时延高可靠连接 uMTC 三类目标场景。通过与云计算、大数据、人工智能、虚拟现实等技术的融合，为用户提供超高清视频、社交网络等加强虚拟现实的业务体验，促进人类交互方式的再次升级

★ 通信小历史

【神州第一波背后的故事】

1987 年对中国移动通信事业来说是具有跨时代意义的一年。1987 年 11 月 18 日，六运会的开幕式上，当时的广东省省长叶选平接通了移动电话，这个瞬间也被人们习惯而形象地称为"神州第一波"。

但神州第一波背后的艰辛故事却很少有人知晓。20 世纪 80 年代的广州，处在改革开放的最前沿，而与之相邻的港澳地区已经引进了模拟移动通信网络，当时许多投资商来到广东后，因为没有移动通信网络，手中的"大哥大"只能处于闲置状态，制约着广东经济的发展和腾飞，为了适应改革开放的需求，广东邮电管理局下定决心建设移动通信网络。

1987 年，六运会即将在广州召开，广东邮电管理局决定马上启动蜂窝移动通信建设工作。早期建设困难重重，没有资金、没有设备，甚至当时早期的一批工作人员都没有接触过移动通信技术，但是中国人就是有不怕难不怕苦的精神，在一个由三间厕所改造的办公室内，建设者们开始了艰辛的研究工作。为了解决核心技术问题，广东省邮电管理局挑选国内优秀人才出国学习考察移动电话技术。当时的北京传输所移动通信组组长卢尔瑞带队前去为管理局做了网络规划，并最终经过激烈的争论后，在爱立信和摩托罗拉之间确定了爱立信厂家的产品。

当时采用的系统是 TACS 模拟移动通信网络。1987 年 10 月，我国第一个移动电话基站在广州西德胜的一个小山头矗立了起来，并打通了从广州打往上海的第一个实验电话。不久后，广东省珠江三角洲移动电话网首期工程开通，原邮电部部长杨泰芳参加了启动仪式，同年，广州也开通了我国第一个移动电话局，移动交换局局号为 90，号码长度为 6 位，首批用户有 700 个，实现了我国移动电话用户"零"的突破，我国从此进入了大容量蜂窝式公用移动通信新阶段。

二、计算机网络

1. 计算机的组成

计算机俗称电脑，由软件和硬件组成。软件包括应用软件和系统软件，其中系统软件包括操作系统、语言处理系统、服务程序、数据库管理系统等。硬件组成如图 1-14 所示。

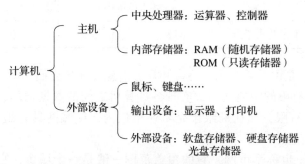

图 1-14　计算机的硬件组成

除了个人计算机，还有工业控制计算机（简称工控机），主要类别有 5 种：IPC（PC 总线工业计算机）、PLC（可编程控制系统）、DCS（分散型控制系统）、FCS（现场总线系统）及 CNC（数控系统）。还有用于网络的网络计算机，包括服务器、工作站和网际互联设备。

2. 常见分类

计算机网络是指把分布在不同地点且具有独立功能的多个计算机系统通过通信设备和线路连接起来，在功能完善的软件和协议的管理下实现网络中资源共享的系统。

计算机网络按逻辑功能可以分为通信子网和资源子网，如图 1-15 所示。

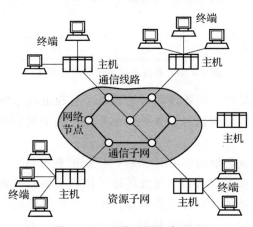

图 1-15　通信子网和资源子网

①通信子网由网络节点和通信线路构成，完成网络的数据存储转发、差错控制、流量控制、路由选择和网络安全。

②资源子网由主机系统组成，主要是提供网络服务，进行资源共享并且拥有处理数据的能力。

计算机网络按规模大小可以分为局域网（local area area，LAN）、城域网（metropolitan area network，MAN）和广域网（wide area network，WAN），如表1-5所示。

表1-5 广域网、城域网和局域网

类型	范围	地域	用户规模
局域网LAN	<10 km	实验室、大楼、校园	一个单位或部门，小于几百用户
城域网MAN	几十千米	城市范围内	较多
广域网WAN	几十至几千千米	国家、地区、国际性	很多

局域网（LAN）：是由一系列用户终端和具有信息处理与交换功能的节点及节点间的传输线路组成，限制在有限的距离之内，实现各计算机之间的数据通信，具有较高的网络传输速率，局域网范围有限，往往局限于企事业单位内，局域网具有组建灵活、成本低廉、运行可靠、速度快等优点。

城域网（MAN）：也称都市网，它的覆盖范围一般是一个城市，它是在局域网不断普及、网络产品增加、应用领域拓展等情况下兴起的。它是将一个城市范围的局域网互连起来，以得到更高的数据传输速率。

广域网（WAN）：覆盖范围广阔，又称远程网。广域网覆盖的地理范围可以是一个城市、一个地区、一个省、一个国家，最大的广域网是互联网。

三、有线电视网

1. 有线电视系统

有线电视系统由信号源、前端、干线传输系统、用户分配网络和用户终端五部分组成，基本框图如图1-16所示。

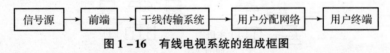

图1-16 有线电视系统的组成框图

信号源：指向前端系统所需的各种信号的设备。有线电视系统的信号源包括卫星地面站接收的数字和模拟的广播电视信号、各种本地开路广播电视信号、自办节目及上行的电视信号及数据。

前端：接收来自本地或远地的空中（开路）广播电视节目、上一级有线电视网传输的电视节目、卫星传送的广播电视节目、微波传送的电视节目以及自办节目等，并对这些节目信号进行接收、加工、处理、组合和控制等。传统有线电视前端的设备主要有天线放大器、频道转换器、频道处理器、电视调制器、导频信号发生器、混合器等。现代电视的前端有模拟前端和数字前端两种。

干线传输系统：把前端输出的高频电视信号通过传输媒体不失真地传输给用户分配系统。干线传输系统的主要传输媒介有电缆、光缆和微波等几种。

用户分配网络：把从前端传来的信号分配给千家万户，包括支线放大器、分配器和分支器。

有线电视系统示例如图 1-17 所示。

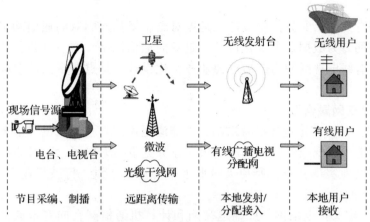

图 1-17 有线电视系统示例

2. HFC

随着新技术在有线电视网中的应用，有线电视网络从单一的传输广播电视业务扩展到集广播电视业务、HDTV 业务、付费电视业务、实时业务（包括传统电话、IP 电话、电缆话音业务、电视会议、远程教学、远程医疗）、非实时业务（互联网业务）、VPN（虚拟专用网络）业务、宽带及波长租用业务为一体的综合信息网络。HFC（hybrid fiber - coaxial，混合光纤同轴电缆）就是一种宽带综合业务数字有线电视网络新技术。

HFC 指用光纤和射频同轴电缆的组合来传输、分配和交换声音、图像和数据信号的有线电视网络。它是一种经济实用的综合数字服务宽带网接入技术，其核心思想是利用光纤替代干线或干线中的大部分段落，剩余部分仍维持原有同轴电缆不变，HFC 网络典型结构如图 1-18 所示。

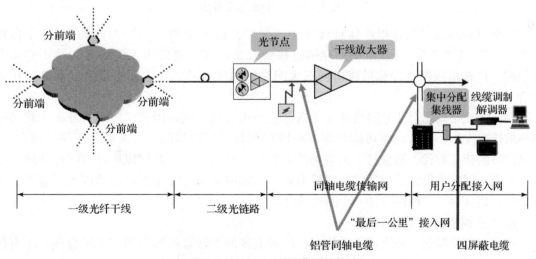

图 1-18 HFC 网络典型结构

四、三网融合

电话通信网专为电话业务优化设计,是点对点、交互式的双向通信网络,时延要求严格。计算机通信网专为数据业务优化设计,是双向通信网络,突发性强,速率不对称,时延要求不严格。有线电视网专为广播电视业务优化设计,是点对多点的单向通信网络,时延要求严格。

1. 什么是"三网融合"

由于"三网"是为特定业务量身定制,不能满足用户日益增长的多业务需求,考虑到单一业务网络不能形成规模经济,发展受限,业务竞争实力较弱,同时为使有限而宝贵的网络资源最大限度地实现共享,避免大量低水平的重复建设,打破行业垄断和部门分割,"三网融合"应运而生。

"三网融合"定义:电信网、广播电视网和计算机通信网在向宽带通信网、数字电视网、下一代互联网演进过程中,其技术功能趋于一致,业务范围趋于相同,网络互联互通,资源共享,能为用户提供语音、数据和广播电视等多种服务(图1-19)。

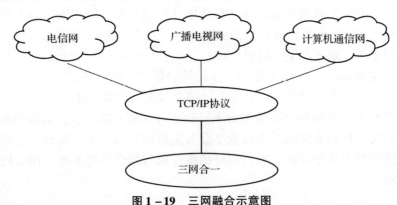

图1-19 三网融合示意图

三网融合在现阶段是指在信息传递中,把广播传输中的"点"对"面",通信传输中的"点"对"点",计算机中的存储时移融合在一起,更好为人类服务,并不意味着电信网、广播电视网和计算机通信网三大网络的物理合一,而主要是指高层业务应用的融合。

网络多元化与综合业务网络并无矛盾,至今未有某一网络因适应综合业务而取代另一网络的情况发生,今后也不可能出现某一网络包打天下的局面。三网融合不是三网合一,不是网络的相互替代,而是每个网络都能开展多种业务,用户既可以通过有线电视网打电话、宽带上网,也可以通过通信网络看电视,基础网络本身无论是历史原因还是竞争的需要都将长期共存,三网融合是一个渐进的过程。

2. "三网融合"表现形态

在数字信息时代,将当前的电信网、广播电视网及计算机通信网三者融合成一个有机的整体,并且融合的方向是实现传输、接收和处理的全部数字化,如图1-20所示。

模块一　电信系统认知

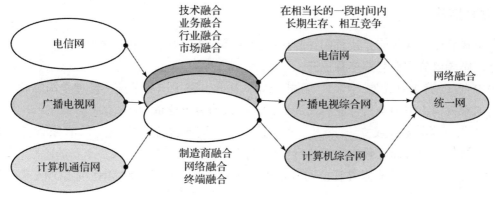

图 1-20　三网融合表现形态

"三网融合"是多方面的趋向一致和统一。

①技术上趋向一致，网络层上可以实现互联互通，形成无缝覆盖，业务层上互相渗透和交叉，应用层上趋向使用统一的 IP。

②经营上互相竞争、互相合作，朝着向人类提供多样化、多媒体化、个性化服务的同一目标逐渐交汇在一起，行业管制和政策方面也逐渐趋向统一。

目前三网融合的主要应用包括互联网电视（IPTV）和网络电话（VOIP）。

IPTV 是指利用 IP 技术，通过宽带网络提供视频业务。IPTV 融合了电视业务和电信业务的特点。其优势在于"互动性"与"按需观看"，彻底改变了传统电视单向播放的缺点。

VOIP 又名宽带电话，是指基于宽带技术实现的计算机与计算机、计算机与电话、电话与电话之间的通话业务。因无须搭建专属网络，VOIP 运营成本低，通话资费大大低于传统电话。

 实践活动

【活动背景】

模块1 实践活动

在全球范围内，电信行业曾经长期是一个相对封闭和垄断的行业，直到 20 世纪 80 年代初，世界各国基本上都还实行政府垄断经营的模式，其共同的弊端是组织机构庞大、效率低下、业务单一以及服务质量不高。从 20 世纪 80 年代中期开始，信息通信技术的快速发展和应用引发了电信业的空前变革，政府垄断经营被打破，很多国家和地区逐步或部分实行了电信民营化，开始开放电信市场。

与大多数国家一样，这时期中国的电信业也实行政企合一、垄断经营的体制。在改革开放的推动下，国家采取政策扶持措施，努力地提高邮电通信能力，以满足迅速增长的社会通信需求。2019 年 6 月 6 日，5G 牌照发布以来，我国的通信行业已迈上新的台阶，在国际通信舞台上大展风采。现在邀请你们为我国的通信行业发展史制作一段宣传短视频。

25

【活动准备】

在正式制作短视频前，让我们一起对中国电信行业的发展史进行梳理。

一、中国电信行业竞赛序幕拉开

1949年11月1日，原_____正式成立，从此，新中国有了统一管理全国邮政和电信事业的国家机构，中国电信行业的发展也进入了新的历史篇章。

1994年，原邮电部成立_____和_____，同年成立了_____有限责任公司和_____有限公司，标志着中国电信行业打破国企垄断的坚冰，进入一个新的阶段。

1997年，_____有限责任公司（电信长城）成立，经营800 MHz的CDMA数字移动通信网络。

1998年3月，在原电子工业部和邮电部基础上组建_____；同时，电信政企分开，_____负责电信行业监管。4月，国家邮政局成立，邮电正式分家；9月，国信通信有限公司（国信）成立，运营电信寻呼业务。

二、电信行业第一次重组

1999年2月，国务院通过中国电信重组方案，中国电信总局的寻呼、卫星和移动业务被剥离出去。大唐电信科技产业集团和上海信天通信有限公司分别成立；同年4月，由中科院、原广电总局与铁道部、上海市政府4方出资，_____有限公司成立；4月，电信长城并入_____。5月，国信并入_____。

2000年4月20日，在原中国电信移动通信资产总体剥离的基础上组建_____；5月17日，剥离无限寻呼、移动通信和卫星通信业务后成立_____；12月，铁道通信信息有限责任公司成立（2004年由原铁道部交给国资委，更名为"中国铁通集团有限公司"）。2004年1月10日，中国卫通与国信寻呼签订协议，联通开始进入寻呼市场。

2001年12月，中国卫星通信集团公司（中国卫通）成立。至此，中国国内电信市场形成了由_____、_____、_____、_____、中国铁通和中国卫通等7家运营商组成的分层竞争格局。电信行业称其为"七雄确立"（6+1）。

三、电信行业第二次重组

2002年5月16日，中国电信南北拆分（将北方10省电信公司从中国电信剥离出并与小网通公司、吉通公司成立新的_____），_____和_____两大集团正式成立。

2003年6月，依据国务院36号令，吉通通信有限责任公司并入网通。这次重组，产生了"北_____，南_____"，形成了6家基础电信运营企业（_____、中国移动、中国卫通、_____、_____）。

四、电信行业第三次重组

在政策、市场和技术的驱动下，2008年5月24日，工业和信息化部、国家发改委及财政部联合发布《关于深化电信体制改革的通告》，标志着中国电信业新一轮改革的开始，改革结果如表1-6所示。

模块一　电信系统认知

表1-6　"5进3"中国电信业重组方案

电信运营商	重组方案	3G标准	用户规模
新移动			移动：3.866亿（GSM） 固话：原铁通21（百万）用户 宽带：原铁通4（百万）用户
新电信			移动：4 192.6万（CDMA） 固话：2.26亿 宽带：3 817万 小灵通：约5 400万
新联通			移动：1.205 64亿（GSM） 固话：1.187 8亿，其中无线市场2 686万 宽带：2 266万 小灵通：约2 400万

2008年5月24日，原中国电信以1 100亿收购了中国通联CDMA网（包括资产和用户），中国卫通的电信业务并入中国电信。

2009年1月7日，原中国联通公司与原中国网通公司重组合并，新公司名称为中国联合网络通信集团有限公司，简称为中国联通。

2008年5月23日，中国移动通信集团公司通报：中国铁通集团有限公司正式并入中国移动通信集团，成为其全资子企业。

至此，中国电信、中国移动、中国联通都成为全业务牌照运营商，中国电信行业形成了"三足鼎立"的局面，如图1-21所示。

五、新时期的电信行业

2013年12月4日，工信部正式向三大运营商发布4G牌照，中国移动、中国电信和中国联通均获得牌照。

2015年2月27日，工业和信息化部向_____和_____发放_____经营许可。

2019年6月6日，工信部正式向中国_____、中国_____、中国_____、中国_____发放5G商用牌照，中国正式进入5G商用元年。

你还知道近五年通信行业其他的发展变化吗？

【活动内容】

请根据你所查阅的资料，结合自己的理解，小组合作完成通信行业发展史的短视频制作，时长为5 min左右。

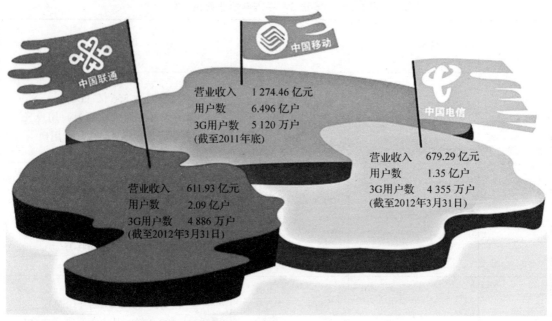

图 1-21　中国电信、中国移动、中国联通"三足鼎立"

过关训练

一、填空题

1. 《中华人民共和国电信条例》规定：本条例所称电信，是指利用有线、无线的_____，传送、发射或者接收语音、文字、数据、图像以及其他任何形式信息的活动。

2. 电信系统是各种协调工作的电信装备集合的整体。电信系统是由硬件和软件组成，主要包括终端设备、传输设备和_____。

3. 目前，网络的拓扑结构主要有环状网、总线网、星状网、_____、复合网等形式。

4. 为了更清晰地描述现代电信网，人们引入网络的分层结构。从网络纵向分层的观点来看，可根据不同的功能将网络分解成多个功能层，上下层之间的关系为客户/服务者关系。从垂直方向上分为传送网、业务网、应用层和_____。

5. 根据电信管理网管理的目的可以分成性能管理、故障管理（或维护管理）、配置管理、记账管理和_____5个功能域。

6. 我国电话网分为_____、_____、国际长途电话网，经历了从模拟到数字，从单一语音业务为主到综合业务发展的历程。

7. 移动通信是指在通信中一方或双方处于移动状态的通信方式，包括移动体（车辆、船舶、飞机或行人）和_____之间的通信，移动体和_____之间的通信。

8. 计算机俗称电脑，由_____和_____组成。软件包括应用软件和系统软件，其中系统软件包括_____、语言处理系统、服务程序、数据库管理系统等。

9. 有线电视系统的组成由_____、前端、_____、用户分配网络和用户终端五部分组成。

10. "三网"分别指的是:以电话网(包括移动通信网)为代表的_____、以有线电视为代表的_____、以互联网为代表的_____。

二、简答题

1. 简述电信与通信的区别与联系。

2. 简述星状网的网络拓扑结构。

3. 我国的传统电信网络有哪几种?请做一个简要介绍。

4. 什么是 HFC?

5. 什么是"三网融合"?

模块 1 章节测验

模块二

电信行业企业认知

学习目标

* **知识目标：**
- 了解电信产业链与生态圈；
- 了解电信行业监管机构与监管法规；
- 了解基础电信运营商、虚拟运营商的基本情况。

* **能力目标：**
- 能够领会电信行业的特点；
- 能够领会虚拟运营商的运营方式；
- 能够领会电信号码资源与频率资源的分配方式。

* **素养目标：**
- 具备信息素养和创新意识；
- 能够初步理解企业战略和适应企业文化，保守商业秘密；
- 培养遵规守纪、履行道德准则和行为规范的责任意识。

学习导图

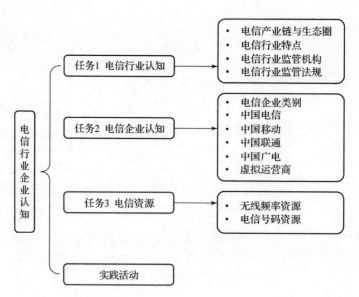

任务1　电信行业认知

通信产业链 -
1分钟小知识

一、电信产业链与生态圈

电信行业一般来说就是涵盖电信生产和消费全过程的所有参与者的集合。但是参与者的参与程度如何，特别是对于间接参与者可以界定为哪个层次，并无统一的规定。例如在国家行业分类中，设备商属于制造业，但是研究电信行业就不得不提及设备商，因为设备商是通信行业的直接参与者。

下面从产业链和生态圈两个方面来介绍电信行业。

（1）电信产业链

产业链是从经济布局的角度来考察一个行业。产业链本质上描述的是一个具有某种内在联系的、社会分工不同的企业群落。考察实施电信服务的全流程，电信产业链的最基本元素是电信设备制造商、电信运营商。在最初的电信应用中，设备商生产电信设备，运营商在电信设备上配置业务提供给消费者，消费者通过运营商提供的终端设备完成点对点的信息发送与接收。所以在最初的电信行业特征的描述中，都认为电信的生产和消费同时进行。

随着电信行业的发展，电信产品逐渐多元化。例如，声讯台就参与了信息的生产，消费者仅仅是信息的接收者；叠加在基础网络上的各类信息与通信技术（information and communications technology，ICT）应用平台，对于基础电信运营商来说它们是消费者，而对于最末端的使用者来说它们是产品运营商。

因此，完整的电信产业链不仅包括电信设备制造商、电信运营商，还应包括芯片及元器件供应商、电信设施工程建造商、电信信息服务及应用服务提供商、电信分销商等行业深度参与者。

在电信产业链中，电信运营商是指提供固定电话、移动电话和互联网接入的电信服务公司。特别是基础电信运营商，其居于产业链的核心地位，是连接产业链上下游的纽带。中国四大电信运营商分别是中国电信、中国移动、中国联通和中国广电。电信产业链的示意图如图2-1所示。

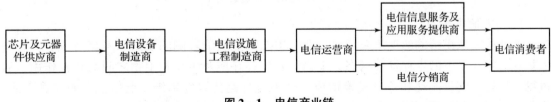

图2-1　电信产业链

从总体上看，电信产业链是以电信运营商为中心的网络，各个环节之间展开激烈的竞争和合作，具体表现如图2-2所示。

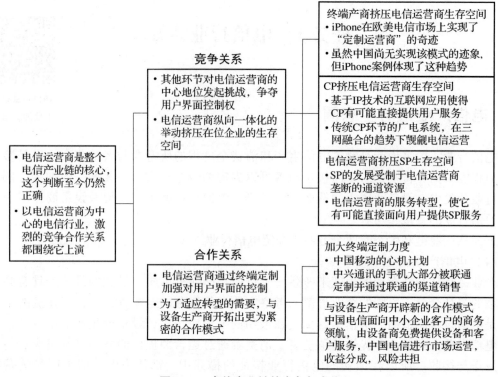

图 2-2 电信产业链的竞争与合作

近年来随着移动互联网的迅猛发展，电信产业链也发生了演变——以电信运营商为核心的价值关系向以电信运营商为主体的合作共赢的价值关系转型，如图 2-3 所示。

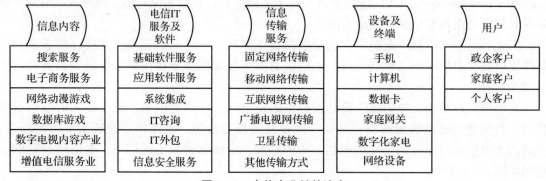

图 2-3 电信产业链的演变

(2) 电信生态圈

产业链是从供给侧的视角来考察行业，生态圈是从消费侧的视角来考察行业。生态是生物在一定环境下的生存发展状态，生物与其生存环境及生物和生物之间的相互作用，通过物质循环、能量流动和信息交换形成一个不可分割的自然系统。电信生态圈遵循开放、有序、合作、共赢的原则，为信息社会及数字世界的发展创造更好的生态环境，让身处其中的各个成员共存共荣，最终实现整个电信行业和谐发展。

电信生态圈的核心是电信消费者，电信生态圈是由电信消费者的需求驱动、在行业监管机构的协调下有序运营的电信产业链。纵观电信产业链的发展，电信消费者的需求催生了电信信息服务提供商和电信应用服务提供商；消费者需求的扩张，才使电信产业链以泛态网的形式向原本领域外的行业不断渗透、整合；信息服务提供商和应用服务提供商源源不断地大量加入，使原本简单的产业链变得复杂多元，打破了原来的封闭发展格局，形成了开放式的产业链；开放式产业链的复杂多元，使行业监管机构的地位显得尤为重要。值得注意的是，在电信生态圈中，电信消费者通常只关心与他们直接发生关系的互动者，并不关心那些看不见的产业生态。例如，同为电信设备制造商，电信消费者往往更关注电信终端设备制造商而忽视局端设备制造商。电信生态圈如图2-4所示。

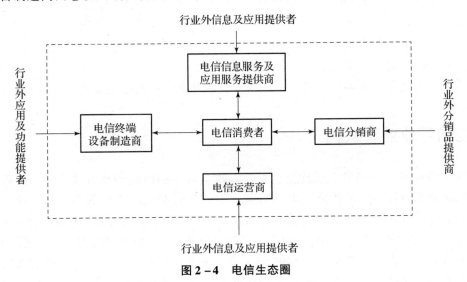

图2-4　电信生态圈

二、电信行业特点

电信行业是为全社会传递信息的生产组织。它具有一般物质生产部门不同的特点，主要表现在以下4个方面：

①电信产品不具实物形态，只是提供一种服务，称之为有益效用，这是最基本的特点。这种特点决定了电信企业不仅有生产的职能，而且有服务的职能；必须制定科学合理的时限限制，提高劳动生产率，加快传递速度；必须准确、安全。

②电信的生产过程也是消费过程。生产与消费不可分割的特性，决定了电信产品的质量具有特殊的重要性，要把质量放在第一位；电信企业没有制造产品的原材料库和半成品库的仓储设施，仅有辅助材料库。

③电信业务量的不均衡性造成电信生产的不均衡性。电信从实际需要出发具有一定的随机性，造成了生产组织和劳动组织的复杂化，所以要求电信企业组织生产时尽量适应业务量的不均衡性；还要求电信企业的生产能力有一定的后备力量，保证业务量大时在规定时限内满足需要。

④电信是全程全网联合作业。要求必须组织全国性的、完整的电信网，以保证国内每个地点都能与其他任何地点进行电信；完整的信息传递还需要两个或两个以上相关企业共

同完成。

电信行业最突出的特点是全程全网特性。

★ **通信小知识**

【全程全网】

① "全程全网"从技术上讲，当用户在一个时刻进行某种电信业务的呼叫（如电话、数据、视讯、多媒体等）以后，业务信息在整个传递的过程中经过交换设备、传输设备、传输介质，还要涉及有关路由、接口、协议等内容，才能真正到达被叫端用户。每一次业务呼叫首先要能接通，然后再考虑电信质量与网络安全等问题。也就是说，单纯的局部区域内的电信运营商无法独立完成电信网上信息传递，因而需要全网的配合。

② "具有全程全网特性"，对用户而言，任何时间、任何地点使用任何电信服务（传递信息）都是在一张网内完成，至少用户体验必须如此。对运营商而言，建立一张全业务、全地域覆盖的网络往往最具有运营效率，因为无须寻求其他网络运营商的转接和交割。

三、电信行业监管机构

1978—1994年，我国电信运营企业主要以政企合一和行业垄断方式经营，由政企合一性质的原邮电部直接垄断经营公用电信行业，电信经营和电信资费等都实行严格的计划经济，服务主要是面向党、政、军等机构。20世纪80年代，随着我国电信市场和技术步入快速发展轨道，电信市场改革逐步深化，建立起了政企分开、政资分开与政监合一的监管体制。

政企分开：政企分开最早源于1995年4月，原电信总局以"中国邮电电信总局"的名义进行企业法人登记，其原有的政府职能转移至原邮电部内其他司法局，逐步实现内部政企职责分开。

政资分开：2000年改革后，原国务院国有资产监督管理委员会作为国家出资代表人，对基础电信运营商的资产经营进行监管，电信监管机构不再负有资产经营监管的职责，从而实现了"政资分开"的改革。

政监合一：即电信监管机构作为政府的下属部门纳入政府行政管理体系，办公经费来源于政府财政预算，电信服务市场监管职能与相关产业调控管理职能相互交织、未分离，电信监管政策与相关产业政策制定关系密切。

1. 电信监管职责

根据国家赋予的管理职责，我国电信监管机构主要负责协调电信市场不同参与者间的利益关系，包括电信用户与电信运营企业、电信运营企业与电信运营企业、电信运营企业与国家、电信运营企业与相关产业之间的利益关系协调（图2-5）。其中，电信运营企业是电信市场的主体，协调市场利益关系也是主要围绕电信运营企业，电信用户是电信市场的核心，协调利益关系归根到底是为了保护电信用户的利益。

2. 电信监管机构

1998年3月，国家在原邮电部和电子部的基础上组建信息产业部，同时推行政企分离改革，电信监管职能与电信运营职能分开，信息产业部成为我国电信行业实现政企分离后第一个承担电信监管职能的部门。

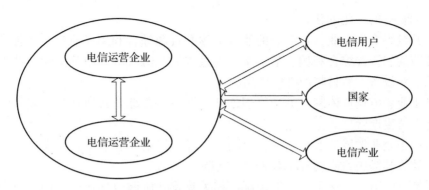

图 2-5　电信监管协调关系

2000年9月，国务院批准原信息产业部关于地方电信管理机构组建方案，年底全国31个省区市电信管理局全部组建完毕，建立了中央（信息产业部）与地方（电信管理局）两级垂直管理机构体系。

2008年，中央政府实行部委机构改革，将原信息产业部、国务院信息化工作办公室以及国家发改委的工业管理有关职责、国防科工委处核电管理以外的职责加以整合，成立了工业和信息化部。原信息产业部的电信监管职责转由工业与信息化部承担，原邮政电信管理职责转由交通部承担，原各省、市、自治区负责电信市场管理的电信管理局也纳入工业和信息化部垂直管理。至此，建立了新的中央（工业和信息化部）与地方（电信管理局）两级垂直管理机构体系。

新成立的工业和信息化部的主要职责包括：

①提出新型工业化发展战略和政策，协调解决新型工业化进程中的重大问题，拟定并组织实施工业、电信业、信息化的发展规划，推进产业结构战略性调整和优化升级，推进信息化和工业化融合，推进军民结合、寓军于民的武器装备科研生产体系建设。

②制定并组织实施工业、电信业的行业规划、计划和产业政策，提出优化产业布局、结构的政策建议，起草相关法律法规草案，制定规章，拟定行业技术规范和标准并组织实施，指导行业质量管理工作。

③监测分析工业、电信业运行态势，统计并发布相关信息，进行预测预警和信息引导，协调解决行业运行发展中的有关问题并提出政策建议，负责工业、电信业应急管理、产业安全和国防动员有关工作。

④负责提出工业、电信业和信息化固定资产投资规模和方向（含利用外资和境外投资）、中央财政性建设资金安排的意见，按国务院规定权限审批、核准国家规划内和年度计划规模内固定资产投资项目。

⑤拟定高技术产业中涉及生物医药、新材料、航空航天、信息产业等的规划、政策和标准并组织实施，指导行业技术创新和技术进步，以先进适用技术改造提升传统产业，组织实施有关国家科技重大专项，推进相关科研成果产业化，推动软件业、信息服务业和新兴产业发展。

⑥承担振兴装备制造业组织协调的责任，组织拟定重大技术装备发展和自主创新规划、政策，依托国家重点工程建设协调有关重大专项的实施，推进重大技术装备国产化，指导

引进重大技术装备的消化创新。

⑦拟定并组织实施工业、电信业的能源节约和资源综合利用、清洁生产促进政策，参与拟定能源节约和资源综合利用、清洁生产促进规划，组织协调相关重大示范工程和新产品、新技术、新设备、新材料的推广应用。

⑧推进工业、电信业体制改革和管理创新，提高行业综合素质和核心竞争力，指导相关行业加强安全生产管理。

⑨负责中小企业发展的宏观指导，会同有关部门拟定促进中小企业发展和非国有经济发展的相关政策和措施，协调解决有关重大问题。

⑩统筹推进国家信息化工作，组织制定相关政策并协调信息化建设中的重大问题，促进电信、广播电视和计算机通信网络融合，指导协调电子政务发展，推动跨行业、跨部门的互联互通和重要信息资源的开发利用、共享。

⑪统筹规划公用电信网、互联网、专用电信网，依法监督管理电信与信息服务市场，会同有关部门制定电信业务资费政策和标准并监督实施，负责电信资源的分配管理及国际协调，推进电信普遍服务，保障重要电信。

⑫统一配置和管理无线电频谱资源，依法监督管理无线电台（站），负责卫星轨道位置的协调和管理，协调处理军地间无线电管理相关事宜，负责无线电监测、检测、干扰查处，协调处理电磁干扰事宜，维护空中电波秩序，依法组织实施无线电管制。

⑬承担电信网络安全及相关信息安全管理的责任，负责协调维护国家信息安全和国家信息安全保障体系建设，指导监督政府部门、重点行业的重要信息系统与基础信息网络的安全保障工作，协调处理网络与信息安全的重大事件。

⑭开展工业、电信业和信息化的对外合作与交流，代表国家参加相关国际组织。

⑮承办国务院交办的其他事项。

四、电信行业监管法规

《中华人民共和国电信条例》（简称《电信条例》）是国家电信管制部门依法从事电信市场监管工作的主要法律依据。《电信条例》规定了电信监管机构的职能，主要包括电信业务许可管理、电信资源管理、电信网间互联管理、电信资费管理、电信服务管理、电信设施建设管理、电信设备进网管理和电信安全管理8个方面。

电信监管8个方面的监管职能可以基于电信业务许可与电信服务监管分为两大类职能，如图2-6所示。第一类以电信业务许可为核心，包括电信业务许可管理、电信资源管理、电信网间互联管理和电信设施建设管理4个方面；这些管理职能规定了电信运营企业进入电信市场参与市场竞争的基础条件。电信运营企业在获得电信业务许可后需要配置必备的电信资源，建立必要的网络互联和建设基础电信设施等。这些管理职责也可以视作电信市场许可准入的配套规范，明确了电信运营商准入相关的基本权利和义务，使电信运营企业能够根据这些规范快速进入市场。第二类以电信服务管理为核心，包括电信服务管理、电信设备进网管理、电信资费管理和电信安全管理；这些管理措施归根到底是为了保证电信用户服务质量和服务水平。这些职能包括协调电信企业与电信消费者、电信企业与电信产业、电信企业与电信企业以及电信企业与国家之间的关系。

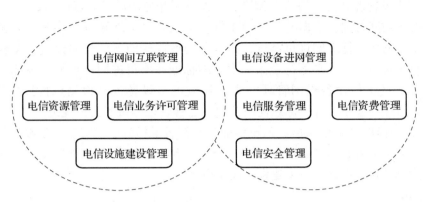

图 2-6 电信监管职责

①电信业务许可管理:《电信条例》规定电信业务实行经营许可管理制度,包括基础电信业务经营许可、跨地区增值电信业务经营许可和增值电信业务经营许可 3 种业务许可证。同时,为了规范电信业务经营许可管理,国家电信监管机构发布了《电信业务经营许可管理办法》对电信业务经营许可的申请、发放、使用、废止等条件和程序做了更加详细的规定,并建立了相应的决策和管理机制。

②电信网间互联管理:电信网间互联管理主要包括制定电信网间互联规则和技术标准,确立网间互联的结算标准,以及协调处理电信运营商间的互联争议等。国家电信监管机构先后发布了《公用电信网间互联管理规定》《电信网间通话结算办法》《电信网间争议处理办法》《公用网网间互联结算以及中继费用分摊办法》等一系列行政规定,对电信经营者的互联义务、互联点设置和互联后的网络管理等做了更为详细的规定。

③电信资费管理:电信资费管理主要包括确定不同电信业务的资费定价方式和管理方式,实施电信资费的审批和监督等。《电信条例》规定我国电信资费分为市场调节价、政府指导价和政府定价 3 种。2014 年 5 月 9 日,工业和信息化部、国家发改委联合发布了《关于电信业务资费实行市场调节价的通告》(简称《通告》),放开所有电信业务资费,对所有电信业务资费均实行市场调节价,电信企业可以自主制定具体资费结构、资费标准和计费方式。同时,为切实保护用户权益,文件对电信企业资费方案设计、宣传推广、协议签订和准确计费等方面提出了多项要求。此外,《通告》还废止了涉及电信资费审批的相关文件。

④电信资源管理:《电信条例》规定电信资源是指无线电资源、卫星轨道位置、电信网码号等用于实现电信功能且有限的资源。电信资源管理是指电信监管机构负责对上述资源进行规划和分配。《电信条例》规定电信监管机构分配电信资源的方式包括指配和拍卖,并明确电信资源实行有偿使用制度,电信业务经营者占用、使用电信资源应当缴纳电信资源费。

⑤电信服务管理:电信服务管理是电信监管机构为了保护电信用户的利益和提升电信服务水平,对电信服务实施全过程的监督管理。为了规范电信服务管理,国家电信监管机构出台了《电信服务质量监督管理暂行办法》。

⑥电信设施建设管理:电信设施建设管理重点涉及协调和规范电信运营企业在从事电信设施建设活动中与建筑开发商、其他电信运营企业之间的利益关系。国家电信监管机构

出台了《电信建设管理办法》等规章制度,并建立了相应的质量监督机制。

⑦电信设备进网管理:依据电信管理条例,国家对电信终端设备、无线电通信设备和涉及网间互联的设备实行进网许可制度,接入公用电信网的电信终端设备、无线电电信设备和涉及网间互联的设备,必须符合国家规定的标准并取得进网许可证。为此,国家电信监管机构发布了《电信设备进网管理办法》和《电信设备进网检测机构授权管理办法》等,对终端进网许可程序、许可标志使用及进网监督管理等做了具体规定。

⑧电信安全管理:《电信条例》对电信业务经营者承担的电信安全义务做出了原则性的规定,明确"电信业务经营者在电信网络的设计、建设和运行中,应当要做到与国家安全和电信网络的需求同步规划、同步建设、同步运行"。

★通信小普法

【什么是电信设备进网许可证?】

根据我国《电信设备进网管理办法》相关规定,国家对接入公用电信网的电信终端设备、无线电通信设备和涉及网间互联的设备实行进网许可制度。实行进网许可制度的电信设备必须获得工业和信息化部颁发的进网许可证;未获得进网许可证的,不得接入公用电信网使用和在国内销售。实行进网许可制度的电信设备目录由工业和信息化部会同国务院产品质量监督部门制定和公布。

进网许可标志属于质量标志,由工业和信息化部统一印制和核发,有效期为3年。生产企业需要继续生产和销售已获得进网许可的电信设备的,在进网许可证有效期届满前三个月,应当重新申请办理进网许可证。

任务2 电信企业认知

一、电信企业类别

1. 基本定义

企业一般是指以营利为目的,运用土地、劳动力、资本、技术和企业家才能等各种生产要素,向市场提供商品或服务,实行自主经营、自负盈亏、独立核算的法人或其他社会经济组织。在电信领域内,无论是基础电信运营商,还是电信设备制造商、电信信息服务提供商、电信应用服务提供商、电信产品分销商等,无论出资方是国有资本,还是民营资本,或是外国资本,均是企业属性。

2. 企业种类

电信企业按其在产业链中的角色,一般可细分为系统设备制造商、系统软件开发商、测试设备制造商、芯片制造商、终端设备制造商、信息服务提供商、应用服务提供商、系统集成商、电信设施工程建造商、基础电信运营商、虚拟电信运营商、产品分销离、装维服务提供商等。

①系统设备制造商是电信产业的基础,设计制造包括有线传输、无线传输、数据、交

换等构建电信系统的各相关专业局端设备，是电信科技进步的源动力。著名的系统设备制造商有贝尔、西门子、思科、华为、中兴等。

②系统软件开发商为电信系统提供软件支持，开发网管、网优等局端用软件。

③测试设备制造商为电信系统的制造和运营提供专用的仪器、仪表。

④芯片制造商为电信设备、终端设备提供核心芯片。著名的芯片厂商有高通、苹果、三星、德州仪器等。

⑤终端设备制造商生产终端设备，主要以生产移动电信终端为主。电信终端是电信产业链连接用户的最直接的媒介，决定着整个电信生态圈的服务能力。著名的终端设备制造商有苹果、三星、华为、中兴等。

⑥信息服务提供商又称内容提供商，其向用户提供有价值的、专业化的信息服务，是电信增值服务的组成部分。

⑦应用服务提供商又称应用开发商，其向用户提供各类电信应用服务，包括浏览器、网络游戏、基于位置类应用、移动商务应用、软件商店应用等。

⑧系统集成商通常以个性化定制服务的方式为政府、企事业单位等机构用户提供电信软硬件解决方案。

⑨电信设施工程建造商提供构成电信系统的线路、设备等建设，包括光缆电缆铺设、无线基站建设、局端机房设备的建设等。

⑩基础电信运营商整合电信产业链资源，向用户提供固定电话、移动电话和互联网接入等基础电信服务，同时也提供信息服务、应用服务、系统集成等增值电信服务。基础电信运营商在产业链中处于核心地位，是连接产业链资源与用户资源的纽带。著名的基础电信运营商有 AT&T、Verizon、Sprint、T-Mobile、Vodafone、Orange、O2、NTT DoCoMo、KDDI、中国电信、中国移动、中国联通等。

⑪虚拟电信运营商是指本身没有电信网络资源，通过租用基础电信运营商的电信基础设施，对电信服务进行深度加工，以自己的品牌提供电信服务的电信运营商。在 2013 年底至 2014 年初工业和信息化部先后分两批向 19 家民营企业颁发了虚拟运营商牌照。虚拟运营商对于客户来说是电信服务提供商，对于基础电信运营商来说是一类特殊的组织类消费者。

⑫产品分销商是指销售电信业务产品、电信终端的社会渠道，产品分销商和基础电信运营商、电信终端制造商自有销售渠道一起向用户提供服务。

⑬装维服务提供商向购买电信产品的用户提供入户安装、调测、维修服务，属于基础电信服务的延伸服务。

二、中国电信

中国电信集团公司（简称中国电信）成立于 2000 年 5 月 17 日，拥有全球规模最大的宽带互联网络和技术领先的移动通信网络，具备为全球客户提供跨地域、全业务的综合信息服务能力和客户服务渠道体系。

1. 基本情况

中国电信的基本情况如表 2-1 所示。

表2-1 中国电信的基本情况

企业名称	中国电信集团公司（China Telecom）		
业务经营范围	IS-95CDMA（2G）+CDMA2000（3G）+LTE（4G）+5G+固网		
移动网号段	133，1349，149，153，173，177，180，181，189，190，191，193，199		
组织架构	控股公司	中国电信股份有限公司	全资子公司和分公司：①各省、自治区、直辖市电信分公司（31个）；②中国电信国际有限公司；③中国电信集团系统集成有限责任公司；④天翼电信终端有限公司；⑤号百信息服务有限公司；⑥天翼电子商务有限公司；⑦云计算分公司；⑧中国电信（美洲）有限公司
			分支机构：①中国电信学院；②中国电信北京研究所；③中国电信上海研究所；④中国电信广州研究所；⑤中国电信上海信息园运营部；⑥中国电信云计算内蒙古信息园开发建设部
		中国电信服务股份有限公司	全资子公司：①南方各省、自治区、直辖市电信服务有限公司（20个）；②中国电信建设集团有限公司；③中国电信服务（香港）国际有限公司
		号百控股股份有限公司	
	全资子公司和分公司：①中国电信集团卫星电信有限公司；②信元公众信息发展有限公司；③天翼科技创业投资有限公司；④炫彩互动网络科技有限公司；⑤天翼阅读文化传播有限公司；⑥中国电信（欧洲）有限公司；⑦北方九省电信分公司和西藏电信分公司		
	分支机构：①中国电信博物馆；②北京信息科技运营部		

其中：中国电信股份有限公司于2002年在中国香港和纽约上市，中国电信服务股份有限公司于2006年在中国香港上市。

2. 品牌架构

2011年，中国电信在成功打造"天翼"3G品牌的基础上，陆续推出了天翼飞Young、天翼领航、天翼e家等客户品牌。中国电信的品牌架构体系如图2-7所示。

（1）企业品牌——"中国电信"

企业品牌"中国电信"是中国具有百年历史的品牌。企业愿景为现代综合信息服务提供商，品牌主张为"世界触手可及"。

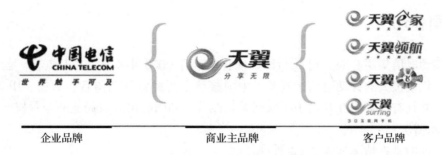

| 企业品牌 | 商业主品牌 | 客户品牌 |

图 2-7 中国电信的品牌架构体系

（2）商业主品牌——"天翼"

承接中国电信"现代综合信息服务提供商"的愿景，并依托于科技进步进行升华，引领信息时代，让客户畅享科技为信息新生活所带来的无限可能。不同的消费类群，将享有不同的客户品牌，感受并体验"天翼"带来的实际利益与体验。品牌主张为"分享无限"。

（3）客户品牌——"天翼领航""天翼 e 家""天翼飞 Young""天翼 3G"

"天翼领航"客户品牌覆盖除党政军和行业客户外的商业企业客户。品牌定位为真正了解企业需求的电信合作伙伴。依托"云、管、端"，打造数字企业，增强竞争力，凝聚企业价值，构筑智慧城市。品牌主张为"分享无限价值"。

"天翼 e 家"客户品牌覆盖所有家庭客户。品牌定位为家庭融合电信的倡导者，为家庭用户的亲情沟通提供综合性电信服务。品牌主张为"分享无限亲情"。

"天翼飞 Young"客户品牌覆盖年轻个人客户群体。品牌定位为针对年轻时尚人群，提供差异化的移动互联网电信服务，与客户分享愉悦体验与生活精彩。品牌主张为"分享无线自由"。

"天翼 3G"客户品牌覆盖除年轻群体以外的个人客户。品牌定位是为个人客户提供丰富的 3G 终端、应用及服务，以及自由畅快、精彩纷呈的用户体验。品牌主张为"3G 互联网手机"。

2014 年，中国电信正式推出其 4G 业务品牌"天翼 4G"，开启天翼 4G 全面商用时代。"天翼 4G"寓意中国电信用户在 4G 时代可以更畅快地体验移动信息服务，享受更高品质、更自由的信息新生活。

2019 年，中国电信推出 5G 业务品牌，主题口号是"赋能未来"。

★ 通信小知识

【中国电信品牌标识】

① ：中国电信的标志是以中国的"中"字及中国传统图案"回纹"作为基础，经发展变化而形成的三维立体空间图案，寓意为四通八达的电信网络，象征"中国电信"四时畅通，无处不达，形象地表达了中国电信的特点：科技、现代、传递、速度、发展。

② 天翼：创意来自古典祥云，点出天的元素；云头处理形似"e"字，与"翼"字谐音，同时点出互联网元素，充分体现移动互联网定位。

三、中国移动

中国移动电信集团有限公司（简称中国移动）于 2000 年 4 月 20 日成立，是全球网络规模、客户规模最大的移动电信运营商。中国移动主要经营移动语音、数据、IP 电话和多媒体业务，并具有计算机互联网国际联网单位经营权和国际出入口局业务经营权。

1. 基本情况

中国移动的基本情况如表 2-2 所示。

表 2-2 中国移动的基本情况

企业名称	中国移动电信集团有限公司（China Mobile）	
业务经营范围	GSM（2G）+TD-SCDMA（3G）+LTE（4G）+5G+固网	
移动网号段	1340~1348，135~139，147，150~152，157~159，172，178，182~184，187，195，197，198	
组织架构	总部（包括综合部、发展战略部等共计 19 个部门）	
组织架构	中国移动（香港）集团有限公司	中国移动电信有限公司：①各省、自治区、直辖市公司（31 个）；②中国移动电信集团设计院有限公司；③中国移动电信集团终端有限公司；④中国移动电信有限公司政企客户分公司；⑤中国移动电信集团财务有限公司；⑥中国移动电信研究院；⑦中国移动电信管理学院；⑧中国移动国际信息港建设中心；⑨中国移动电信信息安全管理与运行中心
		中国移动香港有限公司
		中国移动国际有限公司
		中国移动（深圳）有限公司
		ASPIRE 控股有限公司
	中国铁通集团有限公司	
	各省、自治区、直辖市电信服务公司（29 个）	
	辛姆巴科公司	
	中国移动电信集团公司政企客户分公司	
	各省、自治区、直辖市分公司（31 个）	

2. 品牌架构

中国移动自 2003 年起全面实施品牌战略，在"中国移动"企业品牌下，实施以"全球通""动感地带""神州行"三大用户品牌为主导的品牌架构体系，并根据市场用户需求逐步推出"动力100"集团用户产品。2009年中国移动发布3G网络标识——"G3"。2013年中国移动又推出了全新的4G全业务品牌"and 和"。中国移动的品牌架构体系如图2-8所示。

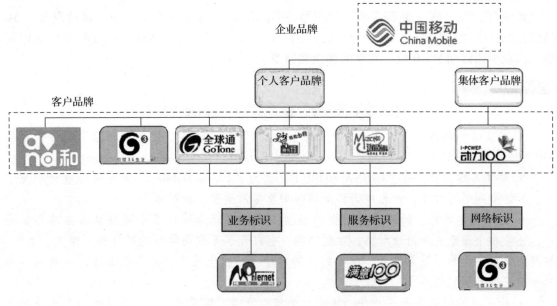

图2-8 中国移动的品牌架构体系

(1) 个人客户品牌

全球通（GoTone）：是中国移动的旗舰品牌，知名度高，品牌形象稳健，拥有众多的高端客户，是国内网络覆盖最广泛、国际漫游国家和地区最多、功能最为完善的移动信息服务品牌。

动感地带（M-zone）：是中国移动为年轻时尚人群量身定制的移动电信客户品牌。"动感地带"不仅资费灵活，同时还提供多种创新性个性化服务，给用户带来前所未有的移动电信生活。

神州行（Easyown）：是中国移动旗下客户规模最大、覆盖面积最广的品牌，也是我国移动电信市场上客户数量最大的品牌。它以"快捷和实惠"为原则，带着"轻松由我"的主张服务于大众。

G3："G3"标识造型取自中国太极，以中间一点逐渐向外旋展，寓意3G生活不断变化和精彩无限的外延；其核心视觉元素源自中国传统文化中最具代表性的水墨丹青和朱红印章，以现代手法加以简约化设计，该标识还有丰富的彩色运用和延展。G3标识属于承载网标识，将不作为单独的客户品牌存在，而是充分融入中国移动的三大品牌进行推广。

and 和："and"，连接、沟通，表达关系的达成，陈述价值的同时，表达距离的拉近，寓意中国移动就在你身边。"and"，世界的一切皆与你有关，连接你与世界，让生活更加丰富，回归"梦想的实现"。"and"，是 a new dream 的首字母缩写，寓意"在你身边，帮助你实现梦想"。

(2) 集团客户品牌

动力100是中国移动根据集团客户在管理、技术和服务等方面的需求，推出的移动信息化整体解决方案，以移动管理全面提升电子政务与电子商务的层次，实现以客户为中心的移动信息化。

2019年，以"5G+共赢未来"为主题的中国移动5G+发布会上，中国移动发布了5G品牌标识，由"5G"与"+"号组成，其中5G"∞"符号形象体现了改变社会的无限可能，寓意中国移动5G开放、共享的理念和愿景。

★通信小知识

【从 中国移动通信 CHINA MOBILE 到 中国移动 China Mobile 的改变】

- 中文名称调整：将"中国移动通信"改为"中国移动"，去掉"通信"二字，打破"中国移动是做电话电信"的局限认知，淡化中国移动"通信"的行业属性。
- 英文名称调整：将"CHINA MOBILE"改为"China Mobile"，大写字母改为小写字母，不仅提高了可读性，也为中国移动品牌形象带入活泼、亲切感。
- 标志整体效果：新的纽带相握的造型，不仅很好地延续了中国移动的品牌形象资产，还使整个形象更加简洁动感、互通顺畅，也打开了互联网特征的延伸性。时尚、亲和、智慧的浅蓝色代替了过去强势、冰冷的色彩感受，一抹生机的绿色为企业注入创新活力与社会责任的品牌联想。
- 优化后的标志秉承"责任、卓越"的核心价值，体现出"移动改变生活"的战略愿景，强化了中国移动作为企业公民对国家、对社会的价值承诺，并且弱化了与消费者在功能利益和使用体验上的沟通。

四、中国联通

中国联合网络电信集团有限公司（简称中国联通）于2009年1月6日在原中国网通和原中国联通的基础上合并组建而成，主要经营固定电信业务，移动电信业务，国内、国际电信设施服务业务，卫星国际专线业务、数据电信业务、网络接入业务和各类电信增值业务，与电信信息业务相关的系统集成业务等。

1. 基本情况

中国联通的基本情况如表2-3所示。

2. 品牌架构

中国联通于2009年4月28日推出全新的全业务品牌"沃"，承载了联通始终如一坚持创新的服务理念，为个人客户、家庭客户、集团客户提供全面支持。中国联通的品牌架构体系如图2-9所示。

(1) 个人客户品牌

"沃·3G"是"沃"品牌面向个人客户的业务板块，通过个人业务的营销推广，使个人客户感受到高速3G的精彩体验，丰富并完善"沃"品牌"精彩在沃"的内涵。

产品包含：手机上网、手机电视、手机音乐、沃阅读、沃商店、手机邮箱、可视电话、无线上网卡、炫铃、乐媒、沃友、视频分享等。

表 2-3 中国联通的基本情况

企业名称		中国联合网络电信集团有限公司（China Unicom）
业务经营范围		GSM（2G）+WCDMA（3G）+LTE（4G）+5G+固网
移动网号段		130~132，155，156，166，175，176，185，186，196
组织架构	总部	包括市场部、销售部、集团客户事业部等24个部门
	直属单位与子公司	①联通学院；②联通研究所/国家工程实验室有限公司；③联通宽带在线有限公司；④联电信息导航有限公司；⑤中国电话号簿公司；⑥中融信息服务有限公司；⑦联通系统集成有限公司；⑧中讯邮电咨询设计院有限公司；⑨联通兴业电信技术有限公司；⑩联通华盛电信有限公司；⑪联通时科电信有限公司；⑫中国联通进出口有限公司；⑬联通新时空公司；⑭北京京都信苑饭店有限公司；⑮中国联通（欧洲）运营有限公司；⑯中国联通（日本）运营股份有限公司；⑰中国联通（新加坡）运营有限公司；⑱中国联通（香港）运营有限公司；⑲中国联通（美洲）运营有限公司
	省级分公司（31个）	
	网络公司	①网络建设部；②运行维护部；③财务部；④综合部

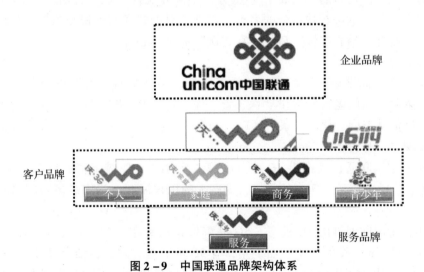

图 2-9 中国联通品牌架构体系

（2）家庭客户品牌

"沃·家庭"是"沃"品牌面向家庭客户的业务板块，通过家庭业务的营销推广，使家庭客户感受到3G、宽带等家庭信息化融合业务的精彩体验，丰富并完善"沃"品牌"精彩在沃"的内涵，高速宽带和联通3G业务优势。集固定电话、手机、宽带、增值应用及家庭服务于一体的融合产品提供了更加丰富和时尚的增值应用，同时提高了电信服务标准。

沃家庭分为 A 计划和 B 计划，以及无线上网卡套餐。

沃家庭 A 计划：宽带＋固定电话＋2G 手机。

沃家庭 B 计划：宽带＋固定电话＋2G 手机＋3G 手机。

产品包含：电脑保姆、高清视频、家庭安防、电信管家、IPTV、可视电话等。

（3）集团客户品牌

"沃·商务"是"沃"品牌面向集团客户的业务板块，通过集团业务的营销推广，使集团客户感受到信息解决方案的精彩体验，丰富并完善"沃"品牌"精彩在沃"的内涵。基于联通 WCDMA 3G 高速网络和 PKI/CA 数字认证技术，通过手机、上网本、笔记本电脑、台式机等多种办公设备，用户可以在任何时间、任何地点，高速、稳定、安全地访问 OA、CRM、ERP 等办公系统或生产系统，随时随地处理公文、收发邮件、查询信息，为用户提供了"三屏一体"的全面解决方案，使工作变得更加轻松、便捷。

（4）青少年客户品牌

"沃派"是"沃"品牌下面向青少年客户的业务板块，融合了青少年群体需要的各类电信和移动互联网产品，最大化满足他们在网络、应用、终端、服务方面的移动互联网需求，让青少年群体随时随地生活在网络群体中，丰富并完善"沃"品牌"精彩在沃"的内涵。

产品包含：沃友（校园版）、视频分享、沃阅读校园专区、手机音乐校园专区等。

（5）服务品牌

"沃·服务"是"沃"品牌面向客户服务的业务板块，使个人、家庭、集团、青少年客户感受到"沃"品牌以客为尊的精彩服务，丰富并完善"沃"品牌"精彩在沃"的内涵。用"服务"作为业务板块区分的名称，表现了对消费者的重视与关怀，体现以客为尊的服务理念。通过"精彩在沃"口号丰富"沃"品牌核心价值。

（6）116114

116114 为客户提供基于 114/116114 语音查询、手机 WAP、互联网及黄页等多媒体渠道的综合信息服务。向老百姓提供"医、食、住、行、游、购、娱"全方位的生活服务信息内容。通过信息查询、预订机票、酒店、美食、土特产、医疗挂号、法律咨询、教育导航等业务实现"一号订天下"。

2014 年，中国联通正式推出 4G 业务品牌"沃 4G"，凭借丰富的终端、成熟的技术、畅快的网速、广泛的漫游、实惠的价格，为广大的用户展开一幅绚烂多彩的移动互联生活画卷。

2019 年，中国联通推出 5G 业务，5G 品牌标识由数字"5"＋大写字母"G"组成，同时把小写字母"n"放在"5G"右上角，有 5G 的 n 次方之意，结合口号"让未来生长"形成一个整体的视觉标识，红色 5G 点明主题，同时中国红也是联通一贯使用的颜色，体现了品牌的延续。

★通信小知识

【沃知多少？】

2009 年 4 月 28 日，"沃"作为中国联通旗下所有业务的单一主品牌正式发布，标志着中国联通全业务经营战略的启动，这是我国电信运营商首次使用单一主品牌策略。

"沃"源于"惊喜"的口语"wow",表现了想象力被释放带来的无限惊喜、对未来科技时代的一种惊叹。新品牌口号"精彩在沃",代表着中国联通将以全新的服务理念和创新的品牌精神,在3G时代,为客户提供精彩的信息化服务。

五、中国广电

中国广播电视网络有限公司(简称中国广电)成立于2014年,是国有大型企业。中国广电于2016年5月5日取得了工业和信息化部(简称工信部)颁发的"基础电信业务经营许可证",获准在全国范围内经营互联网国内数据传送业务、国内通信设施服务业务,并允许中国广电授权其控股子公司中国有线电视网络有限公司在全国范围内经营上述两项基础电信业务。

互联网国内数据传送业务属于第一类基础电信业务,中国广电获此业务经营牌照意味着它可以独立实现互联网数据从用户的"源网络或主机"到"目标网络或主机"的端到端、完整、闭环的传送。

国内通信设施服务业务是第二类基础电信业务,中国广电获此业务经营牌照意味着它可以不用租用其他电信运营商的网络设备,避免在需要涉及网络建设的宽带市场竞争中被"卡脖子"。

中国广电于2019年6月6日获工业和信息化部发放的5G商用牌照,并获核发的192号段公众移动通信网网号,为其开展移动通信服务提供了可行的通道。按照中国广电的规划,将充分发挥5G基础优势,包括700M的优质频谱资源,赋能全国有线电视网络的转型升级,建成媒体属性鲜明的新型融合媒体服务网和国家信息化基础新网络。

目前中国广电致力于完善基础建设,提升网络使用效益;控制播控权优势,搭建网络融合平台;争取国家资金、政策支持和行政推动,完成中国广电对各省有线电视网络公司的资产和资源整合,实现全国范围内有线电视网络的垂直运营管理,确保公司政令统一,结合用户消费需求偏好积极与传统通信运营商、三网融合终端设备供应商开展合作,共同发展IPTV、OTT、手机电视、终端设备销售等新兴业务,培育成为公司营业收入新的增长点。

六、虚拟运营商

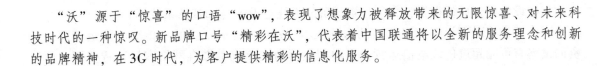

虚拟运营商—1分钟小知识

虚拟运营商(virtual network operator,VNO),是指依靠租用传统电信运营商的通信资源开展电信业务的新型电信运营商。虚拟运营商一般拥有某种或者某几种能力(如技术能力、设备供应能力、市场能力等),在租用基础通信资源之后,根据自身主营业务优势对通信服务进行深度加工,最终以自己的品牌、自建的客户服务系统,向消费者提供通信服务。

1. 典型特征

虚拟运营商与传统电信运营商相比较,具有以下特征:
①避免了大规模的资本沉淀,固定资产与总资产的规模也因此而大大降低,虚拟运营

商的基础设施投资要低得多，无须投资昂贵的无线电设施（如基站系统等）。

②在正常情况下，虚拟运营商的边际成本（net Margins）要低于传统电信运营商，投资回报率有可能超过传统电信运营商。虚拟运营商主要成本来自网络容量租赁费用，而后者又同最终用户的数量密切相关。

③虚拟运营商的变动成本要比传统电信运营商高，因为它需要向传统电信运营商支付高额的网络容量租赁费用，所以在运营的初期必须尽快大规模发展用户。

④虚拟运营商无须支付无线电设施的维护费用，降低了固定成本在整个营运中的份额。

2. 运营模式

目前，我国的虚拟运营商正处于起步阶段，运营模式可借鉴国外成熟的虚拟运营商的经验。

传统的移动运营商对移动业务的经营采用的都是从网络到客户的垂直整合模式。由于移动虚拟运营不需要自建网络，根据产业链覆盖范围不同，目前全球主流的移动虚拟运营模式主要有3种，如图2-10所示。

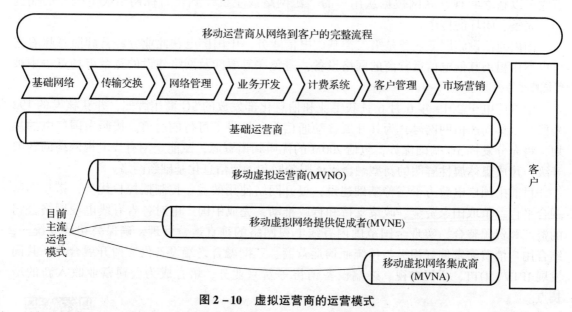

图2-10 虚拟运营商的运营模式

①完整的 MVNO 模式：这种模式借鉴了基础运营商的实体网络，其他运营需要的包括交换设备、网络管理系统、计费系统、客户管理系统等均为自建。早期的虚拟运营商多采用这种模式，如 Virgin Mobile。通过和单个的支撑管理系统提供商、移动数据平台提供商合作，自己建设和管理所有室内的非网络元素。这种模式的风险、技术门槛在所有模式中是最高的，但是经营规模和潜在收益也是最大的。

②MVNE 模式：这种模式拥有自己的业务平台，采用自己的计费系统和客户管理系统，但是不拥有自己的交换设备。它们尽可能地使用基础运营商的交换设备，以降低投资。采用这种模式的企业更注重增值服务。随着 MVNE 的出现，有的 MVNO 会将后台网络支撑和管理系统甚至移动数据平台外包给专业的 MVNE，这就使 MVNE 的专业度和可合作性大大提升，因此这种企业也是 MVNO 的重要合作伙伴。

③MVNA 模式：这种模式采用自己的计费系统和用户管理系统提供业务，相比前两者，

不需要建设移动电信网络中的许多元素,投资相对较少。经营方向更注重客户管理和销售上。采用这种模式的企业也可以直接利用基础运营商的 HLR(归属位置寄存器)进行用户数据管理,依赖基础运营商提供的用户呼叫清单进行计费管理,从而使经营重心进一步集中在客户管理和市场经营上。

3. 专属号段

2013 年 1 月 8 日,工业与信息化部公布《移动通信转售业务试点方案》征求意见稿,决定开展移动通信转售业务试点,2013 年 12 月 26 日发放首批虚拟运营商牌照,首批获得牌照的企业确定为 11 家。获得虚拟运营商牌照的批文的 11 家试点企业将可以租用基础电信运营商的移动通信网络为用户提供基于自身品牌的通信服务。其中包括将短信、话音、流量等重新组合为更灵活的套餐,销售给用户;移动虚拟运营商可拥有企业专利标志(如手机屏幕上显示移动虚拟运营商的品牌)、发售 SIM 卡(全国通用号码)等。同时,虚拟运营商拥有制定业务零售价格的权力;可开发内部平台,发展增值服务,如语音邮件、短信业务等。

"170"号段为虚拟运营商专属号段,"170"号段的 11 位手机号前 4 位来区分基础运营商,其中"1700"为中国电信的转售号码标识,"1705"为中国移动,"1709"为中国联通。而且虚拟运营商的客服也从 10020 到 10039,延续了基础运营商的号码规律。

★通信小知识

【虚拟运营商到底有啥用?】

简单来说,消费者可以从虚拟运营商处得到更加多样的服务,同时也有望获得更多"免费"的服务。为了竞争,虚拟运营商完全可能推出免费产品,然后通过其他服务盈利。

以阿里巴巴为例,成为虚拟运营商后,可以让使用其手机号段的用户玩"来往"(手机软件),流量完全免费。

中国虚拟运营商产业联盟秘书长认为,虚拟运营商能更专注于企业级市场和细分市场,"举例来说,专注手机游戏的苏州蜗牛,可以让它的用户玩自己的手机游戏免流量,以获取更多的用户数,然后通过广告等其他业务创收贴补免费的流量成本。这种'游戏+手机+流量'的经营方式就是对传统收费模式的颠覆。而且,互联网企业也为电信市场注入了一股新鲜的活力。"

任务 3　电信资源

无线频率、号码等电信资源是电信运营必不可少的基础资源,拥有优质的电信资源可以有效提升电信运营商的市场竞争力,因此,谋取优质的电信资源成为电信政策博弈的重点。

一、无线频率资源

我国《物权法》明确规定"无线电频谱资源属于国家所有",无线电频

无线频率资源 –
1 分钟小知识

率资源是电信市场重要的基础资源。随着移动通信业务的快速发展，逐步取代传统固网业务成为电信市场用户群和收入规模最大的业务。我国运营移动业务一般需要获得频率许可和业务许可，可称为"双许可"制度。频率许可是指开展移动业务的运营商必须获得无线电管理机构的频率预指配或指配认可，也就是说频率许可是获得移动业务运营的前置条件。

1. 无线频率资源的分配

我国《电信条例》规定：分配电信资源，可以采取指配的方式，也可以采用拍卖的方式。

频率指配：指监管机构根据合法的无线频率使用申请者的要求，在符合相关频率规划和管理要求的条件下，直接将频率分配给特定申请者。

频率拍卖：指监管机构在做好无线频率规划和使用规定的基础上，为了提高频率的使用价值，采取招投标的方式吸引多家申请者，依据评标结果或拍卖价格将频率分配给申请者。

过去，我国频率资源分配主要采用行政指配方式，即电信运营商移动业务运营所需的无线频率由电信管理机构直接指配，我国3G频率分配就是采用指配分配方式。采用指配分配方式会带来一些弊端，如可能出现政策寻租空间，同时指配的分配方式也使得电信运营商的频率分配资源存在一定的不均衡性。

从国际上看，大多数国家的频率分配采取拍卖制度。国际上拍卖制度的形成深受1991年诺贝尔经济学奖获得者罗纳德·科斯为代表的制度经济学派理论的影响。罗纳德·科斯指出频谱作为一种宝贵稀缺资源，其使用应由市场决定，而不是政府决定，政府指导是低效的，频谱的使用权可以在市场上成交，市场会把频谱交给最有效率的人。在科斯理论的影响下，美国联邦电信委员会（FCC）决定采用拍卖的形式转让频谱的使用权，欧洲、大洋洲等国家和地区也先后采用了频谱拍卖政策。

长期以来，有不少的专家和人员呼吁我国比照国际上大多数国家的做法，采取频率拍卖制度，帮助国家提高频率资源的经济效益。但也有人反对，认为行政指配方式是与我国基础电信市场以国有电信企业为主体的特征相联系的，拍卖就像是把国有资产"换篮子装"一样没有实质意义，加上发达国家3G频率拍卖造成电信运营商负债累累的事实，担心频率拍卖将可能使电信运营商抬高电信服务价格，导致用户利益受损和影响我国电信市场发展。

★通信小知识

【国外无线频率资源的分配方式】

在21世纪初3G无线频谱绝大多数都采用拍卖制度，英国3G频谱拍卖收入高达220亿英镑；德国的3G频谱拍卖收入高达450亿美元。不少发展中国家也采用拍卖方式进行无线频谱分配，如2010年印度3G频谱拍卖额达到150亿美元。欧洲3G频谱的高价拍卖一度直接导致电信运营商在支付巨额的频率费用后，几乎没有多少钱建设3G网络，负债累累，一些国家不得不又采取措施救济电信运营商。

2. 无线频率资源的使用

频率资源作为稀缺资源，为了提高其利用率，我国对无线资源的使用规定了设台审批原则和避免干扰原则。

①设台审批原则：我国《无线电管理条例》规定，设置、使用无线电台（站）的单位和个人，必须提出书面申请，办理设台（站）审批手续，领取电台执照。对于未经审批设置电台、占用频率的，我国采取严格的法律措施，包括列入刑法制裁。

②避免干扰原则：对于依法设置的无线电台（站），无线电管理机构应当保护其使用的频率免受有害干扰，包括对运营商和设备制造商都提出了相关的要求。处理无线电频率相互有害干扰，应当遵循带外让带内、次要业务让主要业务、后用让先用、无规划让有规划的原则。遇特殊情况时，由国家无线电管理机构根据具体情况协调、处理。研制和生产无线电发射设备所需要的工作频率和频段应当符合国家有关无线电管理的规定，并报国家无线电管理机构核准或备案。

3. 无线频率资源的转让交易

国际上很多国家已经建立起频率交易制度，允许频率使用者的权利和义务实现转移，频率使用者可以对所获得的频率资源进行转让交易，频率需求者也可以通过收购现有频率资源使用者的使用权益，对频率资源进行二次利用。频率交易可以实现有限的频率资源使用效益的最大化。

我国《无线电管理条例》规定：任何单位和个人未经国家无线电管理机构或者地方无线电管理机构批准，不得转让频率；禁止出租或者变相出租频率；频率使用期满，需要继续使用的，必须办理续用手续。因此，我国暂未形成频率交易市场。

二、电信号码资源

电信号码（也称码号）是指由数字、符号组成的用于实现电信功能的用户编号和网络编号，是电信网络必不可少的信息资源。我国电信主管部门在发布的《电信网码号资源管理办法》中明确"码号资源属于国家所有"。

1. 电信号码规范格式

（1）E.164 号码

我国固定电话和移动电话用户号码采用 E.164 号码。E.164 是国际电信联盟定义的在电信网和一些数据网使用的国际公共电话号码方案，同时定义了具体的号码格式。E.164 号码最长为 15 位数字，结构如下。

①固定网电话用户号码。我国固定网电话用户号码采用长途区号的结构，即：

国家码（86）+ 长途区号 + 本地号码；

固定网电话号码采用不等位编号，国内有效号码最大位长为 11 位。

②移动网电话用户号码。我国移动网电话用户号码结构为国家码（86）+ 网络接入号（如139）+ HLR 识别码（H0H1H2H3）+ 用户号码（ABCD）。

移动网电话号码采用等位编号，国内有效号码位长为 11 位。

（2）E.212 号码

E.212 号码又称为国际移动用户识别码（IMSI），是数字公用陆地蜂窝移动电信网中唯一的、识别一个移动用户的号码，其结构如图 2-11 所示，最长为 15 位。

IMSI 由以下 3 个部分组成。

MCC：移动国家码，由 3 个数字组成，唯一地识别移动用户所属的国家，中国为 460。

图 2-11 IMSI 结构

MNC：移动网络识别码，识别移动用户所归属的移动网，中国采用 2 位长度。

MSIN：移动用户识别码，唯一地识别移动电信网中的移动用户，中国采用 10 位长度。

E.212 号码即 IMSI，存储在用户 SIM 卡、HLR 和 VLR 中，对用户并不可见。常见的手机号码如 189×××××××× 属于 E.164 格式号码。

（3）首位号码字段的规范

首位为"1"的号码原则上应作为全国统一使用的号码，按照号码用途可以分为业务号码（仅在运营商网内使用的号码可以采用可变位长的编号方式，需在不同运营商的网络之间使用的号码暂不能采用可变位长的编号方式）和用户号码（包括固定网用户号码、公众移动电信网用户号码和 ATM/帧中继网的用户号码）。

首位为"2"～"8"的号码是在本地范围内使用的号码，主要用作固定本地电话网的用户号码，也可用作 800 MHz 数字集群电信网的用户号码。部分首位为"2"～"8"的号码还可用作全国和省内智能业务的接入码。

首位为"9"的号码中，95×××（×）号码是在全国范围统一使用的号码，96×××（×）号码是在省（自治区、直辖市）区域内统一使用的号码，其他首位为"9"的号码规划为备用。

2. 码号资源分配

我国《电信网码号资源管理办法》规定电信主管部门可以采用指配、随机选择和拍卖等方式分配号码。

长期以来，我国电信监管机构码号资源分配方式主要采用行政指配方式。在电信业务经营者提出码号资源申请需求后，电信主管部门根据码号资源规划、申请号码的用途和申请人的预期服务能力审批，包括审核申请人相关码号利用率是否达到一定标准，是否具有相关的业务资质，是否满足国家码号规划等条件，决定是否分配码号资源以及分配何种号段的码号资源等。在实践中，我国电信监管机构一般要求电信运营商原有固定电话或移动电话码号资源利用率超过 35% 后，才能申请新的码号资源。

3. 码号资源有偿使用

我国电信监管机构发布的《电信网码号资源管理办法》规定"国家对码号资源使用实行有偿使用制度"。2004 年，我国财政部、国家发改委和原信息产业部联合发布《电信网码号资源占用费征收管理办法》和《电信网码号资源占用费标准》，原则上对固定电话网码号、移动电话网码号、数据电信网码号和信令点编码等码号资源使用实行缴纳占用费制度，但公益性码号资源使用实行免收占用费。长期以来，我国实际上对固定电话和移动电话码号资源使用要求缴纳占用费，对数据电信网码号和信令点编号未收费。

考虑到电信网码号资源从分配到全部启用有一个渐进过程,《电信网码号资源占用费征收管理办法》中明确电信业务经营者自取得用户码号资源之日起,第一年内可以免缴纳码号资源占用费,第二年内按照规定的收费标准减半缴纳,第三年开始按照规定的收费标准缴纳。

码号资源有偿使用制度使得电信运营商必须建立起有效的码号资源重复利用机制,对用户退网、转网后空下的码号资源定期清理和回收,以提高码号资源利用率和降低码号资源利用成本。

★通信小知识

【电信网码号资源占用费】

2017年,国家发改委、财政部发布关于降低电信网码号资源占用费的通知,自2017年7月1日起收费标准调整见表2-4。

表2-4 电信网码号资源占用费收费标准

电信网码号资源类别				原收费标准	降低后收费标准
固定电话网码号	局号			1 200元/(年·局号·本地网)	600元/(年·局号·本地网)
	短码号	3位号		420万元/(年·号)	210万元/(年·号)
		4位号		120万元/(年·号)	60万元/(年·号)
		5位号	跨省使用	24万元/(年·号)	12万元/(年·号)
			省内使用	4.8万元/(年·号)	2.4万元/(年·号)
		6位号	跨省使用	2.4万元/(年·号)	1.2万元/(年·号)
			省内使用	0.48万元/(年·号)	0.24万元/(年·号)
移动通信网码号	网号			1 200万元/(年·网号)	600万元/(年·网号)

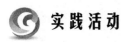 实践活动

【活动背景】

模块2 实践活动

移动通信中用户以无线方式接入网络,而可提供无线使用的频谱资源是有限的。所以移动通信发展遇到的突出问题之一就是将有限的可用频率有序地提供给越来越多的移动用户而不互相干扰,即频率的管理和有效利用。

为了有效地使用有效的频率资源及全国漫游,频率的分配和使用必须服从国际和国内的统一管理,否则会造成相互干扰资源的浪费。

在中国,国家统一管理频率的机构是国家无线电管理委员会,移动通信组网必须遵守

国家有关规定，并接受当地无线电管理委员会的具体管理。

【活动准备】

移动通信中，频率是指无线信号的发射频率。国家无线电管理委员会对于2G、3G、4G、5G频段划分如下。

一、2G 网络频段

1. GSM 网络

GSM 900 网络频段：

上行（反向）：890～915 MHz（移动台发射频率，基站接收频率）。

下行（前向）：935～960 MHz（基站发射频率，移动台接收频率）。

GSM 1800 网络频段：

上行（反向）：1 710～1 755 MHz（移动台发射频率，基站接收频率）。

下行（前向）：1 805～1 850 MHz（基站发射频率，移动台接收频率）。

2. CDMA 网络

上行（反向）：825～835 MHz（移动台发射频率，基站接收频率）。

下行（前向）：870～880 MHz（基站发射频率，移动台接收频率）。

二、3G 网络频段

依据国际电信联盟有关第三代公众移动通信系统（IMT－2000）频率划分和技术标准，按照我国无线电频率划分规定，结合我国无线电频谱使用的实际情况，我国第三代公众移动通信系统频率规划的工作频段分别如下。

1. 主要工作频段

频分双工（FDD）方式：1 920～1 980 MHz/2 110～2 170 MHz。

时分双工（TDD）方式：1 880～1 920 MHz/2 010～2 025 MHz。

2. 补充工作频率

频分双工（FDD）方式：1 755～1 785 MHz/1 850～1 880 MHz。

时分双工（TDD）方式：2 300～2 400 MHz，与无线电定位业务共用，均为主要业务，共用标准另行制定。

三、4G 网络频段

目前4G网络（LTE）分为TDD和FDD两种模式，这两种模式支持的频段是不一样的。

TDD－LTE 的频段是 1 880～1 900 MHz；

FDD－LTE 的频段是 2 320～2 370 MHz、2 575～2 635 MHz。

四、5G 网络频段

2017年11月14日工信部规划明确了3 300～3 400 MHz（原则上限室内使用）、3 400～3 600 MHz 和 4 800～5 000 MHz 频段作为5G系统的工作频段。

【活动内容】

①请调研各运营商2G～5G的网络制式及频率分配，并填写表2－5。

表 2–5　各运营商 2G~5G 的网络制式及频率分配

序号	运营商	网络制式	上行频率/MHz	下行频率/MHz	频宽/MHz
1					
2					
3					
4					
5					

②与其他同学分享自己的调研结果，并将大家的结果进行对比，讨论分析各个频段的优势与劣势。

过关训练

一、填空题

1. 2008 年，中央政府实行部委机构改革，将原信息产业部、原国务院信息化工作办公室以及国家发改委的工业管理有关职责、原国防科工委除核电管理以外的职能加以整合，成立了_____。

2. _____（简称《电信条例》）是国家电信管制部门依法从事电信市场监管工作的主要法律依据。

3. 自 2011 年以来，中国电信在成功打造_____3G 品牌的基础上，陆续推出了天翼飞 Young、天翼领航、_____等客户品牌，不断推进公司品牌体系向多元化、立体化的现代新型品牌架构演进。

4. 2014 年 2 月 14 日，中国电信正式推出其 4G 业务品牌_____，开启天翼 4G 全面商用时代。

5. 2009 年 1 月 7 日，工信部正式发布 3G 牌照，中国移动同步发布中国移动 3G 网络标识_____。2013 年 12 月 8 日，中国移动又推出了其全新的 4G 全业务品牌_____。

6. 中国联通于 2009 年 4 月 28 日推出全新的全业务品牌_____，承载了联通始终如一坚持创新的服务理念，为个人客户、家庭客户、集团客户提供全面支持。

7. "170" 号段为虚拟运营商专属号段，"170" 号段的 11 位手机号前 4 位来区分基础运营商，其中_____为中国电信的转售号码标识，_____为中国移动，"1709" 为中国联通。而且虚拟运营商的客服也从 10020 到 10039，延续了基础运营商的号码规律。

8. 我国《电信条例》规定：分配电信资源，可以采取_____的方式，也可以采用拍卖的方式。

9. 电信号码是指由数字、符号组成的用于实现电信功能的用户编号和网络编号，是电信网络必不可少的信息资源。我国电信主管部门在发布的《电信网码号资源管理办法》中明确_____。

二、简答题

1. 简述中国电信行业产业链的组成。
2. 简述中国电信生态圈的组成。
3. 简述电信行业的特点。
4. 简述电信监管机构的职能。
5. 什么是虚拟运营商？
6. 虚拟运营商的经营模式有哪几种？

模块 2 章节测验

模块三

终端与业务

学习目标

*知识目标：
- 了解通信终端的类别；
- 了解移动通信终端的组成、物联网终端类别；
- 了解电信业务的内涵。

*能力目标：
- 能够领会各类通信终端的作用；
- 能够领会物联网的架构体系；
- 能够领会电信业务的分类。

*素养目标：
- 具备聚焦终端产品、电信业务不断创新发展的前瞻视野；
- 具有质量意识、绿色环保意识、安全意识；
- 具备崇德向善、诚实守信、爱岗敬业、精益求精的职业精神。

学习导图

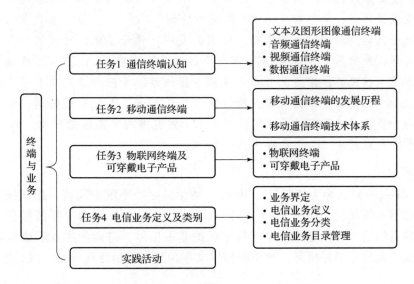

任务1　通信终端认知

通信终端是连接通信网络和通信应用的纽带，它基于通信技术的发展和电信业务的拓展，为用户提供可感知的通信服务，是使通信真正发挥价值的工具。

随着所传递信息形态的多样化、传输方式的多样化，通信终端产品也不断丰富。根据所传递信息形态分类，通信终端产品可以分为文本通信终端、图形图像通信终端、音频通信终端、视频通信终端、数据通信终端等；根据传输接入方式分类，通信终端产品可以分为固定通信终端、移动通信终端；根据应用场景分类，通信终端产品可以分为人际通信终端、物联网通信终端等。

下面根据所传递信息形态的不同来介绍通信终端。

一、文本及图形图像通信终端

常见的文本及图形图像通信终端主要有电报机、寻呼机、传真机等。

通信终端－
1分钟小知识

（1）电报机

电报是一种最早用电的方式来传送信息的、可靠的即时远距离通信方式，电报信息通过专用的交换线路以电信号的方式发送出去，该信号用编码代替文字和数字，通常使用的编码是摩尔斯编码。电报机是用以发送和接收电报报文的设备，是一种较原始的文本信息传输设备，如图3-1（a）所示。在军事或应急通信领域是由经过专业训练的专人操作，在普通公众应用领域由消费者去指定的受理场所办理业务，由营业人员输入并传输后，再投递给信息接收设备。随着电话、传真等的普及应用，面向公众的电报业务现已停止服务。

★通信小历史

【电报机】

电报机，就是用以发送和接收电报的设备，1835年美国画家摩尔斯经过3年的钻研之后，第一台电报机问世，莫尔斯成功地用电流的"通""断""长短"来代替人类的文字进行传送，这就是鼎鼎大名的摩尔斯电码。电报的发明，拉开了电信时代的序幕，开创了人类利用电来传递信息的历史，中国1871年在上海秘密开通电报，1879年，李鸿章在大陆修建了第一条军用电报线路，接着又开通了津沪电报线路，并在天津设立电报总局。清朝政府开设电报以后，主要用于军国大事，所以在军机处形成了大量电报档案。电报在中国人民的解放事业中发挥了功不可没的作用，后来由于发电报的市民屈指可数，早在2003年前后，邮政局营业厅就停止了全市电报代办业务。

（2）寻呼机

寻呼机（beeper）又称为传呼机、BP机，是无线寻呼系统中的被叫用户接收机，具有接收、解码和显示等功能，如图3-1（b）所示。它从基站发射的寻呼信号和干扰中选择出所需接收的有用信号，恢复成原来寻找本机的基带信号，进而产生音响或振动并显示数字、字母或汉字信息。寻呼机是一种单向传输文本信息的通信终端设备，现已停止服务。

★通信小历史

【寻呼机】

1948年，美国贝尔实验室研制出世界上第一台寻呼机，取名为Bell Boy。1983年，上海开通中国第一家寻呼台，BP机进入中国。当时上海用户使用的只是模拟信号BP机，用户只能接收呼叫信号，需致电寻呼台才能查询到回电号码。次年在广州开通的数字寻呼台，才解决了这个难题。早期的BP机全是进口产品，品牌包括摩托罗拉、松下等。1993年5月，中国第一台拥有自主知识产权的中文寻呼机由波导公司研发成功，1998年一年就生产销售寻呼机102.4万台，为民族工业在这场寻呼机市场的竞争中争得了一席之地。1993年、1994年时，手机开始慢慢出现。1995年下半年开始，寻呼业务在手机强大的攻势下，逐渐败下阵来，寻呼用户开始不再增加。1996年开始出现下滑，用户减少，寻呼台数量也急剧下降。2005年以后，寻呼机淡出中国的舞台。

（3）传真机

传真机是应用扫描和光电变换技术，把文件、图表、照片等静止图像转换成电信号，传送到接收端，以记录形式进行复制的通信设备，如图3-1（c）所示。小型的传真机通常带有固定电话功能，通过开关切换使用；大型的传真机则与专业的、支持较大幅面的扫描仪或打印机整合在一起。

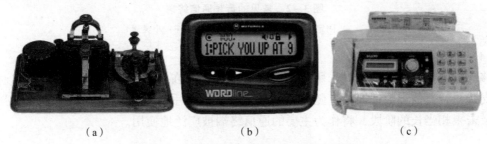

图3-1　常见的文本及图形图像通信终端
(a) 电报机；(b) 寻呼机；(c) 小型传真机

二、音频通信终端

常见的音频通信终端主要有固定电话机、无绳电话机、无线市话电话机、移动电话机等。

（1）固定电话机

固定电话机简称电话机，是由受话器、送话器、附属开关及呼叫装置等构成的通信设备，如图3-2（a）所示。按送话器电源和呼叫信号供电方式的不同，可分为磁石式电话机、共电式电话机和自动式电话机等。所谓固定电话机，其放置位置相对固定，接入方式主要通过双绞线连接，可以实现基本的话音通信功能。随着通信技术的发展，固定电话机也具备来电显示、呼叫等待、三方通话等功能。

（2）无绳电话机

无绳电话机是固定电话机的一种特殊形态，又称为子母机，它将固定电话机的机身与手柄分离成为主机（母机）与副机（子机）两部分，如图3-2（b）所示。主机与市话网电话线连接，副机通过无线信道与主机保持短距离通信，不受传统电话机手柄话绳的限制。

（3）无线市话电话机

无线市话电话机也称低功率移动电话系统（personal handy-phone system，PHS），又名小灵通，如图3-2（c）所示。它采用微蜂窝技术，通过微蜂窝基站实现无线覆盖，将用户端（即无线市话手机）以无线的方式接入本地电话网，使传统意义上的固定电话不再固定在某个位置，可在无线网络覆盖范围内自由移动使用，随时随地接听、拨打本地和国内、国际电话，是市话的有效延伸和补充，是固定电话通信运营商在未取得移动通信运营牌照时的竞争性产品。2011年无线市话电话机全部退市。

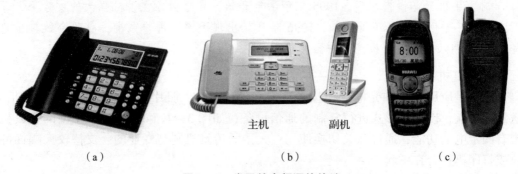

图3-2 常见的音频通信终端
(a) 固定电话机；(b) 无绳电话机；(c) 小灵通

（4）移动电话机

移动电话机又称手机，是采用移动通信技术，可以在较广范围内使用的便携式通信终端，支持语音通信和数据通信。随着通信技术的发展，手机的功能在不断丰富并增强，在现在及未来相当长的阶段，将作为主要的通信终端被广泛地使用。

三、视频通信终端

常见的视频通信终端有摄像机、多媒体摄像头、显示器等。

（1）摄像机

摄像机在视频通信系统中承担视频采集功能，把光学图像信号转变为电信号，便于存储或传输，如图3-3（a）所示。摄像机一般有两类：一类除带有摄录功能外，还可采用磁带、磁盘、记忆芯片等介质存储信息，摄录完成后集中输出；另一类仅有摄制功能，通过有线或无线方式随摄随传。

（2）多媒体摄像头

多媒体摄像头是一种视频输入设备，被广泛运用于视频会议、远程医疗及实时监控等方面，如图3-3（b）所示。多媒体摄像头可以单一采集视频信息，也可以同步采集视频和音频信息，在外观形态上有枪机、球机等，在控制方式上有设置成固定方位角度的，也有可以远程控制调整角度及拉近细节的。

（3）显示器

显示器又称为监视器，在视频通信系统中用作视频输出设备，它将输入的视频信号码流或已存储的视频电子文件进行还原展示，如图 3-3（c）所示。根据制造材料的不同，显示器可分为阴极射线管显示器、等离子显示器、液晶显示器等。

图 3-3　常见的视频通信终端
(a) 摄像机；(b) 多媒体摄像头；(c) 液晶显示器

四、数据通信终端

本书介绍的数据通信终端仅指数据网络接入终端，在功能上仅包含对数据传输的处理部分，不包含对数据本身的应用处理。常见的数据通信终端有调制解调器、光调制解调器、交换机、路由器、无线接入点、无线路由器、网卡、无线网卡、MiFi、家庭网关等。

(1) 调制解调器与光调制解调器

调制解调器（modem）是将英文 modulator（调制器）与 demodulator（解调器）合成缩写后的简称，俗称"猫"。在发送端它将数字信号转换成模拟电子信号，在接收端将模拟电子信号还原成数字信号。

光调制解调器又称为光端机，俗称"光猫"。光调制解调器是将发送端的数字信号调制为光纤可以传输的光信号，在接收端将光信号还原成数字信号。

最初的光端机通常是指提供给有大容量专用信息传输需求的企业客户的单端口光端机，用于广域网中光电信号的转换和接口协议的转换。随着时代的发展，相继出现了光纤到街区（fiber to the curb，FTTC）、光纤到大楼（fiber to the building，FTTB）等模式，在街区、楼道等公共区域设置多端口光端机，然后通过楼道交换机提供以太网信号给需要使用大容量信息传输的单位或家庭使用。现在光纤到用户（fiber to the home，FTTH）模式逐渐普及，光纤可以直接接入家庭。

(2) 交换机和路由器

交换机是一种用于电（光）信号转发的网络设备。交换机可以为接入交换机的任意两个网络节点提供独享的电信号通路。最常见的交换机是以太网交换机，还有通常作为局端设备使用的电话语音交换机、光纤交换机等。

路由器又称网关设备，用于连接多个逻辑上分开的网络。逻辑网络代表一个单独的网络或者一个子网。当数据从一个子网传输到另一个子网时，可通过路由器的路由功能来完成。所以路由器是互联网络的枢纽，是连接互联网中各局域网、广域网的设备，它会根据信道的情况自动选择和设定路由，以最佳路径、按前后顺序发送信号。

路由器与交换机有一定联系，并不是完全独立的两种设备，路由器主要克服了交换机不能路由转发数据包的不足，如图 3-4 所示。

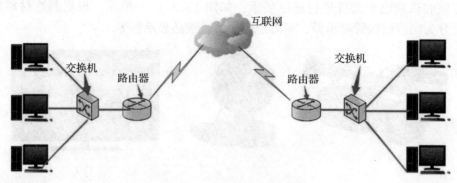

图3-4 交换机与路由器

★通信小知识

【电脑终端之间是怎么连接的?】

你知道吗？电脑之间是通过TCP/IP协议进行通信的，互联网中不同的电脑能够准确地找到对方是通过IP地址实现的。每台电脑都有一个IP，交换机把同一个网络中不同的电脑通过网线连接在一起，能使它们在物理线路上是连通的，就像电线通过电闸连接起来。不在同一个网络的电脑信息交互是通过网关（也就是路由器）来实现的。网关就是一个公网地址，由运营商下发，IP地址由DHCP服务器下发。

（3）无线接入点和无线路由器

无线接入点又称无线AP（access point），俗称"热点"，如图3-5所示，可以把有线网络转换为无线网络，还可以作为纯接入点设备，与其他AP连接，以扩大无线网络覆盖范围。

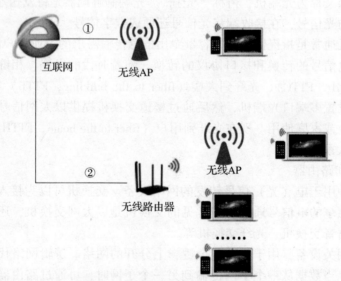

图3-5 无线接入点和无线路由器

无线路由器集无线AP与路由功能于一体，它不仅具备无线AP功能，还具备网络地址转换（network address translation，NAT）功能，可支持局域网用户的网络连接共享，将RJ-45接口接出的宽带以太网网络信号通过天线转发给附近的无线网络设备，如台式计算机、笔记本电脑、平板电脑、手机等所有支持 WiFi 功能的设备。

无线路由器一般能支持 15～20 个无线设备同时在线，信号范围半径约为 50～300 m，一般支持专线 xDSL、Cable、动态 xDSL、PSTN 等接入方式，此外它还具备一些网络管理功能，如 DHCP 服务、NAT 防火墙、MAC 地址过滤、动态域名等功能。

（4）网卡和无线网卡

网卡又称为网络适配器（network adapter，NA）或网络接口卡（network interface card，NIC），是台式计算机、笔记本电脑等设备接入有线互联网的终端设备。网卡是局域网中连接计算机等设备和传输介质的接口，不仅能实现与局域网传输介质之间的物理连接和电信号匹配，还涉及帧的发送与接收、帧的封装与拆封、介质访问控制、数据的编码与解码及数据缓存功能等。

无线网卡是台式计算机、笔记本电脑等设备接入无线网络的终端设备，它采用无线信号进行数据传输。无线技术有 WiFi、Bluetooth 等，其中应用最广泛的是 WiFi。对 WiFi 信号的收发，台式计算机或早期的笔记本电脑多采用外置的无线网卡，现在无线网卡的功能已经广泛内置于笔记本电脑、平板电脑等终端中。

（5）MiFi

MiFi（mobile WiFi）是一个便携式的无线装置，也被称为个人"热点"。它是集调制解调器、路由器和接入点功能于一体的无线网络终端设备，前端使用蜂窝移动通信技术接入互联网，后端采用 WiFi 信号提供网络共享。MiFi 最多支持 5 位用户在线，手机、笔记本电脑等在内支持 WiFi 的设备都可以利用 MiFi 上网（图 3-6）。

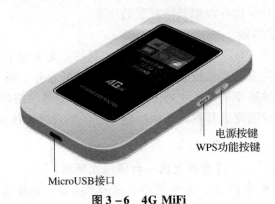

图 3-6　4G MiFi

★通信小知识

【WiFi】

你知道吗？WiFi 需要在有 WiFi 热点区域才能使用；MiFi 则是自带电源的无线路由器，可以将 4G 或者 5G 等移动通信网络信号转化为 WiFi 信号，提供给周边用户上网，相当于可移动的 WiFi。

（6）家庭网关

家庭网关是一个集中式智能接口，将家庭外部的网络和家庭内部网络联系起来，是实现家庭内网络信息设备与外部宽带接入网之间连接的智能化网关。

家庭网关的功能：一方面作为所有外部接入网连接到家庭内部，同时将家庭内部网络连接到外部的一种物理接口；另一方面是住宅用户可以获得各种家庭服务（包括现有的服务和未来可能出现的服务）的平台。家庭网关兼容多种外部宽带网络接入方式，成为家庭内部网络和外部网络的连接桥梁与门户，其网络侧接口类型包括 ADSL、VDSL、LAN、EPON、GPON，用于连接并控制家庭内部所有可联网设备，成为家庭内部的网络连接中心和控制中心。

任务 2 移动通信终端

移动通信终端是提供接入移动通信网络的终端设备，包含手机、平板电脑等多种类型的设备。随着手持式移动语音终端功能的不断扩展与强化，涵盖了语音、文本、图形图像、视频等多媒体通信内容，手机成为最普通、最典型的移动通信终端。

一、移动通信终端的发展历程

移动通信终端的发展和移动通信技术的发展密不可分。人类移动通信的元年是1897年，这一年，意大利人 M. G. 马可尼在相距 18 nmile（约 33 km）的固定站与拖船之间完成了一项无线电通信实验，实现了在英吉利海峡行驶的船只之间持续的通信，这标志着移动通信的诞生，也由此揭开了世界移动通信发展的序幕。

1. 第一代移动通信终端

第一代移动通信系统（1G）是模拟通信系统，其特点是频谱利用率低、业务量小、业务种类有限、质量差、安全性差、没有加密、无高速数据业务。第一代移动通信系统使用模拟语音调制技术，传输速率约为 2.4 kbit/s。第一代移动通信终端，俗称"大哥大"，体积大，设备成本较高，仅能完成基本的通话功能，已经随着模拟移动电话网的关闭而消亡。

★通信小知识

【世界上第一台便携式手机】

你知道吗？1983年6月13日，摩托罗拉推出世界上第一台便携式手机，这台名为Dyna TAC 8000X 的手机重 794 g，长 33 cm，标价 3 995 美元，最长通话时间是一个小时，可以储存 30 个电话号码。笨重厚实的深刻印象使美国人称之为"鞋机"，而国人习惯称作"大哥大"，因为它真的很大。

2. 第二代移动通信终端

第二代移动通信系统（2G）起源于 20 世纪 90 年代初期，其核心是引入数字移动通信技术来解决模拟系统中存在的技术缺陷。数字移动通信相对于模拟移动通信，提高了频谱利用率，支持多种业务，并与综合业务数字网（integrated services digital network，ISDN）等兼容。2G 又被称为窄带数字通信系统，以语音和低速数据业务为主。国际上 2G 有两种制式标准：全球移动通信系统（global system for mobile communication，GSM）和 IS-95CDMA。其中 GSM 使用频分多址和时分多址技术，支持电话业务、紧急呼叫业务、短信业务、可视图文接入等；使用码分多址（code division multiple access，CDMA）技术，通信具有隐蔽性、保密性、抗干扰等特点，通话质量好，掉话少，辐射低，健康环保。

第二代移动通信终端具有稳定的通话质量和合适的待机时间。为了适应数据通信的需求，一些中间标准也在手机上得到支持，例如，支持彩信业务的通用分组无线服务技术（general packet radio service，GPRS）和支持上网业务的无线应用协议（wireless application protocol，WAP）服务，以及各种 Java 程序等。部分手机厂商将支持 GPRS 功能的手机宣称为 2.5G 手机，将支持增强型数据速率 GSM 演进技术（EDGE）功能的手机宣称为 2.75G 手机，其本质仍属于 2G 手机。

总的来说，第二代手机终端形态较为简单，突出表现在终端的硬件架构较为简单，终端的应用生态也十分贫乏，仅有以 WAP 门户为代表的简单的应用，因此电信运营商对这些应用掌控力较强，是典型的卖方市场。这一阶段的手机被称为功能机，与其后出现的智能机有天壤之别。

尽管第二代移动通信系统技术在发展中不断得到完善，但随着用户规模和网络规模的不断扩大，频率资源已接近枯竭，语音质量不能达到用户满意的标准，数据通信速率太低，无法在真正意义上满足移动多媒体业务的需求。

3. 第三代移动通信终端

第三代移动通信系统（3G）也称为 IMT2000，是将无线通信与国际互联网等多媒体通信相结合的新一代移动通信系统。它拥有更宽的带宽和更高的传输速率，能够处理图像、音频、视频流等多种媒体形式，提供包括网页浏览、电话会议、电子商务等多种信息服务。国际上应用较为广泛的 3G 主要有以下 3 种制式标准：宽带码分多址（wideband code division multiple access，WCDMA）、CDMA2000（code division multiple access 2000）和时分同步码分多址（time division – synchronous code division multiple access，TD – SCDMA）。

第三代移动通信终端是通信业和计算机工业相融合的产物，和此前的手机相比取得了质的飞跃。3G 手机的一个典型特征是拥有一个超大的彩色显示屏，可以触控操作。3G 手机除了能完成高质量的日常通信外，还能进行多媒体通信。用户可以在 3G 手机的触摸显示屏上直接写字、绘图，并将其传送给另一台手机或计算机，也可以从计算机中下载某些信息；用户可以用 3G 手机直接上网，查看电子邮件或浏览网页；几乎所有型号的 3G 手机自带摄像头，且像素越来越高，甚至在很多场合下代替了数码相机。

总的来说，第三代手机被真正定义为智能机，其终端的形态发生了很大变化，一方面终端的硬件架构发生了很大变化，另一方面终端的操作系统和应用生态也得到了长足的发展，特别是学习、生活、娱乐、工作等各个领域的应用软件层出不穷，使得移动互联网这一概念真正进入了普及阶段。

4. 第四代移动通信终端

第四代移动通信系统（4G）是集 3G 与 WLAN 于一体并能够传输高质量视频图像（图像传输质量与高清晰度电视不相上下）的技术产品。国际上 4G 有两种制式标准 FDD – LTE 和 TDD – LTE（国内亦称 TD – LTE）。LTE 是基于正交频分多址（orthogonal frequency division multiple access，OFDMA）技术，是由 3GPP 组织制定的全球通用标准，包括 FDD 和 TDD 两种模式，分别用成对频谱和非成对频谱。

严格意义上来讲，LTE 只是 3.9G，尽管常被称为 4G 无线标准，但它其实并未被 3GPP

认可为国际电信联盟所描述的下一代无线通信标准 IMT‑Advanced，因此在严格意义上 LTE 还未达到 4G 的标准。只有升级版的 LTE Advanced 才满足国际电信联盟对 4G 的要求。

第四代移动通信终端和此前的第三代移动通信终端相比，除了速率和带宽的优势，在硬件架构、操作系统、应用生态等方面都没有令人耳目一新，对用户来说，4G 主要延续了 3G 时代的应用。

★通信小知识

【全网通手机】

由于从 2G、3G、4G 以来均为数字通信系统，后代的手机必须要兼容前面的所有的制式，所以诞生了全网通手机的概念。全网通手机即全面支持 6 种移动通信制式，包括 FDD‑LTE、TD‑LTE、WCDMA、CDMA、TD‑SCDMA、GSM（GPRS）的六模手机终端。全网通手机有单卡槽和双卡槽之分，单卡槽全网通手机可以任意使用国内 3 家运营商的手机卡，使用其 4G/3G/2G 网络；双卡槽全网通手机不指定运营商卡槽，也不指定主副卡，用户可以自由选择将卡插入任意卡槽并通过手机"设置"选择将任意卡槽中的卡作为主卡，所有卡槽均能任意使用国内 3 家运营商的手机卡，使用其 4G/3G/2G 网络。

5G 时代，除手机、数据卡终端外，还包含多种形态的智能终端，如面向家庭和个人的 AR/VR 终端，面向行业的车载、无人机、机器人等终端设备，具体情况见任务 3。

二、移动通信终端技术体系

移动通信终端和计算机一样，也分为硬件和软件两部分，其中硬件是基础，软件基于硬件之上为消费者提供使用特定功能的操作界面。下面以手机为例来介绍移动通信终端的硬件和软件架构。

1. 手机的硬件架构

（1）屏幕

手机屏幕也称显示屏，用于显示图像及色彩，其参数主要有尺寸、分辨率、材质、色彩指数等。

手机屏幕–
1 分钟小知识

①屏幕尺寸。依屏幕对角线计算，通常以英寸（inch）作单位，指屏幕对角的长度。现在主流智能手机屏幕基本为 5.5 英寸（14 cm）左右，其比例也由正方形过渡到 4∶3、16∶9 的矩形。

②屏幕分辨率。也称为解析度，是指屏幕图像的精密度，也即显示器所能显示的像素的多少。由于屏幕上的点、线和面都是由像素组成的。显示器可显示的像素越多，画面就越精细，同样地，屏幕区域内能显示的信息也越多。

③屏幕材质。随着手机彩屏的逐渐普遍，手机屏幕的材质也越来越显得重要。目前智能手机主流的屏幕可分为两大类：一种是液晶显示器（liquid crystal display，LCD）；另一种是有机发光二极管（organic light‑emitting diode，OLED）。LCD 和 OLED 的对比见表 3–1。

表 3-1　LCD 与 OLED 的对比

指标	LCD	OLED
价格	较低	高
指纹识别	不能	能
显示效果	更加自然，长时间看手机不易疲劳	更加鲜艳，更加饱满
功耗	高	低
寿命	略长	略短

④屏幕色彩指数。屏幕色彩指数实质上为色阶的概念。色阶是表示手机显示屏亮度强弱的指数标准。当彩屏代替了单色屏，屏幕能否真实再现客观世界就显得越来越重要了，在经历了 256 色、4096 色、65536 色、26 万色以后，目前主流的屏幕支持 1600 万色。其实 65536 色已基本可满足人类肉眼的识别需求，但是消费者还是希望自己的手机色彩指数越高越好。

(2) 中央处理器

中央处理器（central processing unit，CPU）是手机的运算核心和控制核心，通过运行存储器内的软件、调用存储器内的数据库来完成手机运行控制。CPU 的性能决定了整部手机的性能。随着集成电路生产技术及工艺水平的不断提高，手机 CPU 的性能也越来越强大。

手机 CPU 的参数主要有 CPU 型号、CPU 主频、CPU 核心数等。

①CPU 型号。目前生产手机 CPU 的厂商主要有高通、德州仪器、三星、华为等。一般手机生产厂商会根据选定的 CPU 进行一系列相关设计形成产品线，并且随着 CPU 型号的升级而升级，以适应新的变化。

②CPU 主频。即 CPU 内核工作的时钟频率，是表示在 CPU 内数字脉冲信号振荡的速度，与 CPU 实际的运算能力并没有直接关系。虽然主频并不直接代表运算速度，但提高主频对于提高 CPU 运算速度却是至关重要的。提高 CPU 工作主频主要受到生产工艺的限制。CPU 是在半导体硅片上制造的，在硅片上的元件之间需要用导线进行连接，而在高频状态下要求导线越细、越短越好，这样才能减小导线分布电容等杂散干扰以保证 CPU 运算正确。

③CPU 核心数。多核手机是指配备双核、四核、六核 CPU 的手机，最大的优势是运算速度更快，但相应的功耗也大。此外多核手机性能的充分发挥，需要软件针对多核进行必要的设计优化推出新的定制版本。

★通信小知识

【多核手机】

2012 年下半年开始，各家手机厂商推出的主打旗舰机型多以四核处理器为卖点，多核手机似已成为主流。所谓多核手机，指的是配备双核、四核 CPU 的手机，最大的优势是运算速度更快。

(3) 存储器

手机系统内存分为运行内存 RAM（random access memory）和非运行内存 ROM（read only memory）。

运行内存 RAM，通常是作为操作系统或其他正在运行程序的临时存储介质，也称作系统内存。运行内存 RAM 类似于计算机中的内存条，内存条容量越大，计算机就有越多的内存来存储同时运行的任务，这样系统响应的速度也就越快。

非运行内存 ROM 则是机身存储空间，主要包含自身系统占据的空间和用户可用的空间两部分。ROM 相当于计算机上的硬盘，用来存储和保存数据。即使是断电，ROM 也能够保留数据。手机中的系统文件、图片、音乐、视频等通常是存储在 ROM 中。

（4）电池

手机电池是为手机提供电力的储能工具，由电芯、保护电路和外壳组成。手机一般用的是锂离子电池和镍氢电池。

手机电池的参数主要有电池容量、待机时间、充电时间、是否可拆卸等。

①电池容量。衡量手机储能的最重要的指标，单位为毫安时（mA·h），常规电池容量在 2 500 mA·h 以上。

②待机时间。待机时间是衡量手机续航能力的关键指标。手机待机时间与电池容量没有绝对关系，它取决于手机内部元器件的功耗和手机的使用情况，手机厂商往往会给出一些典型应用场景下的参考时间，如最长静置待机时间、最长通话时间、最长使用移动互联网观看视频时间等。

③充电时间。这一指标在各种快充技术的推进下，也渐渐被消费者所重视。快充技术从本质上可分为加大充电电流类、提高充电电压类。各种快充技术的引入也成为手机厂商的销售卖点之一。

④是否可拆卸。涉及用户心理的重要指标，在需要频繁使用手机的场景下，如果是可拆卸式电池，则消费者可多备一块电池，这对消费者来说，在心理上是莫大的抚慰。当然现在的手机消费者也习惯随身携带体积更大的移动电源以供不时之需。

（5）接口

手机的接口类型一般有数据口、充电口和耳机口，通常将数据口和充电口合二为一。

①数据口。手机数据口有 Android 系统的 Micro USB 接口、Windows Phone 系统的 USB Type-C 接口以及 iOS 系统的 Lightning 接口，如图 3-7 所示。

图 3-7 手机接口

Micro USB 接口是 USB 2.0 标准的一个便携版本，为单面插入结构，支持 OTG（on the go，插上即用）功能，兼容 USB 1.1 和 USB 2.0。

USB Type-C 接口是 USB 3.1 标准的一个连接类型，具有正反都能插、传输速率快等特点。

Lightning 接口是苹果公司设计的高速多功能 I/O 接口，从 iPhone 5 开始，所有 iPhone 与 iPad 都配备了这种数据接口。Lightning 接口两侧都有 8 个触点，正反都能插，并可根据不同的配件传递配件所需的特定信号。

②耳机口。早期耳机口有两种直径标准，即 3.5 mm 和 2.5 mm，其中 3.5 mm 的耳机口

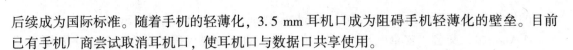

后续成为国际标准。随着手机的轻薄化，3.5 mm 耳机口成为阻碍手机轻薄化的壁垒。目前已有手机厂商尝试取消耳机口，使耳机口与数据口共享使用。

（6）天线

手机天线是无线信号收发的必要器件，在外观上经历了可见、不可见、微可见的历程。最早的手机天线是外置的单极天线或螺旋天线，影响了手机的外观和收纳。此后均被设计为隐藏的、内置的微带天线、倒 F 注模贴片天线等，这类设计多将天线藏于手机的背壳下。随着手机外壳金属化，隐藏在手机背壳下的天线被金属外壳所屏蔽，于是现在的手机往往在金属背壳上开出上下两条透明带，用塑料填充，以增强内置的手机天线的信号收发效能。

手机天线通常包括上下两条天线，一条是主天线，发射和接收移动通信网络信号；另一条则集成 WiFi、全球定位系统（global positioning system，GPS）和蓝牙等多个天线。

（7）摄像头

摄像头已经成为智能手机的标配，并从早期的一个背面摄像头，扩展成了前后两个摄像头，再由单摄像头扩展成了双摄像头。

手机摄像头的参数主要有镜头认证、像素、帧数、变焦方式、双摄配置。

①镜头认证。目前手机配备的蔡司镜头、徕卡镜头等并不是真正的原厂镜头，只是由第三方镜头厂商制造的手机摄像头通过了名厂的质量标准认证，具备了相当的品质，或者是手机厂商获得了名厂提供的软件技术支持与镜头硬件调校，因此摄像头的成像效果获得了保障。

②像素。又称为分辨率。分辨率主要由图像传感器决定，分辨率越高，图像就越细腻，效果也越好，但图像所占存储空间更大。通常所说的摄像头像素是拍照模式下的最大像素，拍摄视频时的像素通常比较小，例如某摄像头有 500 万像素，但拍摄视频模式下的最大分辨率只有 640 像素 ×480 像素。

③帧数。即传输速率，主要由数字信号处理（digital signal processing，DSP）芯片决定，该参数主要对连拍和摄像有影响。一般传输速率越高，视频越流畅。常见的传输速率有 15 f/s、30 f/s、60 f/s、120 f/s 等。传输速率与图像的分辨率有关，图像分辨率越低，传输速率越高。

④变焦方式。变焦方式有数字变焦和光学变焦。手机摄像头多数采用数字变焦。

数字变焦，也称数码变焦，是通过处理器把图片内的每个像素面积增大，从而达到放大目的。数码变焦是在感光器件垂直方向上变化而给人以变焦效果的。在感光器件上的面积越小，那么视觉上就会让用户只看到景物的局部。但是由于焦距没有变化，所以图像质量比正常情况要差。通过数码交焦，拍摄的景物放大了，但它的清晰度会有一定程度的下降，因此数码变焦并没有太大的实际意义。由于手机本身的纤薄特性，使得手机摄像头几乎不可能具备光学变焦，但手机摄影爱好者仍然可以通过外置摄像头提升手机拍摄的效果。

2. 手机的软件架构

完整的手机软件系统包括操作系统、中间件、应用软件 3 部分。

（1）操作系统

手机操作系统是管理和控制手机硬件与软件资源的底层程序，是直接运行在"裸机"上的最基本的系统软件，任何其他软件都必须在操作系统的支持下才能运行。操作系统协调配置手机的资源，使得各种软硬件有序运行，以达到安全、流畅的目的。目前应用在手机上的操作系统主要有 Android、iOS、Windows Phone、BlackBerry OS、Symbian 等。

①Android。又名"安卓",是一种基于 Linux 的开放源代码的操作系统,主要用于移动设备,如智能手机和平板电脑,由谷歌(Google)公司和开放手机联盟领导及开发。Android 的平台优势体现在开放性、丰富的硬件支持、方便开发及大量的 Google 应用。

开放性对于 Android 的发展而言,有利于积累人气,这里的人气包括消费者和厂商,而对于消费者来讲,最大的受益正是丰富的软件资源。开放的平台也会带来更大竞争,如此一来,消费者将可以用更低的价位购得心仪的手机。

丰富的硬件支持与 Android 平台的开放性相关。由于 Android 的开放性,众多的厂商会推出功能特色各异的多种产品。功能上的差异和特色,并不会影响数据同步及软件的兼容,消费者既可以延续以往的操作习惯,又能将诸如联系人等资料方便地进行转移。

Android 平台提供给第三方开发商一个十分宽泛、自由的环境,诞生了许多新颖别致的软件,但一些恶意软件也会时常困扰消费者和运营方。

★通信小知识

【Android】

围绕历代 Android 系统的名称,也是一个有趣的话题,安卓官方习惯以小吃为不同的版本命名:Android 1.5 Cupcake(纸杯蛋糕)、Android 1.6 Donut(甜甜圈)、Android 2.0/2.0.1/2.1 Eclair(松饼)、Android 2.2/2.2.1 Froyo(冻酸奶)、Android 2.3 Gingerbread(姜饼)、Android 3.0/3.1/3.2 Honeycomb(蜂巢)、Android 4.0 Ice Cream Sandwich(冰激凌三明治)、Android 5.0 Jelly Bean(果冻豆)、Android 6.0 Key Lime Pie(青柠派)、Android 7.0 Nougat(牛轧糖)、Android 8.0 Oreo(奥利奥)。

②iOS。iOS 是由苹果公司开发的移动操作系统。iOS 的平台优势体现在封闭性、安全性、稳定流畅以及大量的高质量应用。

封闭性是指 iOS 不开放源代码,这是 iOS 最显著的特点。

安全性既来自 iOS 系统的封闭性,也来自安全审查机制以及权限可控。在 App Store 上线的应用都经过了严格的安全测试,一般不会被装上木马或者其他垃圾软件。

稳定流畅也是用户对比体验各种手机操作系统后对 iOS 系统的普遍评价,这是源于 iOS 一系列的策略。首先,iOS 的渲染机制是屏幕响应的优先级最高,用户只要触摸屏幕,系统就会最优先处理屏幕显示这个层级,马上给出动画效果,然后才处理媒体、服务、核心的架构;其次,iOS 的后台机制是伪后台,当用户 Home 键退出应用时,iOS 其实关闭了程序,只保留应用的图像入口,只会默认将应用最后的运行数据记录在 RAM 中,这样不会造成有限内存的垃圾堆积;最后,iOS 执行程序的效率较高,它采用 Objective – C 编程,专业性强、效率高,运行时不必调用 Java 虚拟机。

由于 iOS 的用户大多数是付费用户,极大地激发了软件应用开发者的积极性,开发者也乐于优先优化 iOS 版本,同时由于苹果产品线硬件规格较少、参数稳定,优化工作也容易进行,所以使得 iOS 版本的 App 硬件利用效率非常高。

③Windows Phone。Windows Phone 是微软于 2010 年 10 月 21 日正式发布的一款手机操作系统,初始版本命名为 Windows Phone 7.0。基于 Windows CE 内核,采用了一种称为 Metro 的用户界面(user interface,UI),并将微软旗下的 Xbox Live 游戏、Xbox Music 音乐与独

特的视频体验集成至手机中。2015年1月22日凌晨1点,微软召开主题为"Windows 10,下一篇章"的 Windows 10 发布会,发布会上提出 Windows 10 将是一个跨平台的系统,无论手机、平板、笔记本电脑、PC 等,Windows 10 将全部适应,这就意味着 Windows Phone 已经不复存在。

Windows Phone 最显著的特点是动态磁贴,这是出现在 Windows Phone 中的一个新概念。Metro UI 是一种界面展示技术,和苹果的 iOS、谷歌的 Android 界面最大的区别在于后两种都是以应用为主要呈现对象,而微软的 Metro 界面强调的是信息本身,而不是冗余的界面元素。

使用 Windows Phone、Windows 10 及其后续版本还有一个好处就是可以和台式计算机、笔记本电脑中广泛使用的 Windows 系统共享操作习惯和文档数据等,做到无缝过渡。

④BlackBerry OS。BlackBerry OS 是 Research In Motion 专用操作系统,是 Research In Motion 为其智能手机产品 BlackBerry 开发的专用操作系统。该系统具有多任务处理能力,并支持特定输入装置,如滚轮、轨迹球、触摸板及触摸屏等。

BlackBerry OS 主要面向高端商务市场,在产业链上缺乏强有力的支持。

⑤Symbian。Symbian 系统是塞班公司为手机而设计的操作系统。2008 年 12 月 2 日,塞班公司被诺基亚收购。2011 年 12 月 21 日,诺基亚官方宣布放弃塞班品牌。2014 年 1 月 1 日,诺基亚正式停止了 Nokia Store 应用商店内对塞班应用的更新,也禁止开发人员发布新应用。

(2) 中间件

手机中间件是处于操作系统和应用程序之间的软件,也可以认为它是操作系统的一部分。具体地说,中间件屏蔽了底层操作系统的复杂性,为各种应用软件提供使用手机各个功能部件的规范接口,使程序开发人员面对一个简单而统一的开发环境,减少程序设计的复杂性。

(3) 应用软件

手机应用软件(application,App),是手机完善其基础功能并为用户提供更丰富的使用体验的主要手段。App 是用户使用手机的接口界面,除了部分必备功能被固定在手机桌面以外,其余功能的 App 由消费者自行按需下载使用。

手机应用软件的运行需要有相应的手机操作系统,目前主流的手机操作系统平台是谷歌公司的 Android 和苹果公司的 iOS。因此,同一个手机应用软件通常会提供多个基于不同操作系统的版本供用户下载使用。

不同操作系统平台的手机应用软件有不同的后缀,例如,Android 平台上安装文件的后缀名是".apk",iOS 平台上安装文件的后缀名是"ipa"。早期的手机应用软件通常将网络上分享的安装包直接导入手机内安装使用,但随着对手机安全性的重视程度越来越高,这种直接安装的方式渐渐被淘汰。现在手机应用软件通常在手机软件商店购买,各个手机操作系统平台都建有官方的手机软件商店,iOS 的手机软件商店是 App Store,Google 的手机软件商店是 Google Play。

App Store 是 iPhone、iPod Touch、iPad 的服务软件,允许用户从 App Store 浏览和下载应用程序。用户可以购买收费项目和免费项目,将应用程序直接下载到 iPhone、iPod Touch、iPad 中,App Store 中的应用程序包含游戏、日历、图库,以及其他丰富多彩的实用软件。

手机应用软件商店通常提供的应用包括浏览器、游戏、社交、地图导航、生活消费、支付、出行、拍摄美化、影音播放、图书阅读、新闻资讯、生活辅助、办公辅助等。

任务3 物联网终端及可穿戴电子产品

物联网 - 1分钟小知识

一、物联网终端

1. 物联网架构体系

物联网（the internet of things，IOT），顾名思义就是物物相连的互联网。IOT是指通过传感器、射频识别技术、全球定位系统、激光扫描器等各种装置与技术，实时采集任何需要监控、连接、互动的物体或过程，采集其声、光、热、电、力学、化学、生物、位置等各种需要的信息，通过各类可能的网络接入，实现物与物、物与人的泛在连接，实现对物品和过程的智能化感知、识别和管理。物联网是一个基于互联网、传统电信网等的信息承载体，它让所有能够被独立寻址的普通物理对象形成互连互通的网络。

物联网的技术架构可分为应用层、网络层、物联层及感知层（图3-8）。其中感知层处于架构底层，是物联网应用和发展的基础，主要包括二维码标签和识读器、射频识别（radio frequency identification，RFID）标签和读写器、摄像头、GPS以及传感器等数据采集设备。物联层主要负责对数据进行分析和处理。网络层可分为有线传输和无线传输。应用层则是物联网的应用领域，与行业需求结合，实现行业智能化。

图3-8 物联网架构体系

2. 物联网终端类别

物联网终端是采集数据和向网络层发送数据的设备，担负着数据采集、初步处理、加密、传输等多种功能，也是物联网的关键设备，通过它的转换和采集，才能将各种外部感知数据汇集和处理，并将数据通过各种网络接口方式传输到互联网中。如果没有它的存在，传感数据将无法送到指定位置,"物"的联网将不复存在。

物联网终端基本由外围感知(传感)接口、中央处理模块和外部通信接口3个部分组成,通过外围感知接口与传感设备连接,如RFID读卡器、红外感应器、环境传感器等,将这些传感设备的数据进行读取并通过中央处理模块处理后,按照网络协议,通过外部通信接口,如移动数据传输模块、以太网接口、WiFi等方式发送到以太网的指定中心处理平台。

物联网终端从使用扩展性分类,主要包括单一功能终端和通用智能终端两种;从传输通路分类,主要包括数据透传终端和非数据透传终端。

(1) 单一功能终端

单一功能终端一般外部接口较少,设计简单,仅满足单一应用或单一应用的部分扩展,除了这种应用外,在不经过硬件修改的情况下无法将其应用在其他场合中。

目前单一功能终端较为普遍,如汽车监控用的图像传输服务终端、电力监测用的终端、物流用的RFID终端等。这些终端的功能单一,仅适用在特定场合,不能随应用变化进行功能改造和扩充。正因为其功能单一,所以该类终端的成本较低,也能较好地标准化。

(2) 通用智能终端

通用智能终端因考虑到行业应用的通用性,所以外部接口较多,设计复杂,能满足两种或更多场合的应用。它可以通过内部软件的设置修改应用参数,或通过硬件模块的拆卸来满足不同的应用需求。该类模块一般涵盖了大部分应用对接口的需求,并具有网络连接的有线、无线多种接口方式,还扩展了如蓝牙、WiFi、ZigBee等接口,甚至预留一定的输出接口用于物联网应用中对"物"的控制等。该类终端开发难度大、成本高、未标准化,因而未被广泛采用。

(3) 数据透传终端

数据透传终端在输入口与应用软件之间建立起数据传输通路,使数据可以通过模块的输入口输入,通过软件原封不动地输出,表现给外界的方式相当于一个透明的通道,因此叫数据透传终端。目前,该类终端在物联网集成项目中得到大量采用。其优点是很容易构建出符合应用的物联网系统,缺点是功能单一。在一些多路数据或多类型数据传输时,需要使用多个采集模块进行数据的合并处理后,才可通过该终端传输。否则,每一路数据都需要一个数据透传终端,这样会加大使用成本和系统的复杂程度。目前大部分单一终端都是数据透传终端。

(4) 非数据透传终端

非数据透传终端一般将外部多接口的采集数据通过终端内的处理器合并后传输,因此具有多路同时传输优点,同时减少了终端数量。其缺点是只能根据终端的外围接口选择应用,如果满足所有应用,该终端的外围接口种类就需要很多,在不太复杂的应用中会造成很多接口资源的浪费,因此接口的可插拔设计是此类终端的共同特点,目前大部分通用智能终端都属于非数据透传终端。数据传输应用协议在终端内已集成,作为多功能应用,通常需要提供二次开发接口。目前此类终端应用较少。

二、可穿戴电子产品

可穿戴电子产品是一类特殊的物联网终端,它可以直接穿在身上,或是整合到衣物或配饰中，如图 3-9 所示。可穿戴电子产品不仅包括芯片、传感器、柔性元件等关键器件，还包括无线连接解决方案、交互模式革新、整体解决方案等关键技术和应用的解决方案。可穿戴电子产品通常融合微传感、生物识别等技术，通过大数据、云计算、移动互联网，随时随地对与人体有关的信息进行搜集、处理、共享、反馈。

图 3-9 可穿戴电子产品

可穿戴电子产品的类别

可穿戴电子产品按不同的维度，可以有不同的分类方式。

（1）按功能/应用维度分类

可穿戴电子产品按功能和应用维度，可以分为运动健身类、健康管理类、手机通知类、体感操控类。

运动健身类设备可以通过传感器搜集佩戴者在运动过程中的心跳、血液流速、脉搏等身体数据,以提升用户锻炼效果为主要目的,为用户提供运动目标、效果、成绩等信息作为参考,同时监测各项生命体征以预防各类意外。运动健身类可穿戴电子产品的目标客户是年轻群体,其主要产品形态是手环、手表、鞋类等。

健康管理类设备可以通过传感器对佩戴者的身体状况进行数据采集,提供分析结果和健康预警等功能。健康管理类可穿戴电子产品的目标客户是注重健康的大众群体,特别是幼儿和老人,其主要产品形态是手环、手表等。

手机通知类设备以信息提醒、信息推送等方式为佩戴者提供信息。手机通知类可穿戴设备的目标客户是一般大众,其主要产品形态是手表、眼镜等。

体感操控类手表通过体感、虚拟交互等操控方式,达到娱乐消遣、科技体验等目的。体感操控类可穿戴电子产品的目标用户是年轻消费者,其主要产品形态是手环、手表等。

(2) 按佩戴部位维度分类

可穿戴电子产品按佩戴部位的维度,可以分为手腕类、身体类、头颈类、腿脚类。

手腕类设备是最常见的可穿戴电子产品,包括智能手环、智能手表、智能手镯等。

身体类设备通常是身体机能的专项监控设备,也包括智能衣物等。

头颈类设备有智能眼镜、智能项链、智能耳环等。腿脚类设备有智能脚环、智能鞋等。

(3) 按与智能手机的关系维度分类

可穿戴电子产品按与智能手机的关系维度,可以分为独立式可穿戴产品、附属式可穿戴产品。

独立式设备类似于小型的智能手机,它有独立的通信卡槽和 WiFi 模块,除了可以在小尺寸显示屏上显示图片、影音、网页、短信、邮件等内容外,还可以配置蓝牙耳机及话筒以便通话。独立式可穿戴电子产品主要用于跑步、游泳、登山或其他不方便使用智能手机的场合。

附属式设备本身只负责数据的采集和输出,所有或大部分的运算和数据存储都放在手机端进行,这种设备离开了宿主,便无法独立使用,可以看作智能手机的第二个输入、输出设备。

★通信小知识

【儿童智能手表】

儿童智能手表是一种通过监听、通话和定位等功能,实现远程安全监护的可穿戴设备。儿童智能手表一般采用基站定位和 GPS 定位的方式进行准确定位。

GPS 定位:GPS 即全球定位系统,是由美国建立的一个卫星导航定位系统,利用该系统用户可以在全球范围内实现全天候、连续、实时的三维导航定位和测速,经常用于对移动的人、宠物、车及设备进行远程的实时定位监控。

基站定位:基站定位一般应用于手机用户,手机基站定位服务又叫移动位置服务 (location based service,LBS)。它是通过移动通信网络获取移动通信终端用户的位置信息(经纬度坐标),在电子地图平台的支持下,为用户提供相应服务的一种增值业务。

任务4 电信业务定义及类别

电信业务是电信行业发展的基础，充分认识理解电信业务，能够更好地进行业务管理、业务运营等一系列工作。

业务，是电信业务的简称，它是电信行业使用最为广泛的一个概念，但目前业界对业务并没有一个统一的定义，在传统电信运营管理中业务与产品的概念极易混淆，因此给出明确定义尤为重要。

一、业务界定

1. TMF 对业务的定义

电信管理论坛（Telecom Management Forum，TMF）对电信业务做了如下的定义：电信业务是以电信基础设施为核心，表明网络"能做什么"，属于一定功能的独立元素。

2. ITU 对业务的建议

在国际电信联盟（International Telecommunication Union，ITU）的各项标准中对业务并没有明确的定义，但通过对 ITU 相关文件的研究，可知：

①电信运营企业的网络资源是电信业务的基础。

②电信网络的各个部分提供各种各样的网络能力，而这些网络能力均由标准化的协议和功能所规定。

③各种网络能力的不同组合形成了不同的电信业务，电信业务一旦实现就会一直存在，是可以随时使用的。

④从服务的角度来看，电信业务可以看作某种服务能力，而不是电信运营企业提供给客户的产品，也就是说，电信业务是电信产品的基础。

二、电信业务定义

1.《电信条例》中的定义

作为我国电信行业的监管部门，工业和信息化部在《电信条例》中对电信和电信业务做出了以下规定。

第八条，电信业务分为基础电信业务和增值电信业务。基础电信业务，是指提供公共网络基础设施、公共数据传送和基本语音通信服务的业务。增值电信业务，是指利用公共网络基础设施提供的电信与信息服务的业务。

从《电信条例》的规定中可以看出，其对电信业务的理解与 ITU 在实质上是一致的。它们均把电信业务看作功能的集合或者是某种服务能力，并且都将各种电信资源看作电信业务的基础。不同的是，《电信条例》对电信业务的定义明确了电信业务的核心能力，即发送、传输或接收信息。

2. 电信运营企业给出的定义

电信运营商对业务做出了以下定义：电信业务指通过网络、平台、终端等技术手段，向用户提供的各种应用和服务能力，业务最小颗粒度为元业务。电信业务是构成电信产品的基础，是能够向用户提供的基本服务能力，不直接进行销售。

其定义的业务有以下特点：

①业务是客户购买的通信产品中最核心的组成部分，也是产品不可缺少的组成部分；

②业务不可以直接向客户销售，必须在增加相应属性后成为产品才可以向客户销售；

③业务可以根据不同的分类标准进行分级和分类，并可以最终拆分成元业务；

④网元业务即最底层的业务，它可以在增加相应属性后成为产品。

电信业务就是电信企业为社会提供的电信服务项目，它从电报等一些初始电信服务开始，逐渐演变发展出市内电话业务、长途电话业务、农村电话业务、国际电话业务等多样化的服务，这些都是政府电信部门或固有电信企业以业务方式向社会提供的普遍电信服务，也就是传统的电信业务。

综合以上所述，电信业务是指承载于电信网络之上，利用各类硬件、软件和信息资源形成的对信息的传递、存储和/或处理功能（或服务），例如，长途业务、市话业务、移动业务、GPRS 业务、智能业务、宽带业务等。

三、电信业务分类

电信业务的分类方法很多，常见的分类方法有以下几种：

①按信息感官，电信业务可分为语音业务和非语音业务。语音业务在信息传递上具有实时性、有效性和亲切感，成为最广泛的业务。

②按信息媒介或信息载体，电信业务可分为语音（人讲话声音）、数据（计算机运算和处理的数据）、图文（文字和图表）、视频（活动的图像）、多媒体（同时包含两种及以上类型信息媒介的业务）。

③按业务是否增值，电信业务可以分为基础业务和增值业务。

④按用户活动状态，电信业务可分为固定通信业务（不能随用户终端移动的业务）和移动通信业务（可以随着用户终端移动的业务）。

⑤按网络执行功能，电信业务可分为以下几种：

用户终端业务：包括数字电话、四类传真、可视图文、混合通信、用户电报、数据通信和视频业务等。

承载业务：提供的是一种信息转移能力，与终端的类型无关。承载业务包括电路交换的承载业务（如语音业务、二类/三类传真和电视图像业务）和分组交换的承载业务。

补充业务：向用户提供额外的功能，它不能独立向用户提供，必须随基本业务一起提供。

⑥按所需带宽，电信业务分为窄带业务和宽带业务。

⑦按通信目的，电信业务可分为以获取通信联络为目的、以获取信息为目的和以获取信息处理为目的 3 种。

⑧按业务的新旧程度，电信业务可分为新业务和旧业务。

《电信条例》对电信业务的分类做出了明确的规定，2015 年工业和信息化部发布《电信业务分类目录（2015 年版）》，自 2016 年 3 月 1 日起施行。《电信业务分类目录（2015 年版)》将电信业务分为基础电信业务和增值电信业务两大类,其中基础电信业务又分为第一类基础电信业务和第二类基础电信业务,增值业务又分为第一类增值电信业务和第二类增值电信业务,如表3-2所示。

表3-2 电信业务分类

电信业务分类		业务范围	
基础电信业务	第一类基础电信业务	A11 固定通信业务	A11-1 固定网本地通信业务 A11-2 固定网国内长途通信业务 A11-3 固定网国际长途通信业务 A11-4 国际通信设施服务业务
		A12 蜂窝移动通信业务	A12-1 第二代数字蜂窝移动通信业务 A12-2 第三代数字蜂窝移动通信业务 A12-3 LTE/第四代数字蜂窝移动通信业务
		A13 第一类卫星通信业务	A13-1 卫星移动通信业务 A13-2 卫星固定通信业务
		A14 第一类数据通信业务	A14-1 互联网国际数据传送业务 A14-2 互联网国内数据传送业务 A14-3 互联网本地数据传送业务 A14-4 国际数据通信业务
		A15 IP电话业务	A15-1 国内IP电话业务 A15-2 国际IP电话业务
基础电信业务	第二类基础电信业务	A21 集群通信业务	A21-1 数字集群通信业务
		A22 无线寻呼业务	
		A23 第二类卫星通信业务	A23-1 卫星转发器出租、出售业务 A23-2 国内甚小口径终端地球站通信业务
		A24 第二类数据通信业务	A24-1 固定网国内数据传送业务
		A25 网络接入设施服务业务	A25-1 无线接入设施服务业务 A25-2 有线接入设施服务业务 A25-3 用户驻地网业务
		A26 国内通信设施服务业务	
		A27 网络托管业务	

续表

电信业务分类		业务范围	
增值电信业务	第一类增值电信业务	B11 互联网数据中心业务	
		B12 内容分发网络业务	
		B13 国内互联网虚拟专用网业务	
		B14 互联网接入服务业务	
	第二类增值电信业务	B21 在线数据处理与交易处理业务	
		B22 国内多方通信服务业务	
		B23 存储转发类业务	
		B24 呼叫中心业务	B24-1 国内呼叫中心业务 B24-2 离岸呼叫中心业务
		B25 信息服务业务	
		B26 编码和规程转换业务	B26-1 域名解析服务业务

2019年6月6日，工信部对《电信业务分类目录（2015年版）》进行了修订，增设了"A12-4 第五代数字蜂窝移动通信业务"业务子类。

从电信业务分类目录中的业务划分特点来看，基础电信业务是需要建设一定规模的通信传输线路、交换中心（或路由服务器）等设施的网络型电信业务；而增值业务主要是集中式的平台型业务，基础设施资源主要以网络服务器、信息交换中心等方式存在。电信业务的分类目录将基础电信业务进一步划分为第一类基础电信业务和第二类基础电信业务，同样增值电信业务也被划分为第一类增值电信业务和第二类增值电信业务。一般来说，第一类业务比第二类业务的重要性更高，管制的力度也会更大。

我国长期对第一类基础电信业务实行严格管制，只有基础电信企业获得经营许可。第二类基础电信业务中不少业务已经放宽准入门槛，允许基础电信企业以外的经营者参与竞争。除了个别试验期的业务或者停止审批业务，增值电信业务经营已经基本全面开放，申请经营者只要满足业务许可申请条件，经过电信监管机构审核批准后，即可经营相应的增值电信业务。

四、电信业务目录管理

《电信条例》第七条规定"国家对电信业务经营按照电信业务分类,实行许可制度"。第八条规定"国务院信息产业主管部门根据实际情况,可以对《电信业务分类目录》所列电信业务分类项目做局部调整,重新公布"。

自 2000 年 9 月第一版《电信业务分类目录》作为《电信条例》的附件颁布施行以来,原信息产业部于 2001 年、2003 年、2015 年对《电信业务分类目录》进行过两次调整。

《电信业务分类目录》不仅明确了当前各类电信业务的分类,而且对各类电信业务的特征和范围都做了界定。《电信业务分类目录》的修订符合电信市场发展规律,有利于规范业务经营,促进业务发展,营造健康有序的市场环境。

从国家行政管理角度,设立业务目录的主要目的是进行电信业务许可管理,规范业务经营行为。从企业管理角度,为便于进行生产经营活动,根据自身需要,对本公司业务进行定义和分类,其结果不同于行业电信业务分类目录。业务目录管理的基本内容是建立、管理公司的业务目录,这些业务目录是保存在业务目录数据库中的,其功能还包括对业务目录的使用和进入,对数据库中数据的质量进行监管和报告,业务目录中包含了所有业务提供的记录以及其他业务提供的相关信息。不同的企业会采取不同的业务目录分类方式,归纳起来,企业建立业务目录主要有 3 种模式:网络归属模式、业务性质模式、运营管理模式。

1. 网络归属模式

网络归属模式是指按照企业电信业务的承载网络类型划分,一般分为固定业务、移动业务、融合业务和其他业务,然后根据需要再进行更细化的级别分类,如图 3 – 10 所示。

2. 业务性质模式

业务性质模式是指按照业务实现方式的重要程度划分,一般分为基础语音业务、基础数据业务、增值业务和其他业务,然后根据需要再进行更细化的级别分类,如图 3 – 11 所示。

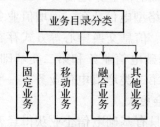

图 3 – 10　业务目录按承载网络类型分类

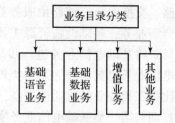

图 3 – 11　业务目录按实现方式分类

3. 运营管理模式

运营管理模式是指按照业务运营管理的不同管理要求进行划分,一般分为传统业务、创新业务,然后根据需要再进行更细化的级别分类,如图 3 – 12 所示。

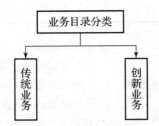

图 3-12 业务目录按运营管理要求分类

根据实际的需要，也可以同时采用上述多种分类方式，以适用于不同的场合。业务目录分类如表 3-3 所示。

表 3-3 业务目录分类

一级	二级	三级	四级
固定业务	基础语音	基本通话	本地、长途、N-ISDN、海事卫星电话、传真
		集团通信	用户中继线、用户交换机、VPN、Centrex
		可视电话	本地可视电话、国内可视电话
	数据及网元业务	电路出租	分组交换、数字数据、帧中继、以太网专线、ATM、音频电路、数字电路、卫星电路、VSAT、PCM
		网元出租	管道出租、光纤出租、同步时钟、机房出租、通信设备出租、杆路出租、国际基础设施、国际运营商设备托管
		数据 VPN	MPLS VPN、IPsec VPN、SSL VPN、VPDN、以太网 VPN
		其他数据业务	电视传输
固定业务	互联网接入业务	宽带接入业务	xDAL 接入、LAN 接入、FTTH/O、HFC、xDSL 专线、LAN 专线、静态路由专线、BGP 专线
		其他互联网接入业务	窄带拨号接入业务、互联网上网卡业务、国际互联网穿透、国际互联网漫游 IP Roaming
	增值及其他	语音增值业务	补充业务、悦铃、移机不改号、电视会议、400、800、短号码业务、电话会议、呼叫中心
		互联网增值业务	互联网内容与应用、网络信息安全服务、信息化应用、IDC 业务
		其他	ICT 服务、宽带延伸服务

续表

一级	二级	三级	四级
移动业务	基础语音	基本通话	本地通话、省内漫游通话、省际漫游通话、台港澳漫游通话、国际漫游通话、国际漫游采访、POC一键通、大洋通
		智能业务	一卡多号、MVPN
		可视电话	本地通话、省内漫游通话、省际漫游通话、台港澳漫游通话、国际漫游通话、国际漫游来访
	网元出租	自有网元出租	基站出租
		共建共享网元租赁	基站、铁塔、室分系统
	数据及信息业务	数据基础业务	手机上网、无线上网卡、移动VPDN
		短信及彩信业务	短信类业务、彩信类业务
		增值业务	炫铃、OTA/语音增值、视频会议、视频IVR、门户类业务、手机音乐、手机电视、手机报、掌上股市、手机阅读、应用商店、移动OA、视频监控、手机邮箱
		补充业务	基本通话补充业务、可视电话补充业务
融合业务	基础语音	—	家庭综合VPN、IVPN、商务总机
	数据及互联网接入	—	综合VPDN
	增值及其他	—	同号、同振、统一通信、个人云存储、支付业务、广告业务
其他	服务查询类	—	投诉/故障申告情况及进度查询、套餐使用情况查询、账单查询、积分查询
	办理类	—	预约装机、停机保号、开/关国际漫游（长途）、补换卡、密码修改
	缴费类	—	

后续就《电信业务分类目录（2015年版）》中的基础电信业务和增值电信业务做介绍。

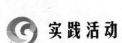

【活动背景】

智能手机是指比固定电话以及只能使用短信服务（SMS）的传统手机具备更高功能的手机。多为可管理备忘录、计算器及日程表等的 PDA（个人数字信息助理终端）与手机相互融合的产品，智能手机的诞生，是掌上电脑（PPC）演变而来的。最早的掌上电脑是不具备手机的通话功能，但是随着用户对于掌上电脑的个人信息处理方面功能的依赖的提升，且又不习惯于随时都携带手机和 PPC 两个设备，所以厂商将掌上电脑的系统移植到了手机中，于是才出现了智能手机这个概念。

【活动准备】

问题 1：了解目前中国智能手机市场的份额。

中国智能手机市场的前三位是_____、_____、_____。

问题 2：了解智能手机的特点。

智能手机具有五大特点：

①具备无线接入互联网的能力，即需要支持 GSM 网络下的 GPRS 或者 CDMA 网络的 CDMA 1X 或 3G（WCDMA、CDMA – EVDO、TD – SCDMA）网络，甚至 4G（HSPA +、FDD – LTE、TDD – LTE）。

②具有 PDA 的功能，包括 PIM（个人信息管理）、日程记事、任务安排、多媒体应用、浏览网页。

③具有开放性的操作系统，拥有独立的核心处理器（CPU）和内存，可以安装更多的应用程序，使智能手机的功能可以得到无限扩展。

④人性化，可以根据个人需要扩展机器功能。

⑤功能强大，扩展性能强，第三方软件支持多。

【活动内容】

1. 完成关于智能手机市场需求调查。

调查问卷

（1）你的性别：

☐男　　　　　　　　　　　　　　☐女

（2）你的年龄：

☐18 岁以下　　　　　　　　　　☐18～28 岁

☐28～45 岁　　　　　　　　　　☐45 岁以上

（3）你目前的月收入：

☐还没有收入　　　　　　　　　　☐2 000 以下

☐2 000～3 000　　　　　　　　　☐3 001～5 000

☐5 000 以上

(4) 你理想中的手机价位：
□1 000 元以下　　　　　　　　　　□1 000 ~ 2 000 元
□2 001 ~ 3 000 元　　　　　　　　□3 001 ~ 5 000 元
□5 000 元以上

(5) 你会在未来多长时间内更换手机？
□半年内　　　　　　　　　　　　□半年 ~ 1 年
□1 ~ 2 年　　　　　　　　　　　 □2 ~ 3 年
□3 年以上　　　　　　　　　　　□不坏就不换

(6) 现在的手机购买地点是：
□连锁品牌店（国美、苏宁等）　　□普通的通信卖场
□网购　　　　　　　　　　　　　□其他

(7) 你目前使用的手机品牌是：
□华为　　　　　　　　　　　　　□中兴
□小米　　　　　　　　　　　　　□苹果
□三星　　　　　　　　　　　　　□其他

(8) 你现在使用的手机是什么操作系统？
□Android　　　　　　　　　　　 □iOS
□其他

(9) 除了使用基础功能以外你常用手机做什么？
□看小说　　　　　　　　　　　　□玩游戏
□拍照和听音乐　　　　　　　　　□聊天
□使用其他 App

(10) 你在玩手机过程中，比较关注什么？
□手机反应速度的快慢　　　　　　□电池续航能力的强弱
□户外显示效果的好坏

(11) 你喜欢哪种材质的外观？
□金属　　　　□玻璃　　　　□皮质　　　　□其他

(12) 购买手机时最为关注的是哪种因素？
□外观　　　　□品牌　　　　□功能　　　　□价位

(13) 你认为现在手机使用过程中容易有哪些问题？
□手机屏幕摔碎　　　　　　　　　□手机周边的磕磕碰碰
□手机黑屏　　　　　　　　　　　□系统崩溃

(14) 你期望手机材质往什么方向发展？
□更重更有质感的　　　　　　　　□更轻更便于携带的
□可降解材料　　　　　　　　　　□其他

2. 请结合上一步骤中的调查问卷，完成智能手机市场需求调查报告。

过关训练

一、填空题

1. 在全双工通信系统中，通信终端完成对信息的_____，并兼具信息_____，是通信使用者与_____的交互工具，承担着为使用者提供良好的_____、通信网络的接入及所需业务功能等多方面的任务。

2. 根据所传递信息形态，通信终端产品可以分为_____、音频通信终端、_____、视频通信终端、_____等；根据传输接入方式，通信终端产品可以分为固定通信终端、_____；根据应用场景，通信终端产品可以分为人际通信终端、_____等。

3. 随着手持式移动语音终端功能的不断扩展与强化，涵盖了语音、文本、_____、视频等多媒体通信内容，_____成为最普通、最典型的移动通信终端。

4. 移动通信终端和计算机一样，也分为_____和_____两部分，其中硬件是基础，软件基于硬件之上为消费者提供使用特定功能的操作界面。

5. 物联网架构由低到高可分为4个层级：_____、_____、_____、_____。

6. 电信管理论坛（telecom management forum，TMF）对电信业务做了如下的定义：电信业务是以_____为核心，表明网络_____，属于一定功能的独立元素。

7. 根据《电信业务分类目录》，电信业务包括_____和_____业务。基础电信业务，是指提供_____、_____和_____的业务。增值电信业务，是指利用公共网络基础设施提供的_____的业务。

8. 不同的企业会采取不同的业务目录分类方式，归纳起来，企业建立业务目录主要有3种模式：_____、_____、_____。

二、简答题

1. 数据通信终端有哪些？简述其功能。
2. 简述第一代到第四代移动通信终端的不同。
3. 简述物联网的终端类别。
4. 简述可穿戴电子产品的类别。
5. 简述电信业务分类方法。

模块 3 章节测验

第二部分　电信业务篇

第二部分 申请业务篇

模块四

第一类基础电信业务认知及应用

学习目标

知识目标：
- 了解固定通信业务、蜂窝移动通信业务；
- 了解第一类卫星通信业务；
- 了解第一类数据通信业务；
- 了解IP电话业务。

能力目标：
- 能够应用推广第一类卫星通信业务；
- 能够应用推广第一类数据通信业务。

素养目标：
- 具备聚焦电信业务不断创新发展的前瞻视野；
- 具有质量意识、绿色环保意识、安全意识、信息素养和创新思维；
- 具备崇德向善、诚实守信、爱岗敬业、精益求精的职业精神。

学习导图

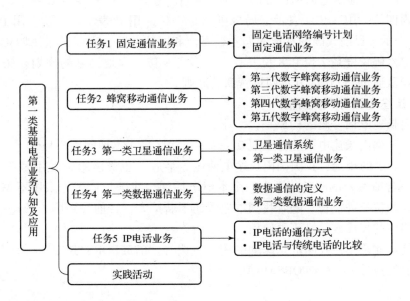

第一类基础电信业务包括固定通信业务、蜂窝移动通信业务、第一类卫星通信业务、第一类数据通信业务、IP电话业务。

任务1　固定通信业务

固定通信是指通信终端设备与网络设备之间主要通过有线或无线方式固定连接起来，向用户提供语音、数据、多媒体通信等服务，进而实现用户间相互通信，其主要特征是终端的不可移动性或有限移动性，如普通电话机、IP电话终端、传真机、无绳电话机、联网计算机等电话网和数据网终端设备。固定通信业务包括固定网本地通信业务、固定网国内长途通信业务、固定网国际长途通信业务和国际通信设施服务业务。

根据我国现行的电话网编号标准，全国固定通信网分成若干个长途编号区，每个长途编号区为一个本地通信网（又称本地网）。

一、固定电话网络编号计划

电信网编号计划是通过一串十进制数字，对电信网编号进行科学的规划和安排，以使电信网实现互联和接入功能。我国固定电话通信网络的编号计划是由我国通信行业标准 YDN065—1997《电话交换设备总技术规范》等相关标准规定给出，遵循 ITU-TE.164 国际电信编号计划要求。2017年，信息产业主管部门结合我国电信网络及业务的发展需求，陆续发布了多版的《电信网编号计划》。

1. 本地网电话用户号码的组成

在一个本地电话网内采用统一编号，一般是采用等位编号，但能适应在同一本地网中号码位长差一位编码的要求，其号码位长要依据本地电话网的长远规划容量来确定。本地网用户号码由局号和用户号构成，即

$$本地网电话用户号码 = 局号 + 用户号 = PQR(S) + ABCD$$

用户号为四位，用 ABCD 表示，局号可以是一位，用 P 表示；二位，用 PQ 表示；三位，用 PQR 表示。目前我国的本地网局号是三位和四位并存，大多是采用四位。我国本地网的市话用户号码长度是7位和8位并存，大多为8位。本地局号的规划在条件许可的情况下尽量遵守从通过 PQ 位区分不同运营商的原则。

2. 国内长途电话号码的组成

我国国内长途电话号码的构成是：

$$国内长途电话业务字冠0 + 国内长途区号 + 本地网用户号码$$

根据 YDN065 的规定，我国国内长途电话业务字冠（也称前缀）使用号码"0"。一个长途区号（不含前缀）的服务范围为一个本地电话网。我国长途区号采用不等位编号，有二位、三位、四位三种位长。随着我国本地网的不断扩大，目前我国国内长途区号是二位、三位并存，四位的长途区号已不再使用。

呼叫案例：北京用户呼叫广东深圳的用户，拨号"0755PQRSABCD"，而广东深圳用户呼叫北京用户的拨号为"010PQRSABCD"。

3. 国际长途电话号码的组成

我国国际长途电话号码的组成：

国家码(86) + 国内长途 + 本地用户号码

我国呼出国际长途电话号码的组成：

国际长途电话业务字冠00 + 国家码 + 对方长途区号 + 本地网用户号码

根据 YDN065 的规定，我国国际长途电话业务字冠（也称前缀）使用号码"00"。根据 ITU – E.164 的建设规定，国家码（即国家长途区号）由 1～3 位组成，分别用 I_1、I_1I_2、$I_1I_2I_3$ 表示，中国为"86"。

呼叫案例：呼叫某电话号码为"176157×××"的马来西亚用户，拨号"0060176157×××"，其中"60"是马来西亚的代码。

二、固定通信业务

1. 固定网本地通信业务

固定网本地通信业务是指通过本地网在同一个长途编号区范围内提供的通信业务。固定网本地通信业务经营者应组建本地通信网设施（包括有线接入设施、用户驻地网），所提供的本地通信业务类型可以是一部分或全部。提供一次本地通信业务经过的网络，可以是同一个运营者的网络，也可以是不同运营者的网络。

固定网本地通信业务包括以下主要业务类型：

①端到端的双向语音业务。

②端到端的传真业务和中、低速数据业务（如固网短信业务）。

③主叫号码显示、三方通话、呼叫前转等利用交换机的功能和信令消息提供的补充业务。

④经过本地网与智能网共同提供的本地智能网业务。

⑤基于 ISDN 的承载业务。

⑥多媒体通信等业务。

（1）传真通信业务

传真通信业务在这里特指用户使用传真设备经 PSTN 拨叫其他传真用户，电路接通后采用点对点通信方式，进行文字、图表、照片、文件等信息传递的通信业务。

由于传真业务是即发即收，原件复制传递，具有传递实时性、安全可靠的特点，特别适合我国汉字和少数民族文字，故深受用户欢迎。特别是三类传真机（约一分钟时间传送一页 A4 幅面文件的传真机）的引进和应用，它能简便、快捷、清晰地传送文件、图像、表格、商业汇票等图文信息。

目标客户：我国固网传真通信业务对所有用户开放。各种类型的企事业单位、政府部门、打字复印店等都可安装传真设备，操作简单，质量可靠，广受用户欢迎。

计费：公众照片和真迹传真收费按照所传物件的尺寸大小和数量来计费。个人用户传真机装机调试费按次计费，登记费一次性收取。传送费按长途、市话电话通话费标准来计费。

(2) 固网短信业务

固网短信业务是指固网用户通过对固网终端的简单操作，实现固网用户之间短消息的发送和接收，或者固网用户接收互联网用户发送的短消息。

★通信小知识

【"家家 e"】

中国电信的"家家 e"是一项固定网短信业务。固定网用户之间使用专用的信息话机发送短信，每条短信不超过140个字节（70个汉字）。

(3) 主叫号码显示

主叫号码显示（calling line identification Presentation，CLIP）俗称来电显示，是固定网提供给用户的一个附加于基本通话功能之上的特色业务，指固定用户作为被叫时，系统可向该客户提供并显示主叫方电话号码的服务功能。

通过这项业务，客户可以在接听电话前根据显示的主叫号码，决定是否接听电话，还可以查询或拨打已接听过的电话号码和未接听过的来电号码。

(4) 呼叫前转

呼叫前转是指当固定用户被叫时，若该用户的前转业务被激活且呼叫过程中满足前转条件，则呼叫将被转接到预先设定的第三方号码（另一移动用户的手机号码、固定电话用户的电话号码、某一语音信箱）上。呼叫前转包括以下四个情况：

无条件呼叫前转（call forwarding–unconditional，CFU），允许用户将它所有的来话转接到预先设定的第三方号码。

遇忙呼叫前转（call forwarding–busy，CFB）是指当用户忙时，允许用户将它的来话转接至预先设定的第三方号码。用户忙包括网络决定用户忙和用户决定忙。网络决定用户忙是指网络记录的用户状态为忙，如用户正在通话等。用户决定忙是指用户作为被叫方收到振铃时，直接拒绝应答而产生的。

无应答呼叫前转（call forwarding on no reply，CFNRy）是指当被叫出现无应答等情况时，允许用户将它的来话转接到预先设定的第三方号码。

不可及前转（call forwarding on mobile subscriber not reachable，CFNRc）是指当呼叫发生时，网络试图与被叫方联系时失败了，将呼叫转接至被叫方预先设定的第三方号码。

固定用户可以自行操作激活、去活呼叫前转业务，登记第三方前转号码。呼叫前转只影响用户被叫的情况，并不影响用户的主叫。

◈ 查一查

固定电话用户都可以自行激活、去活呼叫前转业务，请你查一查具体的操作步骤。

2. 固定网国内长途通信业务

固定网国内长途通信业务是指通过长途网在不同长途编号区即不同的本地网之间提供的通信业务。某一本地网用户可以通过加拨国内长途字冠和长途区号，呼叫另一个长途编号区本地网的用户。

固定网国内长途通信业务包括以下主要业务类型：

①跨长途编号区的端到端的双向语音业务。

②跨长途编号区的端到端的传真业务和中、低速数据业务。

③跨长途编号区的呼叫前转、三方通话、主叫号码显示等利用交换机的功能和信令消息提供的各种补充业务。

④经过本地网、长途网与智能网共同提供的跨长途编号区的智能网业务。

⑤跨长途编号区的基于 ISDN 的承载业务。

⑥跨长途编号区的消息类业务。

⑦跨长途编号区多媒体通信等业务。

固定网国内长途通信业务的经营者应组建国内长途通信网设施，所提供的国内长途通信业务类型可以是一部分也可以是全部。提供一次国内长途通信业务经过的本地网和长途网，可以是同一个运营者的网络，也可以是不同运营者的网络。

3. 固定网国际长途通信业务

固定网国际长途通信业务是指国家之间或国家与地区之间，通过国际通信网提供的国际通信业务。固定网国际长途通信业务的经营者应组建国际长途通信业务网络，无国际通信设施服务业务经营权的运营者不得建设国际传输设施，应租用有相应经营权运营者的国际传输设施。所提供的国际长途通信业务类型可以是一部分也可以是全部。提供固定网国际长途通信业务，应经过国家批准设立的国际通信出入口。提供一次国际长途通信业务经过的本地网、国内长途网和国际网络，可以是同一个运营者的网络，也可以是不同运营者的网络。

固定网国际长途通信业务包括以下主要业务类型：

①跨国家或地区的端到端的双向语音业务。

②跨国家或地区的端到端的传真业务和中、低速数据业务。

③经过本地网、长途网、国际网与智能网共同提供的跨国家或地区的智能网业务，如国际闭合用户群语音业务等。

★通信小知识

【闭合用户群 CUG】

闭合用户群（closed user group，CUG）是指一个用户或者几个具有相同特性的用户组成一个组，组内用户拥有相同的呼叫特性，如只允许组内成员互相呼叫和接收组外用户呼入，但无法呼叫组外用户。闭合用户群允许一个用户加入多个闭合群。

④跨国家或地区的消息类业务。

⑤跨国家或地区的多媒体通信等业务。

⑥跨国家或地区的基于 ISDN 的承载业务。

4. 国际通信设施服务业务

在我国境内从事国际通信业务，必须通过批准设立的国际通信出入口进行，国际通信出入口局的设置必须遵守《国际通信出入口局管理办法》。国际通信出入口局的设置数量、地点，应根据我国国际通信网发展总体规划、电信业务经营者的申请和国际电信业务发展的需要确定。

国际通信出入口局分为国际通信信道出入口、国际通信业务出入口和边境地区国际通信出入口。

（1）国际通信信道出入口

①国际通信信道出入口，是指国内通信传输信道与国际通信传输信道之间的转接点，包括：

②国际通信光缆、电缆、微波等在国内的登陆或入境站；

③国际通信光缆、电缆、微波等在国内的登陆或入境延伸终端站；

④国际卫星通信系统设在中国的关口站、地球站等；

⑤其他国内通信传输信道与国际通信传输信道相互链接的转接点。

国际通信信道出入口应当设置在国际海底光缆或陆地光缆易于登陆或者入境的地点，并应考虑网络的安全可靠及方便向国内网络延伸等因素。

（2）国际通信业务出入口

国际通信业务出入口，是指国内通信业务网络与国际通信业务网络之间的业务转接点，包括：

①电话业务网国际交换局（含国际电话业务网信令转接点）；

②帧中继、数字数据网（DDN）、ATM业务网国际交换局；

③互联网国际出入口路由器；

④其他国内通信业务网与国际通信业务网之间的业务转接点。

国际通信业务出入口应当设置在国际通信业务集中的中心城市。

（3）边境地区国际通信出入口

边境地区国际通信出入口，是指利用国内交换机与境外接壤地区的通信网络开通的国际直达电路。

边境地区国际通信出入口应当设置在与境外接壤的地市级以上（含地市级）城市，并应考虑该城市的未来发展，及与其接壤的境外地区之间通信业务量水平等因素。

国际通信设施是指用于实现国际通信业务所需的传输网络和网络元素。国际通信设施服务业务是指建设并出租、出售国际通信设施的业务。

国际通信设施主要包括国际陆缆（陆地光缆）、国际海缆（海底光缆）、陆地入境站、海缆登陆站、国际地面传输通道、国际卫星地球站、卫星空间段资源、国际传输通道的国内延伸段，以及国际通信网带宽、光通信波长、电缆、光纤、光缆等国际通信传输设施。

★通信小知识

【国际海缆】

从全球范围来看，国际通信主要依靠海缆，全球90%以上的国际语音和数据传输都是通过海缆进行传输的。全球近200个国家中仅有44个没有海岸线的内陆国，由于缺乏海岸线不能建设海缆登陆站，不能直接依靠国际海缆通信，一般采用陆缆和卫星方式。近几年，卫星通信虽然有较快的发展，但带宽提供能力相对海缆明显不足，仅在一些岛屿和内陆国家有部分市场。而陆缆相对海缆而言，虽然具有建设和维护成本较低的优势，但由于缺乏联合运营模式，陆缆多限于邻近国家间的通信场景，跨越多个国家的陆缆组运营，还不成熟。因此在比较长的一段时间内，在国际通信中海缆仍将起主导作用。目前，全球的海缆总长度接近100万千米，可绕地球20多圈。

国际通信设施服务业务经营者应根据国家有关规定建设上述国际通信设施的部分或全部资源，并可以开展相应的出租、出售经营活动。

任务 2　蜂窝移动通信业务

蜂窝移动通信是采用蜂窝无线组网方式，在终端和网络设备之间通过无线通道连接起来，进而实现用户在活动中可相互通信。其主要特征是终端的移动性，并具有越区切换和跨本地网自动漫游功能。

蜂窝移动通信业务是指蜂窝移动通信网提供的语音、数据、多媒体通信等业务。蜂窝移动通信业务的经营者应组建移动通信网，所提供的移动通信业务类型可以是一部分或全部。提供一次移动通信业务经过的网络，可以是同一个运营者的网络设施，也可以是不同运营者的网络设施。提供移动国际通信业务，应经过国家批准设立的国际通信出入口。

蜂窝移动通信业务包括：第二代数字蜂窝移动通信业务、第三代数字蜂窝移动通信业务、LTE/第四代数字蜂窝移动通信业务、第五代数字蜂窝移动通信业务（2019 年修订加入）。

一、第二代数字蜂窝移动通信业务

第二代数字蜂窝移动通信业务是指利用第二代移动通信网 2G（包括 GSM、CDMA）提供的语音和数据业务。第二代数字蜂窝移动通信业务包括以下主要业务类型：

①端到端的双向语音业务。

②移动消息业务，利用第二代移动通信网（包括 GSM、CDMA）和消息，平台提供的移动台发起、移动台接收的消息业务。

③移动承载业务及其上的移动数据业务。

④利用交换机的功能和信令消息提供的移动补充业务，如主叫号码显示、呼叫前转业务等。

⑤经过第二代移动通信网与智能网共同提供的移动智能网业务，如预付费业务等。

⑥国内漫游和国际漫游业务。

1. 移动消息业务

短消息业务（short messaging services，SMS）采用存储转发方式，其承载通道为控制信令通道，故信息容量不大，一条短消息最多包含 140 个字节（160 个字符或 70 个汉字）。在短信运营初期，运营商只提供移动用户间的收/发短信业务。严格来说，在这种业务模式中，运营商只提供端到端透明数据承载通道，供移动终端传输其应用层信息，故初期所提供的短信业务属于移动数据基本业务。而后运营商和 CP、SP 合作，利用短信的承载通道开展了信息点播、信息订阅等信息（内容）服务，开创了移动数据增值业务。

（1）SMS 的特点

①SMS 的传送采用存储转发方式，即短消息被发送出去后，不是直接发送给接收方，而是先存储在短消息业务中心（short message service center，SMSC），然后再由 SMSC 转发给接收方。手机无论在本地还是漫游，均可收发短消息。即使手机关机或不在无线网络覆盖范围内或手机卡存储器中短信溢出时，短消息业务中心的数据库自动存储发往该手机的短信（一般不超过三天），在手机有效时，再发送出去。

②支持双向信息的传递，即利用移动台可收/发短消息。

③在发送短消息过程中，SMS 发送方可以在发出短消息后收到一条确认通知，返回传递成功或者失败的消息，以及不可到达对方的原因。

④可以和无线寻呼一样由话务员代发文本消息，用户还可以通过操作手机面板按钮或与 MS 相连接的笔记本电脑发送短消息。

（2）SMS 的定义

①点对点短消息业务（PP SMS）：在 GSM 移动台和短消息实体之间通过短消息中心传送的短消息业务。

②小区广播短消息业务（CB SMS）：向一定区域的所有接收者发送的非证实通用短消息的业务。

③移动台中止的短消息业务（MT SMS）：从短消息中心向移动台传送短消息，移动台向短消息业务中心提供转发短消息的成功与否。

④移动台发起的短消息业务（MO SMS）：从移动台发起的短消息通过短消息业务中心向短消息实体发送，短消息业务中心向移动台提供转发短消息成功与否。

2. 漫游业务

漫游是指移动用户离开自己注册登记的服务区域，移动到另一服务区后，移动通信网络仍可向其提供服务的功能。漫游只能在网络制式兼容且已经联网的国内城市间或已经签署双边漫游协议的地区或国家之间进行。

国际及港澳台漫游是指客户在出访至其他国家或中国港澳台地区的移动通信网络时，可以在当地移动通信网络使用其在归属网络注册的客户号码进行通信，并在归属业务区缴费的一种移动通信服务。需要注意的是移动用户开通国际漫游后，应使用漫游地国家支持的移动通信网络制式的手机进行通信。

★通信小知识

【manyou. 189. cn】

manyou. 189. cn 是中国电信针为国际/港澳台漫游用户提供全方位信息咨询与定制服务的网站。它帮助用户了解漫游地资费、网络、拨打方式、国家/地区代码等信息。在业务介绍中，除列举漫游流量包外，还提供了海事漫游服务、国际/港澳台漫游业务呼叫转移服务、中国澳门落地漫游业务的办理方式和资费标准等内容。在漫游指南中，按照出境前、在境外、回境后，为客户提供了多项实用功能，如漫游功能自检与开通、机卡准备、手机设置指引、拨打方式、排障指引、海外求助、联系客服、使用情况查询等。

你也登录一下这个网站来试试吧！

二、第三代数字蜂窝移动通信业务

第三代数字蜂窝移动通信业务是利用第三代移动通信网 3G（主要包括 TD – SCDMA、WCDMA、CDMA2000）提供的语音、数据、多媒体通信等业务。

3G 与 2G 网络的主要区别在于对声音和数据的传输速度提升，它能够在全球范围内更好地实现无线漫游，并能处理图像、音乐、视频流等多媒体形式。3G 可以支持不同的数据传输速度，在室内、室外和行车环境中能够分别支持至少 2 Mbit/s、384 kbit/s 和 144 kbit/s（此速度会根据网络环境发生变化）的传输速度。

3G 的主要特征是可提供移动宽带多媒体业务，如可视电话。

1. 可视电话的定义

可视电话是利用电话线路实时传送人的语音和图像（用户的图像、照片、物品等）的一种通信方式。如果说普通电话是"顺风耳"，可视电话就既是"顺风耳"又是"千里眼"了。

移动可视电话业务是在无线网络上提供实时视频、音频或数据等媒体格式任意组合的多媒体通信业务，主要是利用移动网络在移动设备上实现可视电话的互通，从而让移动用户之间能够随时随地进行实时音频/视频等的交互。由于移动可视电话对移动网络的带宽要求较高，只有在 3G 网络中才有可能实现真正的商用，因此移动可视电话可以看作是 3G 的特色业务。

可视电话业务按照实现方式可以分为电路域方式和分组域方式。WCDMA 和 TD – SCDMA 一般采用电路域方式。CDMA2000 无法支持电路域可视电话，一般采用分组域方式。成熟商用的可视电话业务都是 WCDMA/TD – SCDMA 网络的电路域可视电话业务。

> ◈ 知识小拓展
>
> 【可视电话】
>
> 中国移动和中国联通都已开通可视电话业务。中国移动 G3 用户和中国联通沃·3G 用户默认开通，在手机上输入被叫号码后，按可视电话拨号键或在菜单中选择"可视电话拨叫"即可进行可视电话呼叫。接到可视电话来电后，按可视电话拨号键或在菜单中选择"可视电话接听"，即可接听可视电话。

2. 移动可视电话的业务功能

电路域可视电话业务按照通信实体不同可分为两种：手机用户拨打手机用户的视频通话和手机用户拨打媒体播放平台进行视频点播。手机用户拨打媒体播放平台即视频 IVR 业务。下面将重点介绍移动终端之间的可视电话业务。

电路域可视电话业务一般有以下几种具体业务功能：

（1）可视电话呼叫

用户拨完对方号码（或在通讯录中选择被叫用户，或在通话记录中选择对方号码）后按下移动终端设置的可视电话通话键或选择操作菜单上的某个图标，一般只需一次操作即可拨出可视电话。

(2) 可视电话通话记录

用户结束可视通话后，移动终端将存储可视电话的通话记录，并且可视电话通话记录带有与普通语音电话不同的特殊标识（包括颜色和图标）。

(3) 可视电话来电提醒

用户接到可视电话呼叫时，移动终端通过不同的铃声及显示的图像将可视电话呼叫和语音电话呼叫予以区别。

(4) 视频手动切换功能

用户能够通过移动终端设置的切换键或操作菜单上的某个选项，在通话过程中在远端图像和本端图像之间进行切换。

(5) 远端、本端图像同时显示功能

在可视通话过程中，移动终端能够同时显示远端图像和本端图像。

(6) 通话过程中视频屏蔽功能

可视通话过程中，用户能够通过关闭或打开本端摄像头向远端屏蔽或恢复本端的视频图像。

(7) 截屏功能

在可视电话通话过程中，用户能够将对端传送过来的视频进行截屏，并保存到某个文件夹中。

(8) 被叫方通话选择

当可视电话用户接收到一个可视呼叫时，可以有以下 3 种选择。

①接通可视电话呼叫：选择后双方可视互通。

②拒听可视电话呼叫：选择后即挂断。

③选择语音电话方式接听：选择后经主叫方确认，主叫再次发起语音呼叫，接听后双方语音互通，按语音电话呼叫收费。

(9) 补充业务

可视电话的补充业务包括呼叫前转、显示类业务、闭锁类（ODB）业务、呼叫等待。可视电话补充业务一般和普通语音业务相似，但是除显示类业务外都要求终端和相应网络设备能够区分可视电话及普通语音电话，并分别进行设置。

(10) 呼叫回落

呼叫回落指主叫发起一个可视呼叫时，由于某种原因造成可视呼叫回落到普通语音呼叫，并接续成功。呼叫回落时需要给主叫端明确的提示，由主叫端选择是否执行回落。但主叫终端上也可设置成自动回落，这样回落将自动发生而不再提示主叫用户。

3. 移动可视电话的应用

电信运营商把移动可视电话视为 3G 特色业务，希望通过移动可视电话业务的推广来促进 3G 网络的发展。视频客服是中国联通率先推出的基于 3G 的可视电话新应用之一，相比以往的 2G 语音客服，视频客服给人更直接且有亲和力的感觉，同时配有图表化的数据分析演示图。客服人员作答过程中，既可以聆听到生动的言语解答，又可以观看到手机屏幕中翔实的图片演示，如图 4-1 所示。视听相结合的立体式、生动型客户服务让我们充分领略到科技的神奇及 3G 的魅力，改变了以前面对客服人员只闻其声、不见其人的局面。

图 4-1　10010 视频客服

三、第四代数字蜂窝移动通信业务

第四代数字蜂窝移动通信业务是指利用第四代数字蜂窝移动通信网 4G（包括 TD-LTE、FDD-LTE）提供的语音、数据、多媒体通信等业务。与 3G 网络相比，4G 网络具有高带宽（用户下载峰值速率可超过 100 Mbit/s）、低传输时延、服务质量（QoS）保证等特点。

4G 高清语音业务 VoLTE（voice over LTE）技术，是全新的基于 4G 网络的高清语音解决方案，实现了 4G 网络同时承载语音与上网业务，为移动用户提供更好的体验。

1. VoLTE 的优势

与传统的 2G/3G 下的通话相比，基于 VoLTE 的通话具有以下优点：

①接通时间（拨号后到回铃音）更短，正常接通时间比 2G/3G 语音降低大约 50%；

②实现视频通话、三方通话等，不需借助其他互联网 App 软件，直接使用手机即可体验高清语音、视频通话，更清晰、更逼真、更有现场感；

③通话上网可并发。

2. VoLTE 的使用

①网络要求：开通 VoLTE 功能前，需使用 4G 卡，开通 4G 功能，且该业务只能在 VoLTE 覆盖区域使用（4G 网络覆盖区域）；

②终端要求：终端带有 VoLTE 功能，并且需要在手机上进行设置开通；

③特殊业务限制：国际/港澳台漫游状态下，暂不能使用 VoLTE 业务。

★通信知识小拓展

【VoLTE】

使用 VoLTE 业务，需要在支持 VoLTE 功能的手机上打开 VoLTE 开关，VoLTE 开关的位置一般位于网络设置中，开关一般标识为"VoLTE 高清通话"。打开开关后，终端上显示 HD 标注，则说明可以使用 VoLTE 业务。

3. VoLTE 的业务类型

VoLTE 支持高清语音和高清视频通话，打电话时可以选择使用高清语音或高清视频发起呼叫，网络会根据对方终端的情况进行接续，如发起高清视频时对方不支持视频，网络会将呼叫降为高清语音。另外，高清语音可切换为高清视频，但需要对方同意方可切换，如果对方拒绝，发起方会看到对方拒绝的提示。此过程中，网络可以保持不中断。

四、第五代数字蜂窝移动通信业务

5G 消息 –
1 分钟小知识

第五代数字蜂窝移动通信业务是指利用第五代数字蜂窝移动通信网提供的语音、数据、多媒体通信等业务。与 4G 相比较，5G 具有高速率、低时延、大容量等特征。在高速率方面，5G 的网络速度是 4G 的 10 倍以上；在低时延方面，5G 的时延已经达到毫秒级别，仅为 4G 的十分之一，视频通话将会获得更好的交互体验；在大容量方面，5G 的网络连接容量更大，即使 50 个用户在同一地点同时上网，也可获得 100 Mbit/s 以上的速率体验。

传统的短信业务因功能简单、体验受限，已无法满足用户多样化的要求。2020 年 4 月 8 日，中国移动、中国电信、中国联通携手华为、小米、vivo、OPPO、中兴等 11 家终端厂商联合发布了《5G 消息白皮书》，用来推动传统短消息服务升级。

1. 5G 消息的定义

随着智能手机的普及，终端用户更喜欢图文并茂、交互能力强的消息形态。相比较而言短信消息只能编辑文字，交互方式略感单调乏味，而且短信承载能力有限（每条短信最多能发送 140 个字节的数据，70 个汉字）。彩信消息虽然可编辑图文消息，但对于用户而言其发送成本相对较高。

5G 消息是对传统短信服务的升级，将基于基站的短彩信消息，升级到基于移动网络与 WLAN 网络的融合通信消息（rich communication suite）。5G 消息支持丰富的媒体格式，包括文本、图片、音频和视频等。5G 消息业务分为两大类，一类是个人用户与个人用户之间交换的消息，另一类是行业客户与个人用户之间交互的消息。

2. 5G 消息与传统短彩信消息的区别

传统短彩信消息的收发主要是依赖基站实现，5G 消息的收发完全依赖网络实现。

传统 SMS（short messaging service）消息的接收与发送依赖基站实现。

MMS（multimedia messaging service）消息的接收与发送同样基于基站来实现，与短信相比不同点在于彩信消息通过基站接收到媒体类型的 URL 地址后，再通过 GPRS 下载多媒体内容，最后呈现出来。

5G 融合通信消息的接收与发送完全依赖移动网络或 WLAN 网络实现。

3. 5G 消息的实现

5G 消息基于 GSMA RCS UP 标准构建，实现消息的多媒体化、轻量化，通过引入 MaaP 技术实现行业消息的交互化。MaaP 平台是 2017 年 GSMA（全球移动通信系统协会）在 RCS Universal Profile 2.0 中引入的最新 RCS A2P（application to person）信息全球标准，其旨在将传统短彩信升级为富媒体消息，并引入 chatbot（聊天机器人）的概念使用户在消息窗口内就可进行搜索、交互、支付等一站式业务体验。

MaaP 平台搭建后，用户在 message 短信聊天窗口中可以向银行查询自己的账单详情、咨询业务；向航空公司预订机票、购买机票等；向餐厅酒店预定位置、预订房间等，如图 4-2 所示。行业客户接入 MaaP 消息平台后，平台为其分配与终端用户交互的 chatbot 账户，行业客户通过 MaaP 平台分配的 chatbot（聊天机器人）向终端用户提供服务，如图 4-3 所示。

图 4-2　MaaP 面向用户的日常生活场景

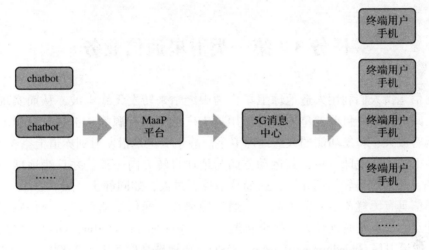

图 4-3　行业客户接入 MaaP 平台向终端用户提供服务

5G 消息利用 MaaP 平台聚合行业客户，通过 5G 消息中心为行业客户与终端用户的沟通交流提供消息服务。

4. 5G 消息的显示效果

5G 消息在点对点消息方面对消息类型和显示效果进行了升级，在企业对用户消息方面新增了富媒体卡片消息类型，如图 4-4 所示。

点对点消息：5G 消息支持文本、图片、音视频、文件等消息类型（点对点消息方面的显示效果与微信消息类似）。

企业对用户消息：5G 消息在点对点消息（文本、图片、音视频、文件等消息）基础上增加富媒体卡片消息，并且每条企业下行到用户的消息中还可携带建议操作和建议回复；用户点击"建议回复"后会将该条建议文字作为一条新的消息发送出去；用户点击"建议操作"后可触发打开一个 Web 页、向某人拨打电话、打开日历添加一条日程提醒等操作。

电信业务应用与产品服务

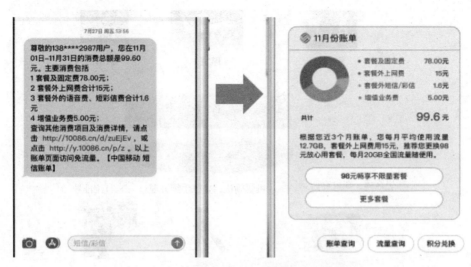

图 4-4 传统短信消息与 5G 消息显示效果对比

任务 3 第一类卫星通信业务

卫星通信是指人们利用人造地球卫星作为中继站来转发无线电波，从而实现两个或多个地球站之间的通信。目前卫星通信中应用最为广泛的是有源静止卫星。有源卫星是指对无线电波具有放大、转发功能的人造地球卫星。静止卫星是指发射到赤道上空 35 800 km 附近圆形轨道上的人造地球卫星，其运动方向与地球自转方向一致，并且绕地球一周的时间恰好为 24 h，与地球自转周期相同，因而从地球看过去，如同静止一般。

卫星通信具有无缝覆盖、覆盖面广、通信距离长、通信线路稳定、通信频带宽、通信容量大等优点。缺点是时延较大，静止轨道卫星（geostationary orbit，GEO）传输时延可达 270 ms，中轨道卫星（medium earth orbit，MEO，离地球高度范围为 2 000~20 000 km）、低轨道卫星（low earth orbit，LEO，离地球高度范围为 500~2 000 km）的传输时延小些，小于 100 ms。

一、卫星通信系统

1. 卫星通信系统组成

卫星通信系统一般由空间分系统、通信地球站、跟踪遥测及指令分系统和监控管理分系统等 4 部分组成，如图 4-5 所示。

空间分系统（通信卫星）：通信卫星主要包括通信系统、遥测指令装置、控制系统和电源装置（包括太阳能电池和蓄电池）等几个部分。通信系统是通信卫星上的主体，它主要包括一个或多个转发器，每个转发器能同时接收和转发多个地球站的信号，从而起到中继站的作用。

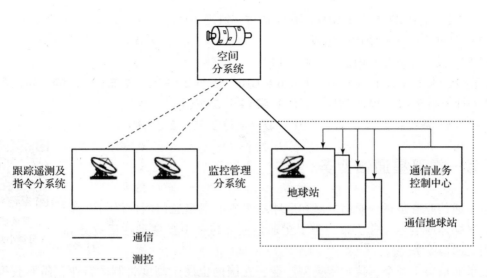

图4-5 卫星通信系统的基本组成

通信地球站：通信地球站是微波无线电收、发信站，用户通过它接入卫星线路，进行通信。

跟踪遥测及指令分系统：跟踪遥测及指令分系统负责对卫星进行跟踪测量，控制其准确进入静止轨道上的指定位置。卫星正常运行后，要定期对卫星进行轨道位置修正和姿态保持。

监控管理分系统：监控管理分系统负责对定点的卫星在业务开通前、后进行通信性能的检测和控制，例如对卫星转发器功率、卫星天线增益以及各地球站发射的功率、射频频率和带宽等基本通信参数进行监控，以保证正常通信。

2. 卫星通信频段

从地面发送上卫星的载波工作频段称为上行频段，从卫星向地面发送的载波工作频段称为下行频段。上行频段的工作频率通常高于下行频段。卫星通信系统频段的划分见表4-1。

表4-1 卫星通信系统频段的划分

频段	UHF	L	S	C	X	Ku	Ka
范围/GHz	0.3~3	1.0~2.0	2.0~4.0	4.0~8.0	8.0~12.5	12.5~18.0	18.0~40
使用情况（上行/下行）/GHz	0.4/0.2	1.6/1.5	2.0/2.2	6/4	8/7	14/11,14/12	30/20

（1）卫星固定业务使用的频段

C波段：上行5.925~6.425 GHz，下行3.7~4.2 GHz。带宽500 MHz，分为多个转发器，额定带宽为36 MHz、54 MHz、72 MHz。

X波段：用于军事通信，上行7.9~8.4 GHz，下行7.25~7.75 GHz。

Ku波段：上行12.75~14.5 GHz，下行10.7~12.2 GHz和12.5~12.75 GHz。

Ka 波段：上行 27.5~31 GHz，下行 17.7~21.2 GHz。

（2）卫星移动业务使用的频段

UHF 波段：400/200 MHz，用于小 LEO。

L 波段：大 LEO，上行 1.61~1.626 5 GHz，下行 2.483 5~2.5 GHz。静止轨道移动卫星，上行 1.626 5~1.660 5 GHz，下行 1.525~1.559 GHz。

S–UMTS 系统：上行 1.98~2.01 GHz，下行 2.17~2.2 GHz。

二、第一类卫星通信业务

卫星通信– 1分钟小知识

卫星通信业务是指经通信卫星和地球站组成的卫星通信网提供的语音、数据、多媒体通信等业务。第一类卫星通信业务包括卫星移动通信业务和卫星固定通信业务。

卫星通信属于资金、技术密集型产业，在国内也属于高度管制的行业，需要获得工信部牌照才可以展开商业经营活动。目前国内拥有第一类卫星通信业务牌照的仅有中国卫通、中国电信和中国交通通信信息中心。

1. 卫星移动通信业务

卫星移动通信业务是指地球表面上的移动地球站或移动用户使用手持终端、便携终端、车（船、飞机）载终端，通过由通信卫星、关口地球站、系统控制中心组成的卫星移动通信系统实现用户或移动体在陆地、海上、空中的语音、数据、多媒体通信等业务。

卫星移动通信业务的经营者应组建卫星移动通信网设施，所提供的业务类型可以是一部分也可以是全部。提供跨境卫星移动通信业务（通信的一端在境外）时，应经过国家批准设立的国际通信出入口转接。提供卫星移动通信业务经过的网络，可以是同一个运营者的网络，也可以是不同运营者的网络。

2. 卫星固定通信业务

卫星固定通信业务是指通过由卫星、关口地球站、系统控制中心组成的卫星固定通信系统实现固定体（包括可搬运体）在陆地、海上、空中的语音、数据、多媒体通信等业务。

卫星固定通信业务的经营者应组建卫星固定通信网设施，所提供的业务类型可以是一部分也可以是全部。提供跨境卫星固定通信业务（通信的一端在境外）时，应经过国家批准设立的国际通信出入口转接。提供卫星固定通信业务经过的网络，可以是同一个运营者的网络，也可以是不同运营者的网络。

卫星国际专线业务属于卫星固定通信业务。卫星国际专线业务是指利用固定卫星地球站和静止或非静止卫星组成的卫星固定通信系统向用户提供的点对点国际传输通道、通信专线出租业务。卫星国际专线业务有永久连接和半永久连接两种类型。

提供卫星国际专线业务应用的地球站设备分别设在境内和境外，并且可以由最终用户租用或购买。卫星国际专线业务的经营者应组建卫星通信网设施。

3. 业务应用

卫星通信适用于以下业务：

①具备广播特性的业务：电视广播、音频广播和数据广播。

②地面通信手段无法到达的业务：海洋、沙漠和偏远山区。

③抗自然灾害能力要求高的业务。

④稀路由广域覆盖业务：点多面广的企业内部专用通信网。

⑤其他适合应用：远程教育、远程培训、远程医疗和资源共享等。

中国电信集团是国内拥有卫星移动通信业务经营许可证的企业，且所拥有的1349号码，是国家核准的、唯一的11位卫星移动通信号码。

(1) 终端产品

卫星移动通信业务是利用高、中、低不同轨道的卫星来提供区域乃至全球范围的移动通信服务，包括卫星移动语音业务和卫星移动数据传输业务。当前移动卫星电话通信网络主要有Inmarsat（国际海事卫星）、Thuraya（欧星）和Iridium（铱星），卫星手机终端如图4-6所示，海上终端如图4-7所示。

图4-6 卫星手机终端

(a) Inmarsat 手机终端；(b) Iridium 手机终端；(c) Thuraya 手机终端

图4-7 卫星海上及共享终端

(a) Inmarsat 海上终端；(b) Thuraya 海上终端

❖ 查一查

请你动手查一查Inmarsat（国际海事卫星）、Thuraya（欧星）和Iridium（铱星），并与大家分享。

(2) 海上应用案例

我国幅员辽阔，海域较大，渔民在远海捕鱼，可以通过卫星电话互通信息，并可以在发生危险时，及时求救。象山县海洋与渔业局为加强渔业生产，提升渔船安全求助应急体系建设，促进现代安全渔业发展，县财政按一定比例进行补助，为 185 马力（hp，1 hp = 745.7 W）以上的捕捞渔船 430 艘配备船载卫星电话（SPST－1100 A），如图 4－8 所示。

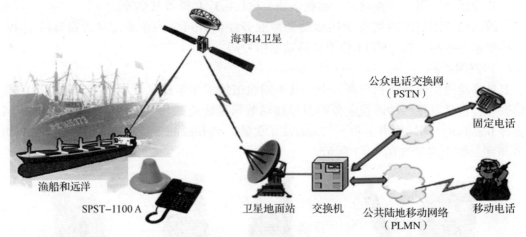

图 4－8　海上通信——渔船

（3）陆地应用案例

卫星移动终端具有使用方便、受地形影响小，以及覆盖广泛等优点，尤其适合在地面网络无法覆盖的地区使用，深受政府应急、军事、救灾、石油及天然气开采、林业、矿业等的青睐。广东省防汛防旱防风总指挥部办公室考虑到广东省是台风暴雨洪涝灾害多发省份，为 465 个重要集镇统一配备海事 2 代卫星电话，以便在台风暴雨或其他自然灾害导致地面通信设施中断的情况下，能够最短时间内掌握现场情况，及时做出防汛抢险决策，提高基层单位应急保障能力，保障灾区通信链路的应急通信畅通（图 4－9）。

图 4－9　陆地案例——海事卫星

任务 4　第一类数据通信业务

数据通信是通信技术和计算机技术相结合而产生的一种新的通信方式。要在两地间传输信息必须有传输信道，根据传输媒体的不同，有有线数据通信与无线数据通信之分。但它们都是通过传输信道将数据终端与计算机连接起来，而使不同地点的数据终端实现软、硬件和信息资源的共享。

一、数据通信的定义

数据通信-
1分钟小知识

1. 什么是数据通信

简单来说,数据通信通常是以传送数据信息为主的通信。数据通信传递数据的目的不仅是为了交换,而主要是为了利用计算机能够对数据进行处理。"数据通信"一词是在远程联机系统出现时才开始使用的,就是在计算机上设置一个通信装置使其增加通信功能,将远程用户的输入输出装置通过通信线路(模拟或数字的)直接与计算机的通信控制装置相连,如图 4-10 所示,最后的处理结果也经过通信线路直接送回到远程的用户终端设备,这是较早的计算机与通信结合的例子。从这个意义上讲,数据通信是计算机终端与计算机主机之间进行交换数据的通信。

用户终端　　　Modem　　　通信设备　　　计算机系统

图 4-10　最简单的远程联机数据通信

数据通信发展到今天,它的概念不论在内涵和外延上,都已经扩展到计算机与计算机之间进行交换数据的通信。数据通信可以这样定义:依照通信协议,利用数据传输技术在两个功能单元之间传递数据信息,它可实现计算机与计算机、计算机与终端以及终端与终端之间的数据信息传递。

2. 数据通信中相关术语

数据通信中相关术语的定义见表 4-2。

表 4-2　数据通信中相关术语的定义

名称	定义	标准
数据	用适合自动处理的方式来表示的信息	GB/T 14733.5
数据通信	数据处理设备之间传递信息的电信方式	GB/T 14733.5
	按某种协议借助数据传输在功能部件之间传输信息	YD/T 1133
数据网	为一组数据终端设备提供相互连接的手段	GB/T 14733.5
数据通信网	由主管部门或私营机构建立和运营的数据网。数据通信网分为公用数据网和专用数据网	YD/T 1133
公用数据网	由主管部门或 ROA(经认可的运营机构)专门为公众提供数据传输业务而建立并运营的网络。电路交换、分组交换、帧中继及租用电路数据传输业务在这些网络中均可提供。公用数据网还可以传送其他业务的信息	YD/T 1133
专业数据网	由私营机构为数据通信应用而建立和运营的网络(注:专用数据网按国产法规可以和一个或多个公用数据网连接)	

3. 数据通信与语音通信的对比

数据通信和语音通信相比表现的特征见表4－3。

表4－3 数据通信和语音通信相比表现的特征

特征	释义
需要有完整的、严格的通信协议的支持	数据通信是机器与机器之间的通信，它不可能像人与人之间的对话那样能够自动地互相识别和对话，而必须按照事先的约定（协议）实现链路的连接、识别、确认、对话、响应、流量控制以及拆线等一系列的工作，才能顺利地完成一次正常的通信过程。因此，数据通信有着远比模拟通信网信令系统复杂得多的通信控制协议。通常这些协议是用硬件或软件来实现的
数据通信的可靠性要求远比语音通信要高	由于语音信号中含有较大的冗余度，数字电话的信道误码率在$10^{-2} \sim 10^{-3}$时，也能进行通信。而数据通信通常要求误码率达到$10^{-6} \sim 10^{-8}$甚至更高。这除了要求数据通信系统具有很好的传输质量以外，还需要较复杂的差错控制技术和抗干扰措施，通过增加信息的冗余度来提高其可靠性
数据通信一般被看作非实时性通信	（这里不包括数据化的语音和图像通信）数据传输的延迟主要来自存储转发的交换方式。不同的数据通信系统，其延迟时间相差是很大的

二、第一类数据通信业务

数据通信业务是通过互联网、帧中继（FR）、异步转换模式（ATM）网、X.25分组交换网、数字数据网（DDN）等网络提供的各类数据传送业务。

1. 第一类数据通信业务分类

根据管理需要，数据通信业务分为两类。第一类数据通信业务包括互联网数据传送业务和国际数据通信业务。

互联网数据传送业务是指利用IP技术，将用户产生的IP数据包从源网络或主机向目标网络或主机传送的业务。提供互联网数据传送业务经过的网络可以是同一个运营者的网络，也可以是不同运营者的网络。根据组建网络的范围，互联网数据传送业务包括互联网国际数据传送业务、互联网国内数据传送业务。

①互联网国际数据传送业务：是指经营者通过组建互联网骨干网、城域网和互联网国际出入口提供的互联网数据传送业务。无国际或国内通信设施服务业务经营权的运营者不得建设国际或国内传输设施，应租用有相应经营权运营者的国际或国内传输设施。

基于互联网的国际会议电视及图像服务业务、国际闭合用户群的数据业务属于互联网国际数据传送业务。

②互联网国内数据传送业务：是指经营者通过组建互联网骨干网和城域网，并可利用有相应经营权运营者的互联网国际出入口提供的互联网数据传送业务。无国内通信设施服务业务经营权的运营者不得建设国内传输设施，应租用有相应经营权运营者的国内传输设施。

③互联网本地数据传送业务：是指经营者通过组建城域网，并可利用有相应经营权运营者的互联网骨干网和国际出入口提供的互联网数据传送业务。无国内通信设施服务业务经营权的运营者不得建设国内传输设施，应租用有相应经营权运营者的国内传输设施。

④国际数据通信业务：是国家之间或国家与地区之间，通过 IP 承载网、帧中继和 ATM 等网络向用户提供虚拟专线、永久虚电路（PVC）连接，以及利用国际线路或国际专线提供的数据或图像传送业务。

利用国际专线提供的国际会议电视业务和国际闭合用户群的数据业务属于国际数据通信业务。国际数据通信业务的经营者应组建国际 IP 承载网、帧中继和 ATM 等业务网络，无国际通信设施服务业务经营权的运营者不得建设国际传输设施，应租用有相应经营权运营者的国际传输设施。

2. 应用案例

视频会议是一种以传送视觉信息为主的通信系统。视频会议系统通过通信网络把两个或多个地点的多媒体会议终端连接起来，在其间传送各种图像、语音和数据信号，它能将彼此相隔很远的多个会议室连接起来，使各方与会人员不仅可以听到声音，看到图像，还可以"面对面"交谈，与会者有亲临现场的感觉。

天翼云会议是中国电信面向个人和政企客户提供的云视频会议产品，是一种全新的视频沟通服务模式，产品特点见表 4-4。用户可以通过互联网或 4/5G 随时随地召开会议，实现更加灵活、高效的无缝式视频沟通，应用组网方案如图 4-11 所示。天翼云会议基于专业的硬件会议终端，适用于行政会议、政令传达、远程培训、远程党教、应急指挥、精准扶贫、基层减负、产业合作等大型专业会议场景需求。

表 4-4 天翼云会议产品特点

产品特点	内容描述
会议管理	公众版：支持开始会议、加入会议、讨论会议、演讲会议 政企版：在公众版基础上增加预约会议、虚拟会议室、轮巡设置、自定义布局、通讯录、会议录播等专业化功能
管理平台数据	支持企业通讯录管理、会议信息及录像查看、下载；仅向政企版用户开放
会议控制	公众版：支持开/闭麦、开/闭静音、文件共享、添加参会人等简单功能 政企版：在公众版基础上增加一键群呼、会议诊断等专业化的会控功能
文件共享	会议中可共享 PPT、Word、Excel、视频等文件
视频沟通	支持点对点、点对多点视频沟通

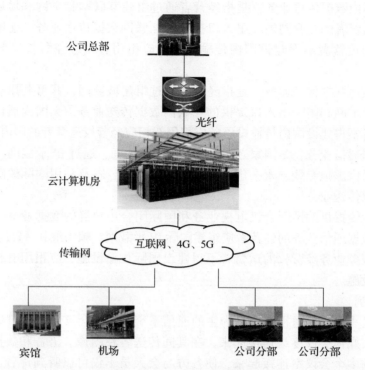

图 4-11　天翼云会议应用组网方案

任务 5　IP 电话业务

基于 IP 的语音（voice over IP，VOIP）通信业务，简称 IP 电话。随着技术的进步，IP 电话业务已经不限于由固定通信网提供。为适应技术和业务发展的新形势，《电信业务分类目录》将 IP 电话业务界定为由固定网或移动网和互联网共同提供的电话业务，并将其从固定通信业务中移出，作为一类业务单独列出。同时，考虑到业务经营范围不同，进一步将 IP 电话业务细分为 "国内 IP 电话业务" 和 "国际 IP 电话业务" 两类。对于完全由互联网所提供的语音业务，属于信息服务业务中的 "信息即时交互服务"。

国内 IP 电话业务的业务范围仅限于国内固定网或移动网和互联网共同提供的 IP 电话业务。国内 IP 电话业务的经营者应组建 IP 电话业务网络，无国内通信设施服务业务经营权的运营者不得建设国内传输设施，应租用有相应经营权运营者的国内传输设施。所提供的 IP 电话业务类型可以是部分也可以是全部。提供一次 IP 电话业务经过的网络，可以是同一个运营者的网络，也可以由不同运营者的网络共同完成。

国际 IP 电话业务的业务范围包括一端经过国际固定网或移动网或互联网提供的 IP 电话业务。国际 IP 电话业务的经营者应组建 IP 电话业务网络，无国际或国内通信设施服务业务经营权的运营者不得建设国际或国内传输设施，应租用有相应经营权运营者的国际或国内传输设施。所提供的 IP 电话业务类型可以是部分也可以是全部。提供国际 IP 电话业务，应经过国家批准设立的国际通信出入口。提供一次 IP 电话业务经过的网络,可以是同一个运营者的网络,也可以由不同运营者的网络共同完成。

IP 电话业务包括以下主要业务类型:

①端到端的双向语音业务;

②端到端的传真业务和中、低速数据业务。

IP 电话系统一般由 3 个部分组成:终端、网关和网络管理者。

终端:IP 电话终端包括传统的语音电话终端、PC、IP 电话机,也可以是集语音、数据和图像于一体的多媒体业务终端。

网关:网关是互联网与电话网之间的接口,同时它还负责进行语音压缩。

网络管理者:负责用户注册与管理,具体包括对接入用户的身份认证、呼叫记录并有详细数据(用于计费)等。

一、IP 电话的通信方式

IP 电话的通信方式如图 4-12 所示,主要有以下三种。

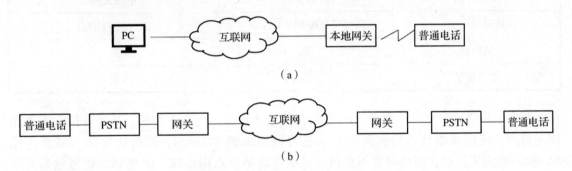

图 4-12 IP 电话的三种通信方式
(a) PC 到电话、电话到 PC;(b) 电话到电话

电话到 PC、PC 到电话:利用 IP 网关来完成 IP 地址与电话号码的对应和翻译,以及语音编码和打包,特别注意的是 PC 必须上网。若 PC 作为主叫方,它需登录到与对方电话网相连的 IP 电话网关服务器,当 PC 的呼叫信号通过互联网到达服务器后,自动转接到被叫方的电话上。通信链路建立后,PC 和电话之间的交谈与普通电话之间的交谈无异。

电话到电话:这种形式出现得比较晚,是最简捷、最容易被人们接受的方式。利用 IP 电话网关服务器进行通话,网关服务器一端与互联网相连,另一端与当地的 PSTN 连接。用户不需要申请互联网账户,只需要在打电话时拨一个特殊电话号码即可连接到服务器,然后再输入被叫方的号码,服务器接收到号码后,通过互联网与被叫方的相关服务器建立连接,对方服务器接收到呼叫后立刻连通本地被叫电话号码。

工信部目前仅对基础电信运营商开放了电话到电话的 IP 电话业务许可。

IP 电话一般采用 179XX 的接入码,中国电信的 IP 号码是 17900、17901,中国移动的 IP 号码是 17950、17951,中国联通的 IP 号码是 17910、17911。

二、IP电话与传统电话的比较

IP电话与传统电话相比较，有许多不相同的地方。语音传输的媒介是完全不同的，IP电话的传输媒介为互联网，而传统电话为公众电话交换网络（PSTN）。它们的交换方式也是完全不同的，IP电话运用的是分组交换技术，信息根据IP协议一个一个分组进行传输，每个分组上都有目的地址与分组序号，到目的地后再还原成原来的信号，而分组可以沿不同的途径到达目的地，而传统电话用的是电路交换的方式，它没有IP电话交换的这些功能。IP电话与传统电话的区别见表4-5。

表4-5 IP电话与传统电话的区别

比较项目	比较结果	
	IP电话	传统电话
传输媒体	互联网	PSTN
交换方式	分组交换	电路交换
带宽利用率	高（可压缩到8 kbit/s）	低（64 kbit/s）
使用费	低	高
语音质量	低	高

从占用信道或带宽方面来看，IP电话有信息才传送，反之不传送。其语音信息不占用固定信道，使用压缩技术后，其语音信息可以压缩到8 kbit/s，而传统电话一般要占用64 kbit/s的固定信道，而且只要不挂机，传统电话始终占用信道，IP电话的带宽远远低于传统电话。

从使用费方面来看，IP电话的费用组成是"互联网通信资费+市内电话通话资费+IP电话相关设备费用"，与传统的国际长途电话费的成本比较相对较低。

从语音质量方面来看，IP电话相对传统的语音质量较差，其中有带宽、延迟等因素，尤其在网络拥塞时，通话质量可能难以保证。

★通信小知识

【交换方式】

现代通信网中广泛使用的交换方式有两种：电路交换方式和分组交换方式。

（1）电路交换

在电路交换方式中，交换中心处理每一个呼叫都要经过连接的建立、保持和拆除三个阶段。交换中心根据信令建立连接，连接一旦建立，不论通信的双方是否有信息传递，通信链路及有关的系统资源都一直被通信双方占用，不会出现拥塞。这种交换方式的信息传送时延非常小，网络不对用户信息进行误码校正等处理，因此交换处理简单，交换速度较高，适用于语音、图像等实时性要求高的业务，是目前电话网的基本交换方式。但由于电路交换要求交换时隙具有周期性，所以规定信道速率只能取特定的值，如64 kbit/s、2 048 kbit/s等，不能适应多种速率业务的接入要求。另外,通信双方独占固定资源,即使某一时刻无信息传输,也不能给其他用户使用,信道利用率很低。

电路交换优点是实时性高,时延和时延抖动都较小;缺点是信道利用率低,且传输速率单一。电路交换主要适用于话音和视频这类实时性强的业务。

(2) 分组交换

分组交换以存储转发交换为基础,它根据用户对时延和开销等性能的要求,将需要传输的数据业务分成一定长度的分组,每个分组都有信息头和结束标记,其中包含了分组的路由信息。可以实现分组选路,并且可以实现多个通信过程共享一个信道。分组每到达一个节点,都先装入相应的链路缓冲器,进行检错或重发等有关处理,然后进入相应的队列等候,一有链路可供使用,就进行转发。显然,分组交换对突发性业务具有良好的适应性,但它对于语音、图像等实时性的业务却存在着明显的时延缺陷。另外,分组交换主要用于需要高可靠性的数据通信,它所采用的在局间转接时误码控制、重发控制等功能必须利用软件进行复杂的处理,因此处理和传输速率受到很大的限制。

分组交换的优点是传输灵活,信道利用率高;缺点是协议和设备非常复杂,由此产生的时延和时延抖动很大。分组交换主要用于数据传输。

 实践活动

模块4 实践活动

【活动背景】

李克强总理在 2015 年 4 月 14 日召开的一季度经济形势座谈会上感叹道,"流量费太高了。"话题一开就引发了与会人士的热烈讨论。2015 年 5 月 13 日李克强在主持召开国务院常务会议时再度明确促进提速降费的五大具体举措。其中包括鼓励电信企业尽快发布提速降费方案计划,使城市平均宽带接入速率提升 40% 以上,推出流量不清零、流量转赠等服务。

2017 年 5 月 1 日起,三大电信运营商不约而同地下调了"一带一路"沿线国家和地区的漫游资费。目前运营商们向公众用户推出的主要套餐有 5G 移动套餐、融合套餐等。

【活动准备】

融合套餐指的是运营商将移动套餐、宽带服务、IPTV 服务等业务打包进行销售,相比单独销售的套餐产品更加优惠。套餐中常见的一些电信业务都是第一类基础电信业务吗?

请按照示例,在表 4-6 中列举一些套餐中常见的电信业务,对照《电信业务分类目录》,确定是否属于第一类基础电信业务,如果是,请写出其具体类别。

【活动内容】

①请查阅并写出你自己正在使用的套餐名称、价格及套餐内容。
②选定一家运营商,了解该运营商的基本情况。
③针对该运营商,通过网上营业厅等途径,了解该运营商在本省的融合套餐,记录其电信业务种类以及相应的资费政策(表 4-7)。

表 4-6 套餐中常见业务对照表

序号	业务名称	是否为第一类基础业务	具体类别	备注
1	短信业务	是	蜂窝移动通信业务	
2	语音业务			
3	来电显示			
4	手机上网			
5	宽带接入			
6	IPTV			

表 4-7 某运营商套餐中电信业务种类以及相应的资费政策记录表

序号	套餐名称	套餐价格	套餐内容	宽带速率	副卡业务	电视节目	固话
1							
2							
3							
4							
5							

④与其他学员分享自己的调研结果,并将大家的结果进行对比,看看哪个套餐更适合你。

过关训练

一、填空题

1. 第一类基础电信业务包括_____、蜂窝移动通信业务、_____、第一类数据通信业务、_____。

2. 固定通信业务包括_____、固定网国内长途通信业务、固定网国际长途通信业务和_____。

3. 国际通信设施是指用于实现国际通信业务所需的_____和_____。国际通信设施服务业务是指建设并出租、出售国际通信设施的业务。

4. 蜂窝移动通信业务是指蜂窝移动通信网提供的_____、_____、_____等业务。

5. 蜂窝移动通信业务包括:第二代数字蜂窝移动通信业务、_____、_____、第五代数字蜂窝移动通信业务(2019年修订加入)。

6. 短消息业务(short messaging services,SMS)采用_____方式,其承载通道为控制

信令通道，故信息容量不大，一条短消息最多包含_____。

7. 3G 的主要特征是可提供_____业务，如_____。

8. 5G 消息支持丰富的媒体格式，包括文本、_____、_____和视频等。

9. 卫星通信是指人们利用_____作为中继站来转发_____，从而实现两个或多个地球站之间的通信。

10. 卫星通信系统一般由空间分系统、_____、_____和监控管理分系统等 4 部分组成。

11. 第一类卫星通信业务包括_____和_____。

12. 第一类数据通信业务包括_____、互联网国内数据传送业务、互联网本地数据传送业务和_____。

13. IP 电话系统一般由 3 个部分组成：_____、网关和_____。

二、简答题

1. 简述 VoLTE 的优势。
2. 简述 5G 消息与传统短彩信消息的区别。
3. 简述数据通信与语音通信的区别。
4. 简述 IP 电话的通信方式。

模块 4 章节测验

模块五

第二类基础电信业务认知及应用

学习目标

*知识目标：
- 了解集群通信业务；
- 了解第二类卫星通信业务；
- 了解第二类数据通信业务；
- 了解网络接入设施服务业务；
- 了解国内通信设施服务业务。

*能力目标：
- 能够应用推广第二类卫星通信业务、第二类数据通信业务；
- 能够应用推广集群通信业务、网络接入设施服务业务、国内通信设施服务业务。

*素养目标：
- 具备聚焦电信业务不断创新发展的前瞻视野；
- 具有质量意识、绿色环保意识、安全意识、信息素养和创新思维；
- 具备崇德向善、诚实守信、爱岗敬业、精益求精的职业精神。

学习导图

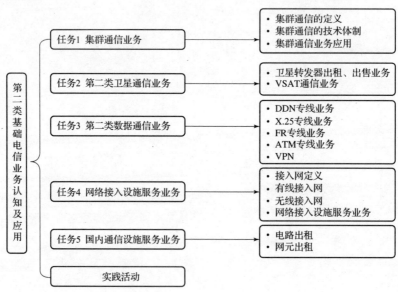

第二类基础电信业务包括集群通信业务、无线寻呼业务、第二类卫星通信业务、第二类数据通信业务、网络接入设施服务业务、国内通信设施服务业务和网络托管业务。

无线寻呼系统技术由模拟系统到数字系统，在公众蜂窝移动通信技术发展之前，得到了广泛的应用，如今几乎无迹可寻了，因此本模块对于无线寻呼业务不再做介绍。

任务1　集群通信业务

集群通信系统

一、集群通信的定义

1. 什么是集群通信

集群通信系统是按照动态信道指配的方式、以单工通话为主实现多用户共享多信道的无线电移动通信系统。该系统一般由终端设备、基站和中心控制站等组成，具有调度、群呼、优先呼、虚拟专用网、漫游等功能。

ITU-R 将集群通信系统命名为"trunking communication system"，国外也有将其称为私有移动无线（private mobile radio，PMR）或专业移动系统（specialized moobile system，SMS）。我国曾经将"trunking communication system"译为中继通信系统，1987年改译为集群移动通信系统，通常称为集群通信系统或集群系统。

在我国 GB/T 2900.54《电工术语 无线电通信 发射机、接收机、网络和运行》、GB/T 50760《数字集群通信工程技术规范》及 TD/T 2100《基于 GSM 技术的数字集群系统总体技术要求》等各类标准中都给出了对集群通信的定义，见表 5-1。

表 5-1　不同标准中对集群通信的定义

标准编号	名称	定义描述
GB/T 2900.54	集群系统	不同的组织或公司共享传输资源进行内部通信的移动无线电系统，它仅在每个呼叫过程中给用户分配特定的资源
GB/T 50760	集群通信系统	指由多个用户共用一组无线信道，并动态地使用这些信道的移动通信系统，主要用于调度通信，包括模拟集群系统和数字集群系统
YD/T 2100	集群通信	集群通信是一种移动调度系统，应用于某个行业或部门内以调度指挥为主要特征的专用网络。传统的集群概念的基本原理是集群系统控制器能把有限的信道动态地、自动地、最佳地分配给系统的所有用户，达到信道共用的目的。现代的集群系统除了信道共享这个基本属性外，还包含了丰富的调度业务和很高的保密性

2. 集群通信的特点

集群通信网组建的是一种指挥/调度用网络，可组建成集群专用网或集群共用网。

集群专用网：单位或部门独自拥有工作频率、独自拥有全套网络设备的非经营性集群通信网络。

集群共用网：由多个单位或部门共享频率、共享网络基础设施，并经电信主管部门许可后组建的、可进行商业经营的集群通信网络。

集群通信网是一种共享资源、分担费用、共用信道设备及服务的多用途、高效能的无线调度通信系统，是呼叫方式为一键通（push to talk，PTT）的一种专业无线移动通信系统，其集中控制和管理信道并以动态方式分配信道给用户。集群通信系统的特征见表5-2。

表5-2 集群通信系统的特征

特征类型	特征表现
从技术上来讲	不同的组织或公司共享传输资源进行内部通信的移动无线电系统，它仅在每个呼叫过程中给用户分配特定的资源
从组网上来讲	指由多个用户共用一组无线信道，并动态地使用这些信道的移动通信系统，主要用于调度通信，包括模拟集群系统和数字集群系统

3. 集群通信的呼叫方式

集群通信系统的用户（包括终端和调度台）间的呼叫，可分为单呼、组呼、广播呼和点对点呼四种类型，见表5-3。

表5-3 集群通信系统用户间的呼叫类型

名称	释义
单呼	两个用户之间的半双工呼叫，采用PTT的操作方式。可以由授权用户发起，也可以由授权调度台发起
组呼	指一个主叫方与多个被叫方（即一对多）之间的半双工呼叫，组内成员可按PTT键抢占上行信道讲话。可以由授权业务用户发起，也可以由授权调度台发起
广播呼	指一个主叫方与多个被叫方（即一对多）之间的单工呼叫，广播呼叫过程中只有呼叫发起方讲话。可以由授权用户发起，也可以由授权调度台发起
点对点呼	两个用户之间的全双工呼叫，无须PTT的操作。可以由授权业务用户发起，也可以由授权调度台发起

4. 集群通信与蜂窝移动通信的区别

集群通信与蜂窝移动通信的区别如表5-4所示。

表 5–4　集群通信与蜂窝移动通信的区别

集群通信	蜂窝移动通信
属于专用移动通信网络，适用于在各个行业（或几个行业合用）中间进行调度和指挥，对网中的不同用户常常赋予不同的优先等级	属于公众移动通信网络，适用于各阶层和各行业中个人之间通信，一般不分优先等级
根据调度业务特征，一般具有通信限时	对通信时间一般不限时
主要是服务于无线用户与无线用户，允许少数特定的无线用户与固定用户通信	允许无线用户与无线用户、无线用户与固定用户之间的自由通信
一般情况下采用半双工通信方式	采用全双工通信方式

二、集群通信的技术体制

集群通信系统包括模拟集群通信系统和数字集群通信系统。

1. 模拟集群通信系统

模拟集群通信系统是应用最早的集群通信系统，随着经济的发展，社会对信息化的要求越来越高，各部门、行业用户间的协调调度需求日趋强烈。模拟集群系统由于技术落后、功能单一、不易联网、不易加密、系统容量小、频谱利用率低、缺乏数据传输能力等原因，逐步被数字体制所取代而被淘汰，从 2005 年 12 月 31 日起国家无线电管理部门已停止受理其管理，目前应用的全部为数字集群通信系统。

2. 数字集群通信系统

目前我国应用的数字集群通信系统共有六种。其中，从国外引进的两种，即 TETRA 系统（我国称之为体制 A）和 iDEN 系统（我国称之为体制 B），它们都属于 TDMA 体制。由我国采用蜂窝移动通信相关无线技术而自主研发的有三种，即基于 GSM 技术的 GT 800 系统、基于 CDMA 技术的 GoTa 系统和基于 LTE 技术的宽带数字集群通信系统。此外，还有一种专门适用于我国公安行业的数字集群通信系统，称为警用数字集群（PDT）通信系统。

（1）TETRA 系统（体制 A）

TETRA 系统属于欧洲技术，原来由欧洲电信标准化协会（ETSI）所规范，ETSI 曾为 TETRA 系统制定了一系列的规范，是一种非常成熟的数字集群系统。TETRA 系统可提供集群、非集群以及具有语音、电路数据、短数据信息、分组数据业务的直接模式（移动台对移动台）的通信，并支持多种附加业务。主要优点是兼容性好、开放性好、频率利用率高、保密功能强。因此，TETRA 系统引进并消化吸收后，在我国得到了较为广泛的组网普及应用。

（2）iDEN 系统（体制 B）

iDEN 系统属于美国技术，是由当时美国 Motorola 公司开发的基于数字蜂窝网络的集群通信系统。该系统可提供综合调度业务，在有限频点的集群通信网具有大容量、大覆盖区、高保密和高通话清晰度的特点。iDEN 系统适用于大、中容量系统，主要面向共用集群通信网的设计。因此，iDEN系统引进并消化吸收后，在我国也得到了一定的组网应用。

（3）GT 800系统

在2003年，由我国华为技术公司推出了基于GSM技术的数字集群通信系统，称之为GT 800系统。该系统采用了第二代公用数字蜂窝移动通信技术的TDMA制式，即GSM技术，使得集群通信系统的空中接口规范与GSM公用数字蜂窝移动通信系统的空中接口规范基本相同，只是增加了相应的集群通信的功能。

（4）GoTa系统

在2003年，由我国中兴通信公司推出了基于CDMA技术的数字集群通信系统，称之为GoTa系统。该系统采用了第二代公用数字蜂窝移动通信的CDMA技术，使得集群通信系统的空中接口规范与CDMA公用数字蜂窝移动通信系统的空中接口规范基本相同，只是增加了相应的集群通信的功能。

（5）PDT系统

警用数字集群系统（PDT系统）是由我国公安部在2008年组织我国相关企业自主开发的、特别适用于公共安全行业组网使用的数字集群通信系统。公安体系早期使用MPT 1327模拟集群通信系统，为了与模拟系统兼容，PDT系统是在MPT 1327基础上进行数字化开发研制的。在2013年，公安部发布了GA/T 1056—2013《警用数字集群（PDT）通信系统总体技术规范》的公共安全行业标准，按照该标准，目前公安部组建了全国最大规模的数字集群通信系统。

上述的五种数字集群通信系统，都是属于窄带的数字集群通信系统，它们仅能够提供有限传输速率的数据业务。

（6）宽带数字集群通信系统

为了使数字集群通信系统能够支持当前的多媒体业务的需要，我国在2014年推出了基于第四代数字蜂窝移动通信系统LTE技术的数字集群通信系统，它是属于我国自主知识产权的第一个宽带数字集群通信系统。

三、集群通信业务应用

集群通信业务是指利用具有信道共用和动态分配等技术特点的集群通信系统组成的集群通信共网，为多个部门、单位等集团用户提供的专用指挥调度等通信业务。

PTT可以快速地进行"一对一"或者"一对多"通话，就像使用对讲通话机一样。PTT并非一个全新的概念，其"一键通"的技术特点和用户体验在传统的无线对讲系列、集群通信中已为人们所熟悉。其特点是呼叫建立时间短，说话时才占用信道，接听时只监听信道，接收方不需要摘机即可随时接听下行的呼叫信息。

基于公众蜂窝移动通信网络的PTT业务称为POC（PTT over cellular）业务。其与传统的集群通信非常类似，也是一种"即按即说"的模式，用户只需按动手机上的一个按键就可以与某个人或某个通话群组进行通话，特别是其群组呼叫能力，实现了一呼百应，非常适合集团客户进行群组调度通信，从而提高组织管理效率。

【POC 业务】

目前三大运营商的 POC 业务主要是为政企客户服务。如中国移动的"手机对讲"业务、中国电信的"天翼对讲"、中国联通的"沃对讲"，利用电信运营商的定制手机和网络，无须购买专业通信设备，无须专门组网，手机实现一键多人通话，以低成本、快速实现了高效率的群组通信和资源调度。

传统的数字集群对讲是专业对讲系统，需自建系统；POC 性能虽较集群略差，但以其成本及通信范围优势可作为集群有益的补充和备份。POC 业务与传统对讲系统的对比如表 5-5 所示。

表 5-5　POC 业务与传统对讲系统的对比

比较项目	模拟对讲机	数字集群对讲机	手机对讲
覆盖范围	小：3 km 左右	集群网络覆盖范围较小，仅能在一线城市城区使用	移动网络覆盖范围大，可全国范围使用
业务性能	基本没有通话时延	接续时延 0.7 s 通话时延小于 1 s	接续时延 1~2 s 通话时延 1~2 s
安全性	差：频率设置一致即可通信	高：专用网络、群组管理	较高：数字通信、群组管理
终端成本	低：300~2 000 元	高：7 000~9 000 元	手机成本决定，最低 800 元

任务 2　第二类卫星通信业务

在使用卫星通信相关产品时，经常会遇到的一个问题就是卫星信号比较弱，尤其是在一些阻碍物比较多的地方，会影响卫星信号的接收。卫星转发器成为解决卫星信号衰弱的重要设备。

第二类卫星通信业务包括：卫星转发器出租、出售业务，国内甚小口径终端地球站（VSAT）通信业务。

一、卫星转发器出租、出售业务

卫星转发器出租、出售业务是指根据使用者需要，在我国境内将自有或租用的卫星转发器资源（包括一个或多个完整转发器、部分转发器带宽及容量等）向使用者出租或出售，以供使用者在境内利用其所租赁或购买的卫星转发器资源为自己或其他单位或个人用户提供服务的业务。

1. 卫星转发器的定义

转发器是卫星上用于接收地面发射来的信号，依靠卫星上的接收天线完成对地面信号的接收,并对该信号进行放大,再通过下行链路以另一个频率向地面进行发射的设备。一颗卫星可装有多个转发器。

卫星转发器有模拟信号转发器和数字信号转发器两类。

模拟信号转发器:模拟信号转发器又称线性转发器,它的作用是将上行频段连续频率(频宽)的信号经过放大,在另一个频段同样频宽的频带上重新发射。在描述卫星转发器的时候,通常将上行频率放在前面。例如"带有 144 MHz/29 MHz 转发器的卫星"就是表示这颗卫星的转发器能将 144 MHz 上的某个频带转发到 29 MHz 上。

数字信号转发器:数字信号转发器主要用于数字电视信号的转发。

2. 卫星转发器的参数

卫星转发器的主要参数有 G/T、SFD 与 EIRP。G/T 和 SFD 反映卫星接收系统在其服务区内的性能,它们与卫星接收天线的增益分布线性相关。EIRP 反映转发器的下行功率,它与卫星发送天线的增益分布线性相关。卫星天线增益随天线指向与工作频率而变。因此,转发器参数随服务区内的不同地点而变,同一地点的不同转发器参数也有差异。特定地点的转发器参数可从城市参数列表或等值线分布图中查到。

(1) G/T

G/T 是接收系统的品质因数(figure of merit)。它是接收天线增益 G 与接收系统噪声温度 T 的比值,单位为 dB/K。

G/T 的计算公式为:$G/T = G_R - T_S$

其中 G_R 为卫星天线的接收增益,T_S 为卫星接收系统的噪声温度。

(2) SFD

饱和通量密度 SFD 是指当转发器被推到饱和工作点时,上行载波在接收天线口面所达到的通量密度。它反映卫星转发器对上行功率的需求量,单位为 dBW/m^2。

SFD 与 G/T 的关系为:SFD = constant + attn − G/T

其中 constant 为反映转发器增益的计算常数,其数值多在 −100 与 −90 之间,constant 越小,转发器的增益就越高;attn 为转发器的增益调整量,它可由地面遥控改变,用于调整 SFD 的灵敏度。用户在作链路计算时,应向卫星公司了解相关转发器 attn 的当前设置值,并且据此对从图表查到的 SFD 数据作修正。

(3) EIRP

有效全向辐射功率 EIRP 是指卫星转发器在指定方向上的辐射功率。它为天线增益与功放输出功率的对数和,单位为 dBW。

EIRP 的计算公式为:EIRP = P − Loss + G_T

其中 P 为放大器的输出功率,Loss 为功放输出端与天线馈源之间的馈线损耗,G_T 为卫星天线的发送增益。

3. 业务应用

目前国内拥有第二类卫星转发器出租、出售业务牌照的有中国卫通、中国电信和中信数字媒体网络有限公司。

中信数字媒体网络有限公司卫星通信分公司(简称中信卫星)是中国中信集团公司旗下从事卫星通信业务的专业公司,持有工业和信息化部颁发的卫星转发器出租出售经营许可证和 VSAT 业务经营许可证。

中信卫星可根据用户不同的业务需求和发展，提供灵活的亚洲系列卫星转发器租赁服务，以满足用户对全时段、固定时段或临时租用的各种需求。

全时段及固定时段转发器租用：用户可根据业务需要，选择全时段转发器租用服务。用户亦可以选择在固定时段，或每周的固定日子，租用亚洲系列卫星整个或部分转发器资源。

临时使用：亚洲卫星可以按照用户对容量和覆盖范围的需要，提供预约或特定的临时租用时段，或根据临时需要来制定服务时限。诸如世界级体育赛事如奥运会、亚运会、世界杯、欧洲联赛冠军杯和西班牙足球联赛，以及突发新闻和事件等，也可以通过亚洲系列卫星进行传送。

后备支持服务：时刻保持通信联系至关重要，尤其面对紧急突发事件更是不容有失。当地面通信网络遭遇天灾、战争、暴乱等突发情况破坏，或用户的设施发生事故时，亚洲系列卫星和地面站设施就会发挥后备和支持作用，以应付紧急需要。

二、VSAT 通信业务

VSAT 通信业务

国内甚小口径终端地球站（very small aperture terminal，VSAT）通信业务是指利用卫星转发器，通过 VSAT 通信系统中心站的管理和控制，在国内实现中心站与 VSAT 终端用户（地球站）之间、VSAT 终端用户之间的语音、数据、多媒体通信等传送业务。

国内甚小口径终端地球站通信业务经营者应组建 VSAT 系统，在国内提供中心站与 VSAT 终端用户（地球站）之间、VSAT 终端用户之间的语音、数据、多媒体通信等传送业务。

1. VSAT 系统的组成

VSAT 系统由 VSAT 小站、主站和卫星转发器组成，如图 5-1 所示。

主站：主站也叫中心站或中央站，是 VSAT 系统的心脏。它与普通地球站一样，使用大型天线，天线直径一般为 3.5~8 m（Ku 波段）或 7~13 m（C 波段）。在以数据业务为主的 VSAT 系统中，主站既是业务中心也是控制中心。主站通常与主计算机放在一起或通过其他（地面或卫星）线路与主计算机连接，作为业务中心（网络的中心节点）；同时在主站内还有一个网络操作中心负责对全网进行监测、管理、控制和维护。在以语音业务为主的 VSAT 系统中，控制中心可以与业务中心在同一个站，也可以不在同一个站，通常把控制中心所在的站称为主站或中心站。由于主站涉及整个 VSAT 系统的运行，其故障会影响全网正常工作，故其设备皆有备份。

VSAT 小站：VSAT 小站由小口径天线、室外单元（ODU）和室内单元（IDU）组成。在相同的条件下（例如相同的频段、相同的转发器条件）语音 VSAT 网的小站为了实现小站之间的直接通信，其天线明显大于只与主站通信的数据 VSAT 小站。

卫星转发器：一般采用工作于 C 或 Ku 波段的同步卫星透明转发器。在第一代 VSAT 系统中主要采用 C 波段转发器，从第二代 VSAT 开始，以采用 Ku 波段为主。具体采用何种波段不仅取决于 VSAT 设备本身，还取决于是否有可用的星上资源，即是否有 Ku 波段转发器可用，如果没有，那么只能采用 C 波段。

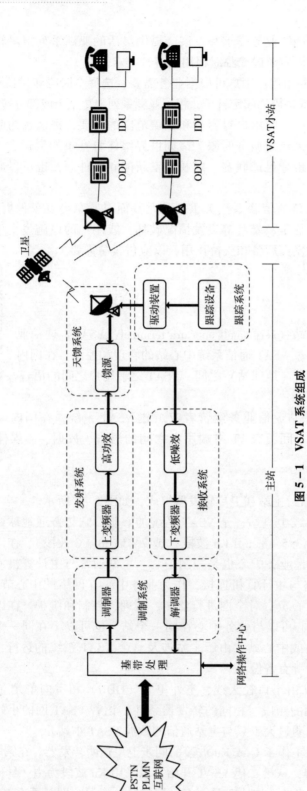

图 5-1 VSAT 系统组成

2. VSAT 系统的特点

VSAT 系统具有以下特点：

①VSAT 小站对环境条件要求不高，通信不受地理条件、气候、地震、洪涝等自然条件影响，通信质量及可靠性高；在卫星覆盖区域内，与地面站所在地理位置无关，数据传输的费用与通信距离远近没有关系；VSAT 系统在通信距离远、范围大的情况下，一般比其他通信手段便宜 20%~50%。

②VSAT 系统网络能够迅速建立，单个站点能够方便地在已经建立的网络中接通，进入通信链路，载波之间无须互连。在网络中增加、减少或搬迁 VSAT 站都十分容易，网络用户不受地理位置及通信线路限制。天线可以直接安装在用户屋顶，由用户直接控制通信电路，组网安装方便灵活，扩充性好。

③能够动态分配网络（例如带宽、接口、数据速率等）。基本配置的改变仅通过中央网络管理系统就可以完成，便于安装和扩容，保证网络增长的经济性。

④信道误码率低，容易构成端对端的独立专用通信网。VSAT 系统的可运行率高达 99.5%，主站对小站具有状况诊断配置能力，无须本地环路连接，网络扩充性好，电路高度可靠。

⑤VSAT 系统采用 TDM/TDMA SCPC DAMA 技术，具有高吞吐量、低延时、带宽占用灵活、有效信息速率高等特点，同时可连接不同的网络结构，可满足网络高速发展的需求。端站接入速率可达 64 kbit/s，数据传输速率最低可达 1 200 bit/s，最高可达 2 Mbit/s。

⑥VSAT 的主要通信方式：点对点即 VSAT 站与站之间的点对点通信；多点到多点即 VSAT 站（2 个以上）之间的双向交互式通信；广播方式即主站到小站的卫星广播方式。

3. VSAT 系统的应用

VSAT 系统具有广泛的业务能力，除了个别的宽带业务外，可以支持所有现有的业务，包括语音、数据、传真、LAN 互连、会议电话、可视电话、低速图像、可视电话会议、数字音乐等。

中国电信应急通信 VSAT 网是一个覆盖全国的大型语音数据网，主要用于保障各种紧急状况下的通信，如发生洪水、地震等自然灾害使地面通信线路中断时，因该网具有较高的机动性及灵活性，能够快速组网，迅速恢复重要通信，对组织抢险救灾、防汛、应对突发事件、保持信息畅通发挥着极其重要的作用，完成应急通信等特殊时期的语音和传真等任务。中国电信应急 VSAT 网既可通过固定站与公网内的用户建立双向通信，也可以和其他移动小站通过卫星直接通信。

任务 3　第二类数据通信业务

第二类数据通信业务包括固定网国内数据传送业务。

固定网国内数据传送业务是指互联网数据传送业务以外的，在固定网中以有线方式提供的国内端到端数据传送业务，主要包括基于 DDN 网、X.25 分组交换网、FR 网、ATM 网、IP 承载的数据传送业务等。

一、DDN 专线业务

随着数据通信业务的发展，相对固定的用户之间业务量比较大，并要求时延稳定、实时性较高。在市场需求的推动下，数字数据网产生了。

1. 什么是数字数据网

数字数据网（digital data network，DDN）是一个全程的数字传输网络，它利用光纤、数字微波或卫星等数字信道可为用户提供永久或半永久性连接电路，用以传输数据为主的数字信号。永久性连接电路是指用户间建立的固定连接，传输速率不变且独占带宽的数字电路。所谓半永久性连接电路，是指当用户提出申请时，即可按其要求提出一条固定连接的数字电路，如果用户不再使用时，可以拆除并将信道资源提供给其他用户使用。

DDN 具有以下特点：

①传输速率高、质量高。DDN 大量采用光纤信道，具有较低的误码率，通常在 1×10^{-8} 以下。

②网络时延小。DDN 基本上是"直通"的数据通道，因而网络时延小，传输过程的平均时延小于 450 ms。

③利用率高。DDN 采用同步传输技术，网络内使用数字时分复用技术，各转接点只需做时隙的交叉连接即可，监控、管理操作都很简便，因而提高了网络的运行效率和信道的利用率。

④灵活的连接方式。DDN 是一个高度透明的数据传输网，适用于不同速率的网络终端设备的接入，它不受任何规程的约束，因此它支持不同信息如数据、语音、传真、图像信息的通信。

但是使用 DDN 专线上网，需要租用一条专用通信线路，租用费用比较高。

2. 数字数据网的结构

DDN 的结构如图 5-2 所示，由数字传输电路和相应的数字交叉复用设备等组成。其中，数字传输主要以光缆传输电路为主，数字交叉连接复用设备对数字电路进行半固定交叉连接和子速率的复用。

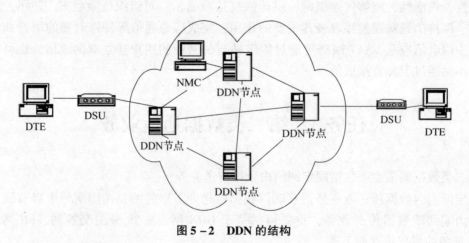

图 5-2 DDN 的结构

DTE：数据终端设备。接入 DDN 的用户端设备可以是局域网，通过路由器连至对端，也可以是一般的异步终端或图像设备，以及传真机、电传机、电话机等。DTE 和 DTE 之间是全透明传输。

DSU：数据业务单元。可以是调制解调器或基带传输设备，以及时分复用、语音/数字复用等设备。

DTE 和 DSU 主要功能是业务的接入和接出。

NMC：网管中心，可以方便地进行网络结构和业务的配置。实时地监视网络运行情况，进行网络信息、网络节点告警、线路利用情况等收集、统计报告。

我国 DDN 按地理区域可划分为国家骨干网、省 DDN 和本地网，如图 5-3 所示。国家骨干网由设置在各省、自治区和直辖市的网络设备组成，提供省间的长途 DDN 业务，网络设备设在省中心城市。省 DDN 由设置在各省、自治区内的网络设备组成，提供本省内长途和出入省的 DDN 业务，网络设备一般装在各地市中心。本地网是 DDN 的末端网络，它为本地客户提供本地和长途的 DDN 业务，网络设备装在市话局内，本地网是 DDN 经营部门与客户之间的纽带。

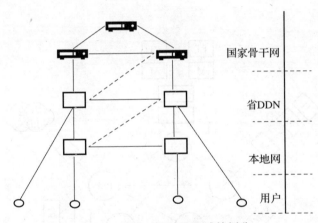

图 5-3　DDN 按地理区域的划分

3. DDN 业务与应用

（1）DDN 支持的业务

DDN 业务向客户提供多种速率的数字数据专线服务，能够提供 2.4 kbit/s、4.8 kbit/s、9.6 kbit/s、19.2 kbit/s，$N \times 64$（$N = 1 \sim 31$）kbit/s 及 2 048 kbit/s 速率的全透亮的专用电路，在某些限定情形下，还能够提供其他速率，例如：8 kbit/s、16 kbit/s、32 kbit/s、48 kbit/s、56 kbit/s 等。

（2）DDN 的应用

①DDN 在金融领域的应用。通过 DDN 将银行的自动提款机（ATM）连接到银行系统大型计算机主机。银行一般租用 64 kbit/s DDN 线路把各个营业点的 ATM 进行全市乃至全国联网。在用户提款时，对用户的身份验证、提取款额、余额查询等工作都是由银行主机来完成的。这样就形成一个可靠、高效的信息传输网络。

②DDN 在外贸行业中的应用。DDN 作为计算机数据通信联网传输的基础，提供点对点、一点对多点的大容量信息传送通道。如利用全国 DDN 组成的海关、外贸系统网络。各

省的海关、外贸中心首先通过省级 DDN, 出长途中继, 到达国家 DDN 骨干核心节点。由国家网管中心按照各地所需通达的目的地分配路由, 建立一个灵活的全国性海关外贸数据信息传输网络。并可通过国际出口局, 与海外公司互通信息, 足不出户就可进行外贸交易。

二、X.25 专线业务

1. 什么是分组交换网

分组交换网（PSPDN）采用存储—转发方式, 将用户送来的报文分成具有一定长度的数据段, 并在每个数据段上加上控制信息, 构成一个带有地址的分组组合群体, 在网上传输。由于分组交换网是以 CCITT X.25 建议为基础的, 所以又称为 X.25 分组交换网。

X.25 分组交换网包括包交换节点机（PSE）、主机（H）、分组数据终端（PT）、网络控制中心（NMC）、调制解调器（modem）、复用设备（MUX）、非分组数据终端（NPT）以及与其他数据网连接的网间接口设备等, 如图 5-4 所示。非分组数据终端通过包装拆设备（PAD）经打包分组后进入网络。远程数据终端若是经过模拟线路入网, 则需要经 MODEM 调制和解调。

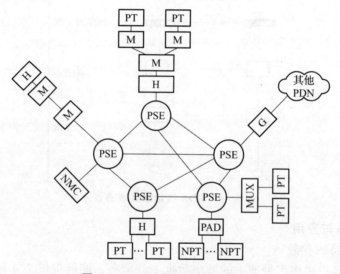

图 5-4　X.25 分组交换网的组成

2. 分组交换网业务

X.25 分组交换网为用户提供三种基本的通信连接服务: 永久虚电路（PVC）、交换虚电路（SVC）和数据报业务, 如图 5-5 所示。永久虚电路为用户提供固定的逻辑信道连接, 犹如专线一样, 适合用户远程的指定连接。交换虚电路为每次呼叫分配一条逻辑通道, 呼叫结束后予以拆除。它们均可保证用户数据按顺序在一条逻辑信道上传送。数据报业务不需要建立虚电路, 每个分组节点处进行路由选择, 在接收端需要重新排序。应该注意的是, 1984 年以后的 X.25 建议已不支持数据报业务了。

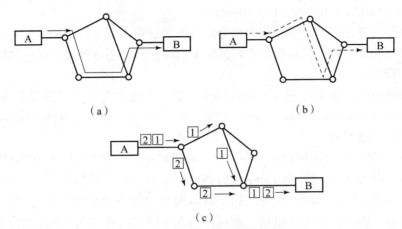

图 5-5　X.25 三种基本通信业务
(a) 永久性虚电路；(b) 交换性虚电路；(c) 数据报业务

X.25 分组交换网数据传输速率在 2 400 bit/s 至 64 kbit/s，网络的分组平均延迟达 1 s 左右，其目的是在 PSTN 的基础上提供面向连接的分组数据通信服务。但是到了 20 世纪 90 年代，由于通信主干路已大量使用光纤技术，数据传输质量大大提高使得误码率降低了好几个数量级，而 X.25 分组交换网复杂的协议已成为多余，且与互联网当初的设计思想不符合，X.25 分组交换网退出了历史舞台。

三、FR 专线业务

帧中继（frame relay，FR）是传输线路数字化和用户终端智能化的趋势下，由 X.25 分组交换技术发展起来的一种传输技术。它在用户-网络接口之间提供用户信息流的双向传送，并保持顺序不变。

1. 帧中继的特点

①传输速率高。FR 数据传送速率可与高质量的专线线路相比。使用复用技术时，其传输速率可高达 44.6 Mbit/s。

②误码率低。使用光纤作为传输介质，因此误码率极低，能实现近似无差错传输。

③网络时延低。FR 虽然和分组交换类似，但是以帧的方式进行数据传输，而且在传输的中间节点对数据不进行误码纠错、校验等，只是简单地将检测到的错误帧丢弃，大幅降低了网络时延。

④线路利用率高。在一条物理连接上能够提供众多的逻辑连接（永久虚电路和交换虚电路），多个用户同时使用，从而大大提高线路及带宽的利用率。

2. FR 业务

FR 业务是以帧为单位在网络上传输数据，并将流量操纵、纠错等功能，全部交由智能终端设备处理的一种新型承载业务。主要应用在广域网（WAN）中，支持多种数据型业务。

FR 提供的业务包括：永久虚电路（PVC）业务和交换虚电路（SVC）业务，并支持虚拟专用网等应用。可向用户开放的物理端口速率：$N \times 64$ kbit/s（$N = 1 \sim 32$）。可向用户开放的信息速率（CIR）：4 kbit/s~1.5 Mbit/s。

永久虚电路业务（PVC）是指在两个分组用户间提供固定专线通路的业务。

交换虚电路业务（SVC）是指按主叫的要求临时在两个用户间建立虚电路的业务。

3. FR 的应用

中国公用帧中继宽带业务网（CHINAFRN）是中国电信投资建设并经营管理的，以异步传输模式（asynchronous transfer mode，ATM）及 FR 技术为基础，向社会提供高速数据传送服务的全国性数据网络。

利用 CHINAFRN 进行局域网互连是 FR 业务最典型的一种应用。CHINAFRN 在网络空闲时，允许用户以超过自己申请的速率进行传送。这对于经常传递大量突发性数据的局域网用户，其费用非常经济合理。此外，我国许多用户的网络是星型网络，总部和分支机构分布于全国各地，如果利用专线组网，则需要 $(N-1)/2$（N 为分支机构数）条电路，投资较高。如果利用 CHINAFRN 提供的永久虚电路（PVC）业务，在总部只需要一条物理接入电路，大大地节省用户投资和设备维护工作。

四、ATM 专线业务

1. 什么是 ATM

ITU-T 在 I.113 建议中定义为："ATM 是一种传递模式，在这一模式中，信息被组成信元（cell），因包含一段信息的信元不需要周期性地出现，这种传递模式是异步的。"

"信元"是 ATM 所特有的分组，语音、数据、视像等所有的数字信息被分成长度一定的数据块。ATM 信元共有 53 个字节，分为两个部分：前 5 个字节为信头，用于表示信元的逻辑地址、优先级等控制信息；后 48 个字节为信息段，用来装载来自不同用户、不同业务的信息。任何业务的信息经过切割、封装成统一格式的信元。

2. ATM 的业务类型

ATM 网络中传送的信息分为下面几种类型：CBR（恒定比特率）、VBR（可变比特率）、ABR（可用比特率）、UBR（未指定比特率）及 GFR（保证帧速率）。

①恒定比特率（constant bit rate，CBR）业务。CBR 以固定比特率传送信息，用于要求带宽固定、时延小和时延变化小的实时业务。即使目前没有业务发起，该通道也将保留而不会被别人使用。政府、高端企业的特定应用会使用 CBR 业务，如电视电话业务。

②可变比特率（variable bit rate，VBR）业务。VBR 以可变比特率传送信息，VBR 又分为实时 VBR（rt-VBR）和非实时 VBR（nrt-VBR）。rt-VBR 业务适应于突发性业务，但有严格的时延要求。具体应用有分组化语音业务和某些类型的多媒体检索系统。nrt-VBR 适用于对时延没有过高要求且具有突发性特点的业务，具体应用有企业级 LAN 业务、订票系统和银行交易系统。

③未指定比特率（unspecified bit rate，UBR）业务。UBR 业务不保证业务的可用带宽。用户只能使用未被占用的带宽，数据的传输建立在"尽力传送"的基础上。该业务仅适用于非时间敏感型的数据应用。具体的应用实例有电子邮件、远程终端和文件传送。

④可用比特率（available bit rate，ABR）业务。ABR 业务利用流控制机制调节流量提交的比特率。业务传输只能在网络反馈所限定的速率上进行。ABR 和 UBR 的区别是当虚电路上发生阻塞时，可用比特率业务降低传输速率，而 UBR 业务将被网络通道上发生阻塞的交换节点丢弃。具体的应用实例包括 LAN 仿真和 LAN 互联业务。

⑤保证帧速率（guaranteed frame rate，GFR）业务。GFR 是 ATM 论坛在 af－tm－0121 中提出的新的 ATM 业务类型。GFR 业务支持非实时业务应用，它是为需要最小速率保证并能动态访问附加带宽的应用而设计的。

ATM 技术曾经在全球范围内有比较广泛的应用。在 20 世纪末，ATM 技术称为 B－ISND 的技术基础，专家们梦想 ATM 成为未来数据网络的核心。但是随着 IP 技术的开放性和简易性受到用户的追捧，ATM 技术已经逐渐从人们的视野中消失了。

3. ATM 业务应用

ATM 网承载的是宽带综合业务，包括电话业务、数据业务、图像业务、视频业务等。ATM 既能适应语音信号时延特性，又能适应数据信号的误码特性，也能适应图像信号的时延和误码两种特性。ATM 既支持面向连接业务也支持面向无连接业务。面向连接指先建立端到端的通路后再传送信息（如电话网）。无连接指不需建立端到端的通路就可传送信息（如 LAN、MAN、FDDI 网）。ATM 既能传送低速信号，也能传送高速信号，它具有多种速率接口，目前 ATM 能提供从 2～622 Mbit/s 不同等级速率的接口。

五、VPN

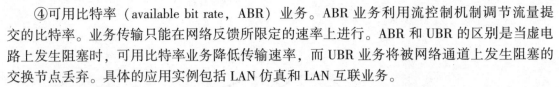

虚拟专用网 VPN

在广域网传输中，信息泄露的安全问题层出不穷，网络中传输的数据有被窃听和篡改的风险。如何在保证企业网络资源的安全的同时，解决企业网络的远程访问问题？在传统的企业网络配置中，要进行远程访问时，方法是租用 DDN 或 FR，这样的通信方案必然导致高昂的网络通信和维护费用。VPN 利用公众数据网络资源为客户构成临时的、安全的、虚拟专用网的一种互联服务。

1. 什么是 VPN

虚拟专用网络（virtual private network，VPN）是在公共网络中建立的专用网络，并且数据通过公共网络中的安全"加密信道"传输，如图 5－6 所示。公用网络包括互联网、帧中继和 ATM 等。虚拟，是指用户不再需要拥有实际的、单独的、专用的数据线路，而是使用公用网络的数据线路。专用网络，是指客户的应用就像在自己私网内一样，安全、可靠和满足自身的各种应用需求。

★通信小知识

【固定网国内数据传送业务】

固定网国内数据传送业务的类型包括虚拟 IP 专线数据传送业务、PVC 数据传送业务、交换虚电路数据传送业务、虚拟专用网（不含 IP－VPN）业务等。因此，固定网国内数据传送业务不包括建立于互联网的虚拟专用网。

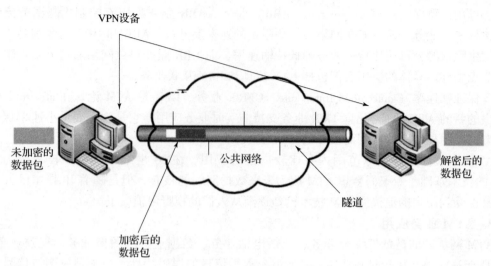

图 5-6 虚拟专用网络（VPN）

2. VPN 的实现

VPN 的实现有很多种方法，常用的有以下四种：

①VPN 服务器：在大型局域网中，可以通过在网络中心搭建 VPN 服务器的方法实现 VPN。

②软件 VPN：可以通过专用的软件实现 VPN。

③硬件 VPN：可以通过专用的硬件实现 VPN。

④集成 VPN：某些硬件设备，如路由器、防火墙等，都含有 VPN 功能，但是拥有 VPN 功能的硬件设备通常比没有这一功能的要贵。

3. VPN 技术

（1）隧道技术

①隧道技术：实现 VPN，最关键部分是在公网上建立虚信道，而建立虚信道是利用隧道技术实现的，第一层隧道即 IP 隧道的建立可以在链路层和网络层。第二层隧道主要是 PPP（点到点协议）连接，如 PPTP（点到点隧道协议），L2TP，其特点是协议简单，易于加密，适合远程拨号用户；第三层隧道是 IPinIP，如 IPSec，其可靠性及扩展性优于第二层隧道，但没有前者简单直接。

②隧道协议：隧道是利用一种协议传输另一种协议的技术，即用隧道协议来实现 VPN 功能。为创建隧道，隧道的客户机和服务器必须使用同样的隧道协议。

PPTP：PPTP 是一种用于让远程用户拨号连接到本地的 ISP，通过互联网安全远程访问公司资源的新型技术。它能将 PPP 帧封装成 IP 数据包，以便能够在基于 IP 的互联网上进行传输。PPTP 使用 TCP（传输控制协议）连接来创建、维护与终止隧道，并使用 GRE（通用路由封装）将 PPP 帧封装成隧道数据。被封装后的 PPP 帧的有效载荷可以被加密或者压缩或者同时被加密与压缩。

L2TP 协议：L2TP 是 PPTP 与 L2F（第二层转发）的一种综合，是由思科公司所推出的一种技术。

IPSec 协议：是一个标准的第三层安全协议，它是在隧道外面再封装，保证了在传输过程中的安全。IPSec 的主要特征在于它可以对所有 IP 级的通信进行加密。

（2）加解密技术

加解密技术是数据通信中一项较成熟的技术，VPN 可直接利用现有技术实现加解密。

（3）密钥管理技术

密钥管理技术的主要任务是如何在公用数据网上安全地传递密钥而不被窃取。

（4）使用者与设备身份认证技术

使用者与设备身份认证技术最常用的是使用者名称与密码或卡片式认证等方式。

4. VPN 的优点

①使用 VPN 可降低成本。通过公用网来建立 VPN，可以节省大量的通信费用，而不必投入大量的人力和物力去安装和维护 WAN（广域网）设备和远程访问设备。采用 VPN 可以达到与租用专线相同的效果，但所花费用要比租用专线低 40%～60%。

②传输数据安全可靠。VPN 产品均采用加密及身份验证等安全技术，保证连接用户的可靠性及传输数据的安全和保密性。

③连接方便灵活。用户如果想与合作伙伴联网，如果没有 VPN，双方的信息技术部门就必须协商如何在双方之间建立 DDN 线路或 FR 线路，有了 VPN 之后，只需双方配置安全连接信息即可，或增加几台设备，扩大服务范围。

④完全控制主动权。VPN 使用者可以利用 ISP 的设施和服务，同时又完全掌握着自己网络的控制权。用户只利用 ISP（互联网服务提供商）提供的网络资源，对于其他的安全设置、网络管理变化可由自己管理。在企业内部也可以自己建立虚拟专用网。

5. VPN 应用案例

鉴于 VPN 的优点使其在企业中广受青睐。针对不同的需求，VPN 还能提供更有针对性的应用场景。

①远程接入 VPN：用于异地办公的员工访问公司内网。

远程接入 VPN 是指总部和所属同一个公司的小型或家庭办公室（small office Home office, SOHO）以及出外员工之间所建立的 VPN，如图 5-7 所示。SOHO 通常以 ISDN 或 DSL 的方式接入公共网络，在其边缘使用路由器与总部的边缘路由器、防火墙之间建立起 VPN。移动用户的电脑中已经事先安装了相应的客户端软件，可以与总部的边缘路由器、防火墙或者专用的 VPN 设备建立 VPN。

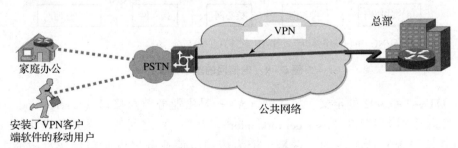

图 5-7 远程接入 VPN

②内联网 VPN：将企业总部和外地分公司通过虚拟专用网络连接在一起。

公司总部和其分支机构、办公室之间建立的 VPN 替代了传统的专线或分组交换 WAN 连接，它们形成了一个企业的内部互联网络（图 5-8）。

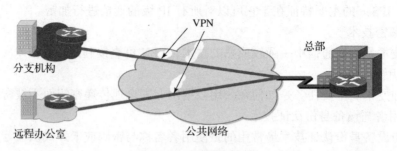

图 5-8　内联网 VPN

任务 4　网络接入设施服务业务

过去电信网主要是以铜线双绞线方式连接用户和交换机，提供以电话为主的业务，用户接入部分的网络形式单一，界线不分明。近年来，由于用户业务规模和业务类型的剧增，需要有一个综合语音、数据及交互式视像的接入网络代替现有的铜线网，接入网概念由此而产生。

一、接入网定义

从整个电信网的角度，可以将全网划分为公用电信网和用户驻地网（customer premises network，CPN）两部分，其中 CPN 属用户所有，故电信网通常指公用电信网部分。公用电信网又可划分为三部分：长途网（长途端局以上部分）、中继网（即长途端局与市话局之间以及市话局之间的部分）和接入网（即端局至用户之间的部分）。目前国际上常将长途网和中继网合在一起称为核心网（core network，CN），其他部分则统称为接入网（access network，AN）。接入网主要完成将用户接入到核心网的任务。图 5-9 所示的是电信网的基本组成，从图中可清楚地看出接入网在整个电信网中的位置。

UNI：用户网络接口　　SNI：业务节点接口

图 5-9　电信网的基本组成

按照 ITU-T G.902 的定义，接入网（AN）是由业务节点接口（service node interface，SNI）和相关用户网络接口（user network interface，UNI）之间的一系列传送实体（诸如线路设施和传输设施）所组成的，它是一个为传送电信业务提供所需传送承载能力的实施系统。

根据接入网中的传输媒介的不同，接入网技术可以分为有线接入和无线接入两大类，如图 5-10 所示，必要时有线无线可以组合接入。

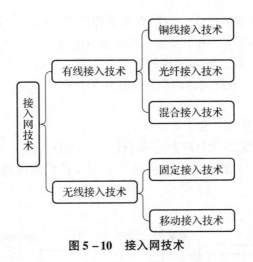

图 5-10 接入网技术

二、有线接入网

有线接入是利用物理传输线路作为接入网的传输手段，实现用户的业务接入。根据使用传输媒介的不同，有线接入网又可以分为铜线接入网、光纤接入网和混合接入网。

1. 铜线接入网

在铜线接入技术中，最具代表性的是 xDSL 技术，包括 ADSL、VDSL、HDSL 等，其中以 ADSL 的应用最为广泛。

（1）什么是 ADSL

非对称数字用户线（asymmetrical digital subscribe line，ADSL）是运行在原有普通电话线上的一种新的高速宽带技术，它利用现有的双绞铜线（即普通电话线），为用户提供上、下行非对称的传输速率（带宽）。非对称主要体现在上行速率和下行速率的非对称性上。上行（从用户到网络）为低速的传输，可达 1 Mbit/s；下行（从网络到用户）为高速传输，可达 6~12 Mbit/s。

（2）ADSL 的特点

①独享带宽，上网速度不会因用户数据增多而受影响；

②安装简单，不用重新布线；

③ADSL 提供灵活的接入方式（专线方式和虚拟拨号方式），满足不同用户的需求。

（3）ADSL 的接入方式

ADSL 目前可提供虚拟拨号接入和专线接入两种接入方式。使用该业务时专线接入用户直接开机即可上网，虚拟拨号用户则要通过拨号软件，即要在电脑上运行一个专用客户端软件，当通过身份验证时，即可上网。

2. 光纤接入网

在光纤接入技术里，最具代表性的是无源光纤网络（PON）技术，包括 EPON、APON 等，PON 由 OLT、ODN 和 ONU（ONT）等组成，OLT 和 ONU 之间没有任何有源的电子设备，可以组成点到多点的光纤接入网络。随着 FTTB、FTTC、FTTZ 等的发展，PON 就成为 FTTx 最为理想的接入方式。

目前无源光纤接入网发展很快,组网方式多种多样。PON 主要采用无源光功率分配器(耦合器)将信息送至各用户。由于采用了光功率分配器,使功率降低,因此,较适合短距离使用。若需传输较长距离,可采用掺铒光纤放大器(erbium doped optical fiber amplifier,EDFA)来增加功率。无源光纤网络的应用构成视用户需求而定,下面举两个典型例子来说明 PON 组网的实际应用。

(1) PON-FTTC 的组网应用

PON-OLT 可以通过无源光分路器与多个 PON-ONU 连接,每个 PON-ONU 放置在一个用户群(4~120 个用户)附近,PON-ONU 利用双绞线连接到各用户家中,如图 5-11 所示。

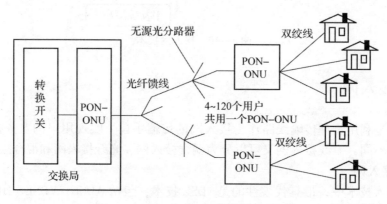

图 5-11　PON-FTTC 结构组网形式

(2) PON-FTTH 的组网应用

如图 5-12 所示是利用 PON 的另一种应用形式(FTTH 组网形式)。FTTH-0512 光纤接入系统可提供电话业务、数据业务、CATV 业务及其他宽带业务。该系统主要由中心局接口单元(central office interface unit, COIU)、光网络单元(ONU)、无源光纤网络(PON)及 OAM 系统等部分组成。其中 COIU 是 FTTH-0512 系统与交换机的接口设备,ONU 是 FTTH-0512 系统与用户的接口设备;PON 是 COIU 和 ONU 之间的光分配网络;OAM 系统负责日常维护、测试与管理。

FTTH-0512 系统的组网方式有两种,即点对点组网方式和点对多点组网方式。图 5-12(a)给出了点对点的组网方式。COIU 通过一对光纤(有可能在分线点串入一个 PON)与远端 8 个(加 PON 时为 9 个)集中放置的 ONU 连接,共可提供 512 个用户端口。此时的 9 个 ONU 中只有一个 ONU 提供光接口,其余的均为电接口互连。图 5-12(b)给出了一点对多点的方式。COIU 通过一对光纤和 PON 与 9 个分散安装的 ONU 连接。它的组网方式比较灵活,它可在 2~8 个地点按需要组合分配。如果某点需配置 2 个以上的 ONU 时,可以只选配一个带光接口的 ONU,以节省投资。

3. 混合接入网

在混合接入技术中,最具代表性的是 HFC(光纤同轴混合接入网)和以太网的接入,HFC 是光纤、同轴电缆混合的一种接入技术,主要用于 CATV(有线电视)系统。以太网是光纤、五类线混合的一种接入技术,主要用于办公、家庭的宽带接入。

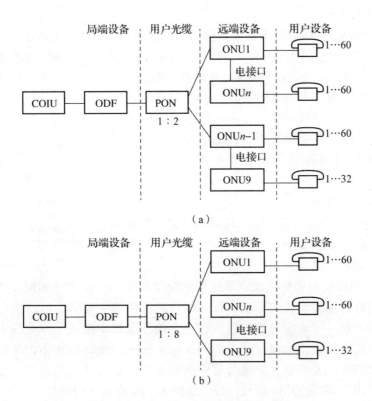

图 5-12 PON-FTTH 结构组网形式
(a) 点对点（接 PON）组网方式；(b) 点对多点组网方式

(1) HFC

光纤同轴混合接入网（hybrid fiber-coaxial，HFC）是 AT&T 公司于 1994 年提出来的接入方式。其背景是电信市场即将开放，电信公司和广播公司都试图向对方行业渗透。广播公司希望在传统的 CATV 网络上提供传输数据、语音，以及视频点播业务等，于是人们开始研究通过改造 CATV 提供数字化传输业务高速接入技术。

早期的有线电视（cable TV，CATV）系统是以同轴电缆为通信介质的单向广播网络，其广播中心是电视节目发生源。由于同轴电缆传输距离较短，使用多级放大器容易造成较大的信号失真，加之断电后放大器以后的用户都不能接收到电视节目，因此只适合作为小范围的 CATV 系统。当覆盖范围较大、用户数较多时，采用全同轴电缆的方案就不太合适了。与同轴电缆相比，当光纤信号传输 7~10 km 时信号功率损失一半，而同轴电缆每传输 180 m 射频信号电平就损失一半，因此使用光纤作为 CATV 传输网的干线介质，可以大大地延长其覆盖范围。但是由于价格因素，目前光纤通常还只在 CATV 的主干部分，就形成了光纤与同轴电缆混合的 CATV 系统。

HFC 通常由光纤干线、同轴电缆支线和用户配线网络三部分组成，从有线电视台出来的节目信号先变成光信号在干线上传输，到用户区域后把光信号转换成电信号，经分配器分配后通过同轴电缆送到用户。它与早期 CATV 同轴电缆网络的不同之处主要在于，在干线上用光纤传输光信号，在前端需完成电-光转换，进入用户区后要完成光-电转换。

（2）以太网接入

以太网（EtherNet）接入技术从局域网技术上发展而来，用于公用电信网的接入解决用户的宽带接入问题，包括标准的以太网（10 Mbit/s）、快速以太网（100 Mbit/s）和 10G（10 Gbit/s）以太网，采用的是 CSMA/CD 访问控制法，符合 IEEE802.3 标准。

IEEE802.3 标准规定了以太网的命名原则：

$$n——信号—物理介质$$

其中：n 表示以兆位每秒为单位的数据率，信号表示基带或宽带类型，物理介质表示介质类型，如图 5-13 所示。

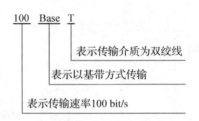

图 5-13 以太网命名原则

① 以太网的传输介质。

a. 同轴电缆：分为粗缆和细缆，具有高带宽和良好的噪声抑制特性。但是线缆太硬，布线、搭接困难，接线可靠性差，用于早期的以太网，现已被淘汰。

b. 双绞线：双绞线由两根绝缘铜导线相互缠绕而成。两根绝缘的铜导线按一定密度互相绞在一起，可降低信号干扰的程度，每一根导线在传输中辐射的电波也会被另一根线上发出的电波抵消。把一对或多对双绞线放在一个绝缘套管中便成了双绞线电缆，在局域网中常使用 4 对双绞线组成以太网电缆，如图 5-14 所示。实际应用中，常使用的网线是非屏蔽双绞线，如图 5-15 所示，绝缘套管中无屏蔽层，该线缆价格低廉，用途广泛。在一些要求高的场景中，可以使用屏蔽双绞线，如图 5-16 所示，绝缘套管中外层由铝箔包裹，以减少辐射，价格相对较高。

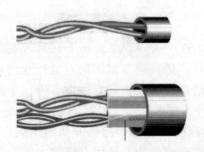

图 5-14 双绞线

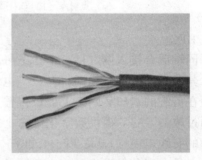

图 5-15 非屏蔽双绞线

c. 光纤：光纤是一种利用光在玻璃或塑料制成的纤维中的全反射原理而达成的光传导工具。微细的光纤封装在塑料护套中，使得它能够弯曲而不至于断裂。光纤分为单模光纤和多模光纤。单模光纤只允许一种模式在光纤中传输，特别适合大容量、长距离的传输。多模光纤中光信号以多个模式方式进行传播，仅适用于较小容量、短距离的传输。与同轴电缆、双绞线相比较，光纤带宽更宽，数据传输速率提高百倍；衰耗更小，传输距离更远；抗恶劣环境能力更强，抗电磁干扰，抗腐蚀；

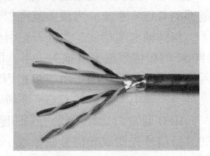

图 5-16 屏蔽双绞线

安全性更高，难以窃听。虽然价格高于同轴电缆和双绞线，但是大量使用光纤是发展方向。

②以太网的接入结构。以太网的接入结构如图 5-17 所示。为了保证接入带宽，一般采用交换机接入用户。靠近用户侧，由双绞线连接，速率一般为 10 Mbit/s 或 100 Mbit/s。接入网由多个交换机联网组成，实现用户到 ISP 之间的数据传输。接入网到 ISP 一般用光纤，速率一般大于 100 Mbit/s。

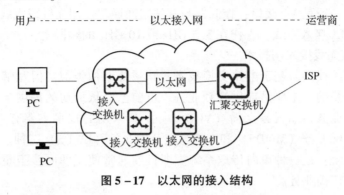

图 5-17 以太网的接入结构

三、无线接入网

无线接入网技术是指利用微波、卫星等传输方式将用户终端接入到业务节点，为用户提供各种业务的通信技术。无线接入网技术分为固定无线接入网技术和移动无线接入网技术两种。其中移动无线接入网就是蜂窝移动电话系统和卫星通信系统，已在模块四作了介绍。移动无线接入网的服务对象是移动终端，即实现移动终端与固定终端或移动终端之间的信息交换。而对于固定位置的用户或仅在小范围内移动的用户群体，则可采用固定无线接入网技术。

固定无线接入网（fixed wireless access network）主要是为固定位置的用户或仅在小范围区域内移动的用户提供无线网通信接入服务的方式。其用户终端包括电话机、传真机或计算机等。

按照向用户提供的传输速率来划分，固定无线接入网技术的实现方式可分为窄带无线接入（小于 64 kbit/s）、中宽带无线接入（64～2 048 kbit/s）和宽带无线接入（大于 2 048 kbit/s）。

(1) 窄带固定无线接入网技术

窄带固定无线接入网以低速电路交换业务为特征。其数据传送速率一般小于或等于 64 kbit/s。使用较多的技术如下：

①微波点对点系统。采用地面微波视距传输系统实现接入网中点到点的信号传送。这种方式主要用于将远端集中器或用户复用器与交换机相连。

②微波点对多点系统。以微波方式作为连接用户终端和交换机的传输手段。目前大多数实用系统采用 TDMA 技术实现一点到多点的连接。

③固定蜂窝系统。由移动蜂窝系统改造而成，去掉了移动蜂窝系统中的移动交换机和用户手机，保留其中的基站设备，并增加固定用户终端。这类系统的用户多采用 TDMA 或 CDMA 以及它们的混合方式接入到基站上，适用于在紧急情况下迅速开通的无线接入业务。

④固定无绳系统。由移动无绳系统改造而成。只需将全向天线改为高增益扇形天线即可。

（2）中宽带固定无线接入网技术

中宽带固定无线系统可以为用户提供64～2 048 kbit/s的无线接入速率，开通ISDN等接入业务，其系统结构与窄带系统类似，由基站控制器、基站和用户单元组成。基站控制器和交换机的接口一般是V5接口，控制器与基站之间通常使用光纤或无线连接。这类系统的用户多采用TDMA接入方式，工作在3.5 GHz或10 GHz的频段上。

（3）宽带固定无线接入网技术

窄带和中宽带无线接入基于电路交换技术，其系统结构类似。但宽带固定无线接入网系统是基于分组交换的，主要是提供视频业务。目前已经从最初的提供单向广播式业务发展到提供双向视频业务，如视频点播（VOD）等。其采用的技术主要有直播卫星（DBS）系统、多路多点分配业务（MMDS）和本地多点分配业务（LWDS）三种。

①直播卫星系统：是一种单向传送系统。即目前通常使用的同步卫星广播系统。主要传送单向模拟电视广播业务。

②多路多点分配业务：是一种单向传送技术。需要通过另一条分离的通道（如电话线路）实现与前端的通信。

③本地多点分配业务：是一种双向传送技术。支持广播电视、VOD、数据和语音等业务。

四、网络接入设施服务业务

网络接入设施服务业务是指以有线或无线方式提供的、与网络业务节点接口或用户网络接口相连接的接入设施服务业务。网络接入设施服务业务包括无线接入设施服务业务、有线接入设施服务业务、用户驻地网业务。

1. 无线接入设施服务业务

无线接入设施服务业务是以无线方式提供的网络接入设施服务业务，在此特指为终端用户提供的无线接入设施服务业务。无线接入设施服务的网络位置为SNI到UNI之间部分，传输媒质全部或部分采用空中传播的无线方式，用户终端不含移动性或只含有限的移动性，没有越区切换功能。

无线接入设施服务业务的经营者应建设位于SNI到UNI之间的无线接入网络设施，可以开展无线接入网络设施的网络元素出租或出售业务。

2. 有线接入设施服务业务

有线接入设施服务业务是以有线方式提供的网络接入设施服务业务。有线接入设施服务的网络位置为SNI到UNI之间部分。业务节点特指业务控制功能实体，如固定网端局交换机、本地软交换设备、网络接入服务器等。

有线接入设施服务业务的经营者应建设位于SNI到UNI之间的有线接入网络设施，可以开展有线接入网络设施的网络元素出租或出售业务。

3. 用户驻地网业务

用户驻地网业务是指以有线或无线方式，利用与公用通信网相连的用户驻地网（CPN）

相关网络设施提供的网络接入设施服务业务。

用户驻地网是指 UNI 到用户终端之间的相关网络设施。根据管理需要,用户驻地网在此特指从用户驻地业务集中点到用户终端之间的相关网络设施。用户驻地网可以是一个居民小区,也可以是一栋或相邻的多栋楼宇,但不包括城域范围内的接入网。

用户驻地网业务经营者应建设用户驻地网,并可以开展驻地网内网络元素出租或出售业务。

任务 5　国内通信设施服务业务

国内通信设施是指用于实现国内通信业务所需的地面传输网络和网络元素。国内通信设施服务业务是指建设并出租、出售国内通信设施的业务。

国内通信传输设施主要由光缆、电缆、节点设备、线路设备、微波站、国内卫星地球站等物理资源和带宽(包括通道、电路)、波长等功能资源组成。

国内通信设施服务业务经营者应根据国家有关规定建设上述国内通信设施的部分或全部物理资源和功能资源,并可以开展相应的出租、出售经营活动。

一、电路出租

电路出租业务:是指电信部门把国内公用电信网中的电话、电报电路、数字宽带电路租给用户专用,向客户提供租用的点到点承载通信信号传输的媒介。

1. 电路出租类别

国内长途电路出租业务包括电报电路、电话电路、宽频带电路和数字电路的出租。

①出租的电报电路,工作方式可以是双工、半双工或单工。

②出租的电话电路包括:用于接入电话、传真、数据等终端设备的点对点电路、一端或两端接入用户交换机或其他多用途电路;通话的工作方式可以是 2 线或 4 线制。

③出租的宽带电路及广播节目或电视节目传送电路。

④数字微波、光纤和卫星等通信数字电路。

2. 数字电路业务介绍

数字电路业务是一种直接在传输网上进行数字信号传送的业务。

数字传输专线是利用数字传输网为用户提供 2 Mbit/s 及以上速率的数字专用电路,以满足客户多媒体通信和组建高速计算机通信网的需要,也可以满足用户不同办公地点的数据传输需要和组网需求。

数字电路租用业务可组建点到点、点到多点及点到网的语音、数据及图像传输网络,如图 5-18 所示。

3. 数字电路租用业务优势

①传输效率高、抗干扰能力强、质量好、网络时延小。

②骨干传输网络具有电路交叉连接功能,可进行灵活的电路调配。

③拥有完善网络管理监控性能和各种网络保护机制,具有很高的安全可靠性。

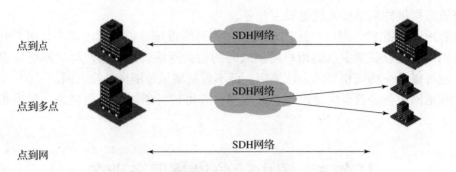

图 5-18 数字电路业务组建的传输网络结构

④带宽独享、传输效率高、抗干扰能力强、保密性能好。

4. 数字电路租用业务应用

SDH 专线应用 1：组网方案，如图 5-19 所示。

①客户需求：客户有两个或更多不同的办公地点，例如总部与分公司，行政中心与生产中心等。为实现不同办公地点之间的语音、数据等内容的访问与共享，需要在各个办公地点之间建立网络连接。

②客户特点：大中型企业（一般对资费敏感度低于对产品功能的敏感度）；对不同办公地点之间的数据传输量大（2 Mbit/s 速率以上）；要求数据传输实时性强；对传输的安全性要求较高（排除虚拟专线）。

③典型行业示例：跨国企业、银行、证券、教育、网站等需要做高速业务传送的行业。

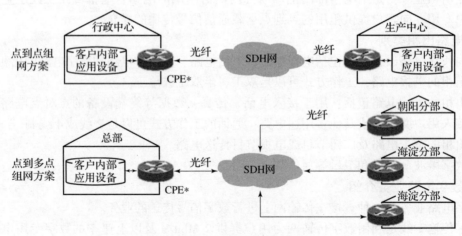

图 5-19 SDH 组网应用案例 1

SDH 专线应用 2：组网 + 备份方案，如图 5-20 所示。

①客户需求：客户在存在数据传输需求的同时，对数据传输安全性有额外的要求。不希望数据传输有任何程度的中断和影响。

②客户特点：数据传输是客户业务的重要组成部分，任何程度的数据传输中断都会严重影响客户的主营业务。

③典型行业示例：互联网站（网民对网站的数据访问是网站存在的根本）、银行和证券等金融企业（业务完全依赖于金融信息的传递）、跨区域经营企业。

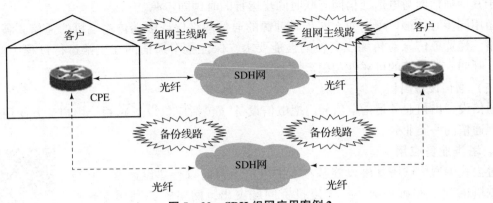

图 5–20　SDH 组网应用案例 2

二、网元出租

网元出租业务：是采用有偿租用的方式向客户提供各种电信网络元素出租业务的服务，以满足其自身组网及传送信息的需要。

1. 业务类别

目前，电信运营商提供的网元出租业务主要有管道出租、光纤出租、同步时钟、机房出租、通信设备出租、杆路出租、国际基础设施、国际运营商设备托管等。

（1）管道出租

管道出租是中国电信自建或合建的通信管道出租给承租方布放通信缆线的一种业务。

管道出租适用对象：

①获国家经营许可证的电信运营服务企业；

②用于其他电信运营企业与中国电信互联工程建设；

③非经营性使用的党政军机构和企事业单位。

（2）光纤出租

光纤出租是指电信运营商在已敷设完工可以使用的通信光缆中，将其中的光纤以芯数为单位出租给承租方，承租方可以利用光纤组成不同容量的通信传输系统，一般以 2 芯为一对出租。

①光纤出租的特点：高带宽、抗干扰、保密性强、安全可靠。

②光纤出租的对象：

具有国家经营许可证的电信运营服务企业；

用于其他电信运营企业与电信运营商互联工程建设；

非经营性使用的党政军机构和企事业单位。

（3）波长出租

这里所指的波长是在光纤上利用波分复用设备分出的子波长，可向用户提供 2.5 Gbit/s 至 10 Gbit/s 速率的传输通道，以提高光纤的利用率。

（4）同步时钟端口出租

同步时钟端口出租业务是指用户租用数字同步网的时钟端口并获取同步时钟信息。主要用于其他通信网与电信通信网互联时同步运行的时钟同步源。

租用同步时钟端口可以使无同步时钟源的通信网络保证多端传输端机的通信，满足电信网络传递业务信息对传输、交换的性能要求，保证整个通信网在正常运行过程中接续、交换、呼叫、计费等的可靠性和稳定性。

（5）通信设备出租

通信设备出租业务是指电信部门把电信设备（包括应急设备）租给用户，方便用户迅速实现通信的一类业务。

2. 塔类业务应用

过去我国通信铁塔基础设施基本上由电信运营商自行建设运营，自行承担铁塔的建设和维护成本，重复投资问题突出，网络资源利用率普遍偏低。

塔类业务应用

2014 年，中国移动通信有限公司、中国联合网络通信有限公司和中国电信股份有限公司共同出资成立了中国通信设施服务股份有限公司，并更名为中国铁塔股份有限公司（简称铁塔公司）。铁塔公司的经营范围主要是基站铁塔的建设、维护和运营。

（1）宏基站业务

针对电信运营商的移动通信广泛覆盖中国各地的需求，基于遍布全国的铁塔站址开展宏基站业务，将铁塔站址中铁塔和机房或机柜提供给电信运营商，分别安装其天线及其他宏站设备，同时提供配套设备与多种服务保障设施以及电力的正常运作，确保宏基站设备持续运行。

主要宏基站类型有普通地面塔、景观塔、简易塔、普通楼面塔、楼面抱杆等，如图 5-21 所示。

图 5-21 主要宏基站类型

（2）微基站业务

帮助电信运营商的移动通信网络补充覆盖城市中人口与建筑物密集的区域与城市外的特定区域，提供铁塔站址空间安装通信运营商的微基站设备，并开展微基站业务，与中国多个大型企业、社区以及其他主体合作，获取人流量较高的地区的路灯杆、监控杆、电力杆、公交站牌、桥梁两侧、居民区楼顶及建筑物墙面作为站址，并在杆塔上、公交站牌中或建筑物墙面预留微基站设备的安装空间。提供配套设备与多种服务保障基础设施和电力的正常运作，以支持运营商的微基站设备持续运行。

主要微基站类型有：杆塔微基站、抱杆微基站、社会共享微基站等，如图 5-22 所示。

图 5-22　杆塔微基站、抱杆微基站、社会共享微基站

（3）室分业务

面对电信运营商的移动通信网络深入覆盖楼宇和隧道的需求，承接商务楼宇、大型场馆、地铁隧道、高铁隧道与高速公路的室内分布建设项目，并开展室内分布业务，向电信运营商提供室内分布站址，将其通信设备连接至铁塔公司的室内分布式天线系统，帮助其接收和发送室内分布移动通信信号，并使移动通信信号覆盖建筑物及隧道内，提供配套设备、维护服务与电力服务保障室内分布式天线系统和电力的正常运作，以支持客户的通信设备持续运行。

（4）综合解决方案

为解决城市居民区与楼宇群的移动通信网络流量需求大且因建筑物密度大、墙壁厚及隔断多的因素导致室内外信号覆盖不均的问题，运用室内分布式天线系统和多样微基站安装方式，使电信运营商的微基站设备与室内分布通信设备能够补充并配合铁塔站址中的宏基站设备，通过实地勘察，结合现有资源，通过灵活组网方式，提供移动覆盖综合解决方案，以较低成本满足电信运营商对目标物业分层次的移动通信网络覆盖需求，以及对特殊场景的网络覆盖需求。

网络托管业务是指受用户委托，代管用户自有或租用的国内网络、网络元素或设备，包括为用户提供设备放置、网络管理、运行和维护服务，以及为用户提供互联互通和其他网络应用的管理和维护服务。注：网络托管业务比照增值电信业务管理。开展这些业务则需要办理网络托管许可证。通信铁塔、通信光电缆、基站电源、企业服务器等设备的维护都是属于网络托管业务的。

 实践活动

【活动背景】

模块 5 实践活动

客户解决方案（customer solutions）是立足于客户的具体需求，以整合各种电信产品和服务为手段，为客户设计的能全面解决现实的和潜在的各种通信需求的方案。客户解决方案分为三类：行业级客户解决方案、企业级客户解决方案、公众级客户解决方案，分别针对行业化特色明显的中小企事业单位、重点的大型企业集团、处于离散状态的个人或家庭进行针对性营销。

公众级客户解决方案（以下简称公众解决方案）是针对处于离散状态的个人或家庭提供的通信解决方案，一般采用标准化的解决方案，即在公众客户细分的基础上将公众客户的通信需求归类，总结归纳为若干种典型的应用组合模式，再通过客户品牌或优惠套餐的形式进行营销。

随着公众客户消费意识的提高，公众客户对电信企业的服务提出了新的要求。电信企业制定公众客户的产品组合策略，即细分公众客户，给不同层次的公众客户提供一系列的组合产品或是捆绑产品，来满足公众客户的通信需求。

【活动准备】

①为了适应电信市场的服务环境，提供更具有竞争力的产品策略，电信企业需要对公众客户进一步市场细分，才能进一步发现差异化的服务需求，电信企业的产品组合策略才能适销对路，才能为企业创造效益，在未来的市场竞争中站稳脚跟。

公众客户的市场细分可以从多个维度进行，请你分析一下通信运营商的客户是如何进行细分的。

②电信公众客户的产品组合策略，是指电信企业在对公众客户市场细分后，从公众客户群的电信需求特点和电信消费规律出发，按照发挥相关产品及其元素之间的协同效应的原则，运用科学的营销方案设计方法，将同一电信产品的不同构成元素进行组合，或将两种以上的不同电信产品进行组合，或将电信产品与电信服务进行组合，或将电信产品与非电信产品进行组合，形成不同的营销方案，满足不同细分市场的公众客户群的需求，最终达到提升公众客户价值和提高电信企业效益的目的。

一般，电信企业产品组合策略的形式有两种，即产品包装和产品捆绑。

a. _____，是指以一种产品为核心（如长途电话），通过资费和服务的包装来满足不同细分客户群的需要。

b. _____，是指以几种不同产品的组合为核心（如数据、语音、固定电话等）来满足客户多方位的电信需求，并同时降低运营商的营销成本的策略。

请思考，以上两种策略，哪一种更易于在短期内实施？哪一种可以更贴合细分客户群，实现长远效益？

【活动内容】

中国移动设计了"全球通""动感地带"和"神州行"客户品牌为标识的客户解决方案。20世纪90年代初，中国移动开发出"全球通"产品进行推广；2000年，中国移动打造了"神州行"品牌；2003年中国移动推出了"动感地带"品牌。

①请分析中国移动"全球通"的套餐内容，判断该品牌是针对的哪类细分公众市场，满足了此类细分公众市场的哪些需求。

②请分析中国移动"动感地带"的套餐内容，判断该品牌是针对的哪类细分公众市场，满足了此类细分公众市场的哪些需求。

③请分析中国移动"神州行"的套餐内容,判断该品牌是针对的哪类细分公众市场,满足了此类细分公众市场的哪些需求。

④这三大品牌产品是属于电信企业产品组合策略中的哪一种呢?具体是如何进行组合的呢?

⑤2019年11月14日至16日,中国移动携手数百家国内外合作伙伴,在中国广州保利世贸博览馆,召开了第七届中国移动全球合作伙伴大会,会上宣布:"全球通""动感地带""神州行"三大品牌全新升级。请查阅相关资料,分析一下中国移动为何要重启三大品牌,重启后的三大品牌有何新突破。

过关训练

一、填空题

1. 第二类基础电信业务包括集群通信业务、无线寻呼业务、_____、第二类数据通信业务、_____、_____和网络托管业务。

2. 集群通信系统包括_____和_____。

3. 第二类卫星通信业务包括:_____、_____、国内甚小口径终端地球站(VSAT)通信业务。

4. 第二类数据通信业务包括_____。

5. 固定网国内数据传送业务是指_____以外的,在固定网中以有线方式提供的国内端到端数据传送业务。主要包括基于_____、ATM网、_____、_____、帧中继网络的数据传送业务等。

6. 现代通信网中广泛使用的交换方式有两种:_____和_____。

7. 从整个电信网的角度,可以将全网划分为_____和用户驻地网(customer premises network,CPN)两部分,其中_____属用户所有,故电信网通常指公用电信网部分。

8. 根据接入网中的传输媒介的不同,接入网技术可以分为_____和_____。

9. 根据使用传输媒介的不同,有线接入网又可以分为_____、_____和混合接入网。

10. 在混合接入技术中,最具代表性的是_____和_____的接入,HFC是_____、_____混合的一种接入技术,主要用于CATV系统。

11. 网络接入设施服务业务包括_____、_____、用户驻地网业务。

12. 国内通信设施是指用于实现国内通信业务所需的地面传输网络和网络元素。国内通信设施服务业务是指_____并出租、_____国内通信设施的业务。

二、简答题

1. 简述集群通信与蜂窝移动通信的区别。
2. 简述VSAT系统的组成。
3. 简述数字数据网的优点。
4. 简述接入网技术的分类。
5. 简述网元出租有哪些。

模块5章节测验

模块六

第一类增值电信业务认知及应用

学习目标

*知识目标：
- 了解互联网数据中心业务；
- 了解内容分发网络业务；
- 了解互联网虚拟专用网业务；
- 了解互联网接入服务。

*能力目标：
- 能够应用推广互联网数据中心业务；
- 能够应用推广内容分发网络业务；
- 能够应用推广互联网虚拟专用网业务；
- 能够应用推广互联网接入服务。

*素养目标：
- 具备聚焦电信业务不断创新发展的前瞻视野；
- 具有质量意识、绿色环保意识、安全意识、信息素养和创新思维；
- 具备崇德向善、诚实守信、爱岗敬业、精益求精的职业精神。

学习导图

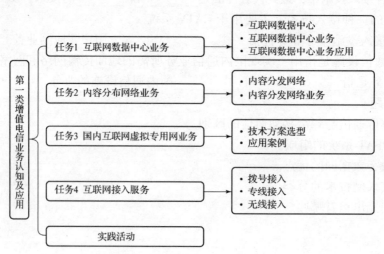

第一类增值电信业务包括互联网数据中心业务、内容分发网络业务、国内互联网虚拟专用网业务和互联网接入服务。

任务 1　互联网数据中心业务

互联网数据中心

一、互联网数据中心

1. 什么是互联网数据中心

互联网数据中心（internet data center，IDC）是一类向用户提供资源出租基本业务和有关附加业务、在线提供 IT 应用平台能力租用服务和应用软件租用服务的数据中心，用户通过使用 IDC 的业务和服务实现用户自身对外的互联网业务和服务。

2. 互联网数据中心的组成

IDC 以电子信息系统机房设施为基础，拥有互联网出口，由机房设施子系统、网络子系统、资源子系统、业务子系统和管理子系统组成，如图 6-1 所示。

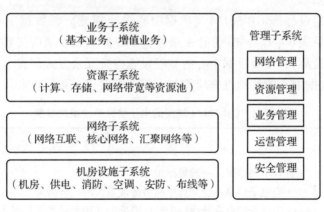

图 6-1　IDC 组成

①机房设施子系统：为 IDC 提供机房、供电、消防、空调、安防、布线等系统。

②网络子系统：为资源子系统和业务子系统提供网络环境。

③资源子系统：为业务子系统提供开展业务运营所需的基础资源包，包括计算资源、存储资源、网络资源、软件应用能力资源等。

④业务子系统：提供 IDC 的基本业务和增值业务。

⑤管理子系统：为 IDC 的运营维护提供必要的管理支撑，包括网络管理、资源管理、业务管理、运营管理、安全管理等。

3. 互联网数据中心的发展演进

目前 IDC 的发展已经历经三个阶段，见表 6-1。

目前国内 IDC 的发展处于第二阶段向第三阶段跨越时期。

表 6-1 IDC 发展演进

发展阶段		阶段特征
第一代 IDC	基础设施出租	立足于基础环境建设和设施搭建。以主机托管、带宽空间出租等传统资源出租为主
第二代 IDC	IT 资源出租	在 IDC 基础设施的基础上以物理主机资源出租为核心，发展各类 IT 基础资源业务。IDC 机房及用户规模化。运营管理自动化、标准化和规范化。CDN、内容下载加速、安全等增值服务占比增加
第三代 IDC	IT 资源服务	以客户为中心，以服务为导向，以云计算技术为核心，在高性能基础架构上提供各类随需应变的整合服务。大规模模块化数据中心设计，重视绿色环保提高能源效率，降低建设及运营成本。服务具备高可用性和高可靠性

4. 互联网数据中心的等级

（1）数据中心分级

我国国家工程建设标准 GB 50174《数据中心设计规范》将数据中心划分为 A、B、C 三个等级，具体详见表 6-2。同时规定 A 级数据中心的基础设施应按容错系统配置（其可靠性和可用性等级最高）；B 级数据中心的基础设施应按冗余方式配置（其可靠性和可用性等级居中）；C 级数据中心的基础设施应按基本需求配置（其可靠性和可用性等级最低）。

表 6-2 GB 50174 规定的电子信息系统机房等级

等级	类型	含义
A 级	容错型	符合下列情况之一的数据中心 ● 当电子信息系统运行中断将造成重大的经济损失 ● 当电子信息系统运行中断将造成公共场所秩序严重混乱
B 级	冗余型	符合下列情况之一的数据中心 ● 当电子信息系统运行中断将造成较大的经济损失 ● 当电子信息系统运行中断将造成公共场所秩序混乱
C 级	基本型	不属于 A 级和 B 级的情况

注：数据中心是为集中放置的电子信息设备提供运行环境的建筑场所，可以是一栋或几栋建筑物，也可以是建筑物的一部分，包括主机房、辅助区、支持区和行政管理区等。

一般情况下银行系统的机房多按 A 级标准设计，政府部门及企业根据客户要求按照 B 级来设计，事业单位及教育部门可根据 C 级设计。

（2）IDC 分级

根据 GB 51195《互联网数据中心工程技术规范》的规定，IDC 机房可分为 R1、R2 和

R3 三个级别，各级应符合的规定如表 6-3 所示。IDC 应根据需要分为不同级别，不同级别在可靠性、绿色节能、安全性、服务质量和服务水平、系统技术要求等方面有所区别。IDC 可根据业务需求设置不同级别的 IDC 机房模块，各级 IDC 机房模块的面积比例应根据业务需求预测确定。

表 6-3 GB 50174 规定的电子信息系统机房等级

等级	含义
R1 级	R1 级的 IDC 机房的机房基础设施和网络系统的主要部分具备一定的冗余能力，机房基础设施和网络系统可支持的 IDC 业务可用性不应小于 99.5%
R2 级	R2 级的 IDC 机房的机房基础设施和网络系统应具备冗余能力，机房基础设施和网络系统可支持的 IDC 业务可用性不应小于 99.9%
R3 级	R3 级的 IDC 机房的机房基础设施和网络系统应具备容错能力，机房基础设施和网络系统可支持的 IDC 业务可用性不应小于 99.99%

在设计 IDC 机房基础设施时，R3 级 IDC 应符合现行国家标准 GB 50174 中的 A 级机房的有关规定；R2 和 R1 级 IDC 应符合 GB 50174 中的 B 级机房的有关规定。

二、互联网数据中心业务

互联网数据中心（IDC）业务是指利用相应的机房设施，以外包出租的方式为用户的服务器等互联网或其他网络相关设备提供放置、代理维护、系统配置及管理服务，以及提供数据库系统或服务器等设备的出租及其存储空间的出租、通信线路和出口带宽的代理租用和其他应用服务。

互联网数据中心业务经营者应提供机房和相应的配套设施，并提供安全保障措施。

互联网数据中心业务也包括互联网资源协作服务业务。互联网资源协作服务业务是指利用架设在数据中心之上的设备和资源，通过互联网或其他网络以随时获取、按需使用、随时扩展、协作共享等方式，为用户提供的数据存储、互联网应用开发环境、互联网应用部署和运行管理等服务。

以国内某电信运营商为例，IDC 业务体系分 IDC 传统业务和 IDC 云计算业务。业务体系如表 6-4 所示。

表 6-4 IDC 业务体系

IDC 传统业务			IDC 云计算业务		
服务类别	基本业务	扩展业务	服务类别	基本云服务	扩展云服务
主机服务	• 主机托管 • 机架出租 • VIP 机房出租	• 主机租赁 • 电力增容	弹性计算	虚拟机租赁	• 虚拟机快照 • 虚拟机自动扩展

续表

IDC 传统业务			IDC 云计算业务		
服务类别	基本业务	扩展业务	服务类别	基本云服务	扩展云服务
存储服务		• 高性能存储 • 数据备份	弹性存储	• 在线云存储 • 弹性块存储	数据云备份
网络服务	• 带宽租赁 • 静态公网 IP	• 负载均衡 • 流量分析	云网络服务	• 带宽租赁 • 弹性公网 IP	• 弹性负载均衡 • 虚拟私有云 • 流量分析
安全服务		• 入侵检测 • 流量清洗 • 网站防篡改 • 安全评估	云安全服务	虚拟防火墙	• 入侵检测 • 流量清洗 • 网站防篡改
IT 维护管理类	服务器代维	• 服务器状态远程监控 • IP-KVM	IT 维护管理类	云监控	
综合及其他服务	工位租赁	• 简单集成与系统实施 • VIP 服务经理 • 域名注册	综合及其他服务		• 软件租赁与自动安装 • 域名注册

IDC 传统业务：是基于 IDC 机房，向用户提供以机房和配套设施租赁为主的传统服务集合。

IDC 云计算业务：是基于 IDC 云计算平台，主要向用户提供以计算存储资源和能力出租为主的云计算服务。

1. IDC 传统业务

（1）主机服务类

主机服务类的 IDC 业务如表 6-5 所示。

表 6-5 主机服务类的 IDC 业务

业务名称	业务定义及业务特征	计费方式
主机托管（基本）	用户将自己的网络设备、服务器托管在 IDC 机房内的业务 • IDC 机房为用户提供 IT 设备所需机柜空间、IP 地址及带宽等资源 • 用户拥有对托管设备的所有权和完全控制权，用户自行安装软件系统并自行维护 IT 设备 • 主机托管服务中的"带宽"是指从用户 IT 设备上联的网络连接带宽，分为共享型和独享型	• 计费单元：机位，如 1U、2U、塔式机位等 • 计费方式：包月计费 • 计费环节：服务开通

续表

业务名称	业务定义及业务特征	计费方式
机架出租（基本）	为用户提供的指定机架整体出租业务 • IDC 为机架中的用户 IT 设备提供所需的电力、制冷、网络带宽、IP 地址等资源 • 用户可以将自己的网络设备、服务器等 IT 设备安装在租用的机架内，并拥有对设备的所有权和完全控制权，用户自行安装软件系统和自行维护设备 • 机架出租业务中的"带宽"是指用户承租机架上联的网络连接带宽，分为共享型和独享型	• 计费单元：定义好服务器机位数量的机架，一般为整体机架，如一个 42U 机架 • 计费方式：包月计费 • 计费环节：服务开通
VIP 机房出租（基本）	为用户提供可放置 IT 设备的封闭或半封闭机房空间的服务 • IDC 为机架中的用户 IT 设备提供所需的电力、制冷、网络带宽、IP 地址等资源 • 用户可自行安装机架，将自己的网络设备、服务器等 IT 设备安装在租用的机房空间内，并拥有对设备的所有权和完全控制权，用户自行安装软件系统和自行维护设备 • IDC 可为 VIP 机房提供共用的互联网出口带宽，也可以提供专线互联网出口带宽	• 计费单元：机房面积 • 计费方式：包月计费 • 计费环节：服务开通
主机租赁（扩展）	由 IDC 采购安装服务器设备，并配备 IP 地址以及宽带资源，出租给 IDC 用户使用的业务 • IDC 承担租赁主机的硬件维修、保养等服务 • 客户拥有对租赁设备的使用权和完全控制权，可自行安装和维护软件系统 • 主机租赁业务中的"带宽"是指从用户租赁主机上联的网络连接带宽，分为共享型和独享型	• 计费单元：服务器，可定义多种规格 • 计费方式：包月计费 • 计费环节：服务开通 • 其他计费因素：服务器硬件升级
电力增容（扩展）	为用户的主机或机柜提供操作标准配置（具体标准由各机房根据实际情况确定）电力增容，以满足用户 IT 系统的电力容量特殊需求 • 未申请电力增容业务的用户，其主机或机柜的功率超过标准配置时，将可能导致自动跳闸切断电源，用户申请开通电力增容业务后，其主机或机柜最大可达到标准加上增容的功率配置 • 用户申请开通电力增容业务后，只对超出标准配置之上的增容功率部分进行计算	• 计费单元：超出正常配额功率外的增容功率，单位瓦 • 计费方式：包月计费 • 计费环节：服务开通

(2）存储服务类

存储服务类的 IDC 业务如表 6-6 所示。

表 6-6　存储服务类 IDC 业务

业务名称	业务定义及业务特征	计费方式
高性能存储（扩展）	采用共享存储架构为用户位于 IDC 的应用服务器提供企业级高性能、高可靠性存储资源 • 用户可以申请不同容量规格的存储资源 • 存储空间可按需扩展 • 存储资源以块设备的方式向用户提供 • 用户只需使用存储空间，IDC 负责存储设备的管理和维护	• 计费单元：申请的存储容量，如每 MB 或 GB • 计费方式：包月计费 • 计费环节：服务开通
数据备份（扩展）	为用户提供高可靠的数据备份服务，对用户托管在 IDC 的业务数据进行实时或定期的备份，并在用户托管在 IDC 的生产系统数据不可用时提供快速的数据恢复，保障企业数据的安全 • 用户可以申请不同容量规格的备份存储空间 • 用户可设定备份策略，备份系统自动实现对用户数据的备份保护 • 用户可使用备份系统对用户系统数据进行恢复 • 备份对象可以是保存在高性能存储服务设备中的用户数据，或是托管 IDC 的 IT 设备中的用户数据 • 用户只需使用数据备份业务，数据备份业务设备的安装、管理和维护工作由 IDC 承担	• 计费单元：申请的存储容量，如每 MB 或 GB • 计费方式：包月计费 • 计费环节：服务开通

（3）网络服务类

网络服务类 IDC 业务如表 6-7 所示。

表 6-7　网络服务类 IDC 业务

业务名称	业务定义及业务特征	计费方式
带宽租赁（基本）	• 为用户在 IDC 的 IT 设备提供互联网接入服务，带宽租赁业务分为共享型和独享型 • 该业务不独立存在，需要与主机托管、机架出租、主机租赁以及 VIP 机房出租等主机服务进行组合来为客户提供服务	• 计费单元：带宽 • 计费方式：包月计费 • 计费环节：服务开通

续表

业务名称	业务定义及业务特征	计费方式	
静态公网IP（基本）	为用户提供公网固定IP地址的服务；此项业务与带宽、机位出租一起与主机托管、机架出租、主机租赁以及VIP机房出租等主机服务捆绑出售	• 计费单元：每IP地址 • 计费方式：包月计费 • 计费环节：服务开通	
负载均衡（扩展）	为用户提供可配置使用的负载均衡设备租赁，提供相应能力 • IDC可提供共享负载均衡业务和独享负载均衡业务 • 共享负载均衡业务指购买此项增值服务的多个用户的服务器共享一台均衡设施；独享负载均衡业务是指为一个用户提供独立的负载均衡设备，用户可独享该设备的负载均衡量能力	共享负载均衡 • 计费单元：负载均衡设备传输数据量（GB） • 计费方式：计费包括功能费和流量费两个部分 • 计费环节：功能费+流量费（服务开通+流量统计）。	独享负载均衡 • 计费单元：负载均衡设备，可有不同规格或处理能力 • 计费方式：包月计费 • 计费环节：服务开通
流量分析（扩展）	为用户提供网络流量分析统计服务，采用多种检测分析技术对IDC网络流量进行分析、统计，判定其数据包的协议类型、流向、流速等，提供字节数、当前带宽、峰值流量、新增连接数、最大并发连接数、当前并发连接数等一系列网络流量监测数据，将其记录到数据库中，并以合适的形式供用户访问	• 计费单元：申请的存储容量，如每MB或GB • 计费方式：包月计费 • 计费环节：服务开通	

（4）安全服务类

安全服务类IDC业务如表6-8所示。

表6-8 安全服务类IDC业务

业务名称	业务定义及业务特征	计费方式
入侵检测（扩展）	为客户的网络设备和应用提供网络入侵检测服务，对典型的网络攻击进行实时检测并告警，以提高网络设备和应用系统的安全性，同时对可疑的访问操作进行记录，在安全事件发生时能够提供有效的安全事件日志以进行最终分析	• 计费单元：受保护设备的IP地址 • 计费方式：包月计费 • 计费环节：服务开通

续表

业务名称	业务定义及业务特征	计费方式
流量清洗（扩展）	为用户的网络设备和应用提供异常流量清洗服务，对 DDOS 攻击等损害网络可用性的攻击流量进行清洗，提高客户系统的安全性	• 计费单元：流量 • 计费方式：包月计费 • 计费环节：服务开通
网站防篡改（扩展）	为用户的网站系统提供防篡改服务，实时监测 Web 服务器的访问流量，防止 Web 服务器上的网站页面被非法篡改，且在页面遭受非法篡改后能够自动屏蔽非法网页以及进行页面的自动恢复，提高客户网站的安全性	• 计费单元：受保护网络的 IP 地址 • 计费方式：包月计费 • 计费环节：服务开通
安全评估（扩展）	安全评估业务通过基于主机的安全漏洞扫描和策略一致性评估工具，及时发现业务系统中存在的系统漏洞、配置错误、文件变更、违背安全策略的情况，主要用于评估多种操作系统平台和应用系统的安全性，同时检查这些系统是否符合业界最佳的安全实践和规范	根据安全评估项目的工作量，与用户具体协商定价并计费

（5）IT 维护管理类

IT 维护管理类 IDC 业务如表 6-9 所示。

表 6-9 IT 维护管理类 IDC 业务

业务名称	业务定义及业务特征	计费方式	
服务器代维（基本）	为客户提供服务器状态监控、软硬件安装升级、系统管理等代维服务。用户申请服务器的代维服务后，IDC 人员代替用户对用户服务器进行系统监控和管理，保证系统各项服务正常安全运行，并在用户授权的情况下对系统软硬件进行升级	方式一：按服务器包月计费 • 计费单元：每服务器 • 计费方式：按月计费，依据用户的服务开通订单 • 计费环节：服务开通	方式二：按实际发生代维人工时长计费 • 计费单元：代维服务工时 • 计费方式：按每个计费周期中实际发生的代维人工时长计费 • 计费环节：人工维护实际工作发生

续表

业务名称	业务定义及业务特征	计费方式	
服务器状态远程监控（扩展）	根据用户的需要将服务器的各种状态周期性报告给用户，并为用户提供异常情况的实时告警和简单控制 • 用户可以通过自助服务门户向用户展示服务器状态信息，也可以将服务器系统的各种异常状态通过电子邮件、短信等渠道及时通知用户 • IDC 也提供给用户必要的处理异常的功能，如通电源控制重启服务器	• 计费单元：每服务器 • 计费方式：按月计费，依据用户的服务开通订单（订购关系） • 计费环节：服务开通	
IP-KVM（扩展）	允许用户通过 IP 网络使用本地键盘、显示器/鼠标控制远端服务器，在服务器 BIOS 启动之后，无须操作系统启动，用户即可通过 IP-KVM 控制服务器。IP-KVM 主要用于满足用户自行安装操作系统、观察系统启动过程等特殊需求，分为预约和专享两种服务 • 预约 IP-KVM 服务：用户有需求的时候提前向 IDC 提出 IP-KVM 申请，IDC 根据申请为用户准备好指定 IP 地址的 IP-KVM 连接 • 专享 IP-KVM 服务：为指定的用户服务器提供一致可用的 IP-KVM 连接	预约 IP-KVM 服务：按每个 IP-KVM 连接的使用时长收费 • 计费单元：每个 IP-KVM 连接 • 计费方式：按使用时长 • 计费环节：依据用户预约开通到用户终止 IP-KVM 连接服务之间的时长计时计费	专享 IP-KVM 服务：按每个 IP-KVM 连接包月收费 • 计费单元：每个 IP-KVM 连接 • 计费方式：包月计费 • 计费环节：依服务开通

（6）综合服务及其他

综合服务及其他 IDC 业务如表 6-10 所示。

表 6-10　综合服务及其他 IDC 业务

业务名称	业务定义及业务特征	计费方式	
工位租赁（基本）	IDC 将固定的办公场所在一定时期内出租给客户，例如 IDC 可统一建设系统管理员座席，并将其出租给企业客户	方式一：按工位数量收费 • 计费单元：工位数量 • 计费方式：按月计费，依据用户的服务开通订单 • 计费环节：服务签约	方式二：按办公区域面积收费 • 计费单元：办公区域面积 • 计费方式：按月计费，依据用户的服务开通订单 • 计费环节：服务签约

续表

业务名称	业务定义及业务特征	计费方式
简单集成与系统实施（扩展）	为用户的 IT 系统及其子系统提供简单的集成和系统解决方案，并为用户进行系统实施和安装后交付用户使用，该用户可包括但不限于 ● 系统集成服务 ● 数据灾备解决方案 ● 系统实施服务等	根据系统解决方案服务项目的工作量以及所需资源的规格和数量，与用户具体协商定价并计费
VIP 服务经理（扩展）	为客户设立专门的服务经理，负责直接解决客户的各种问题，以提高客户对服务的满意度	● 计费单元：VIP 服务经理 ● 计费方式：包月计费 ● 计费环节：服务开通
域名注册（扩展）	为用户提供域名注册代理服务，用户通过 IDC（作为域名注册代理机构）向域名注册管理机构提交域名注册申请资料，并获得域名所有权和控制权	● 计费单元：每域名 ● 计费方式：包月计费 ● 计费环节：服务开通

2. IDC 云计算业务

（1）弹性计算

弹性计算业务如表 6-11 所示。

表 6-11 弹性计算业务

业务名称	业务定义及业务特征	计费方式	
虚拟机租赁（基本）	向用户提供不同配置规格的虚拟机租赁服务，可根据 CPU、内存、本地存储等不同资源配置情况、不同操作系统类型，以及是否提供高可用方案等划分为多个业务分挡	方式一：按实际使用时长计费 ● 计费单元：虚拟机 ● 计费方式：按照用户实际使用时长（天或小时）收费，不足一小时按一小时计费 ● 计费环节：记录用户每个虚拟机实例的使用时长 ● 其他计费因素：用户开启业务可选择预设的几种虚拟机规格，不同规格虚拟机收取不同的单价	方式二：包月计费 ● 计费单元：虚拟机 ● 计费方式：包月计费 ● 计费环节：虚拟机申请 ● 其他计费因素：用户开启业务可选择预设的几种虚拟机规格，不同规格虚拟机收取不同的单价

续表

业务名称	业务定义及业务特征	计费方式
虚拟机快照（扩展）	利用服务器虚拟机的快照（snapshot）功能，为用户快速生成和保存虚拟机某一时刻的状态，并在需要时还原到备份时虚拟机状态。用户创建的虚拟机快照保存一定时间（如一个月）后自动删除	• 计费单元：快照实例 • 计费方式：按服务使用次数，即快照生成次数计费 • 计费环节：用户执行快照操作
虚拟机自动扩展（扩展）	为用户提供虚拟机集群可自动增加或减少节点的业务，自动扩展通常在虚拟机的资源利用率满足预先设定的触发条件（例如CPU利用率超过60%）时发生，通常结合虚拟机弹性负载均衡业务一同使用，以便在节点数量改变后重新实现负载均衡	• 计费单元：服务功能费 • 计费方式：按功能费包月计费，依据用户的服务开通，按照包月方式收取虚拟机自动扩展基本功能费 • 计费环节：服务开通 • 其他计费因素：自动扩展的虚拟机按照虚拟机使用时长另行计费

（2）弹性存储

弹性存储业务如表 6-12 所示。

表 6-12　弹性存储业务

业务名称	业务定义及业务特征	计费方式
在线云存储（基本）	为用户提供可按需扩展的文档存储空间，用户可对任何类型的文档进行上传、下载、删除等操作 • 可存储任何类型的文件 • 支持用户通过 FTP 客户端方式访问存储空间 • 提供基于 HTTP 的接口对文件进行存取 • 存储空间可按需扩展	• 计费单元：申请的存储容量，如每 MB 或 GB • 计费方式：按使用时长（天）计算 • 计费环节：时长计费周期
弹性块存储（基础）	为用户虚拟机提供可按需扩展存储空间的块级别存储服务，用户虚拟机操作系统以卷设备的方式访问块存储空间 • 提供块级别存储空间，用户虚拟机在操作系统层面以卷设备的方式访问块存储空间 • 支持通过自助服务门户设置块存储设备为附着或解附着状态 • 存储空间可按需扩展 • 服务于局域网内的虚拟机	• 计费单元：申请的存储容量，如每 MB 或 GB • 计费方式：按使用时长（天）计算 • 计费环节：时长计费周期

续表

业务名称	业务定义及业务特征	计费方式
数据云备份（扩展）	• 数据云备份业务为用户提供方便、可靠、自动的数据保护服务，对用户的关键数据进行实时或定期的备份 • 备份数据保存在 IDC 云平台，不占用客户本地存储空间，并在客户的数据遭到损坏或不可用时提供快速的数据恢复，保障客户数据的安全 • 为了保障数据传输和保存的安全性和高效，所有的备份数据将在本地加密后再备份到 IDC 云平台	• 计费单元：不同备份规格（备份容量空间+备份客户端数量） • 计费方式：包月计费 • 计费环节：服务开通

（3）云网络服务

云网络服务类 IDC 业务如表 6-13 所示。

表 6-13 云网络服务类 IDC 业务

业务名称	业务定义及业务特征	计费方式
带宽租赁（基本）	同 IDC 传统业务	计费方式：按使用时长（天）计费
弹性公网 IP（基本）	弹性 IP 为动态的 IDC 虚拟机提供静态公网 IP 地址，用户可以将其配置到指定的一台虚拟机上，也可以与虚拟机解绑定，解绑定后的弹性 IP 地址不会释放，除非客户明确释放它	• 计费单元：每 IP 地址 • 计费方式：按使用时长（天）计费 • 计费环节：时长计费周期
弹性负载均衡（扩展）	为用户虚拟机提供虚拟的负载均衡服务，可以将访问请求分担到用户多台虚拟机上，同时结合云监控，保证访问请求能被转移到正常的虚拟机上，提升可靠性	• 计费单元：不同规格的负载均衡（虚拟）设备 • 计费方式：按时长计费 • 计费环节：业务开通，业务退订
虚拟私有云（扩展）	为用户的企业内部数据中心和用户在 IDC 云计算平台申请的资源之间建立 VPN 数据隧道，并将用户企业内部数据中心的 IP 地址规划、安全服务、防火墙、IDS 等管理策略拓展到 IDC 云计算资源中，用户因此可以充分利用 IDC 云计算平台提供的各种资源按需分配服务 • 支持用户数据中心与 IDC 间建立 VPN 连接 • 可以根据用户数据中心的 IP 地址规划配置 IDC 云计算平台中资源的 IP 地址网段等信息	• 计费单元：带一定规格带宽的 VPN 连接 • 计费方式：按 VPN 连接时长（小时）计费 • 计费环节：VPN 连接建立和断开

续表

业务名称	业务定义及业务特征	计费方式
流量分析 (扩展)	同 IDC 传统业务	

(4) 云安全服务

云安全服务类 IDC 业务如表 6-14 所示。

表 6-14 云安全服务类 IDC 业务

业务名称	业务定义及业务特征	计费方式
虚拟防火墙 (基本)	虚拟防火墙出租业务将物理防火墙虚拟成逻辑上互相独立的多台防火墙,为用户的网络设备和应用提供防火墙服务,由 IDC 负责物理防火墙设备软硬件维护及系统管理	• 计费单元:受保护的 IP 地址数量 • 计费方式:按使用时长(天)计费 • 计费环节:服务开通
入侵检测 (扩展)	同传统 IDC 业务	
流量清洗 (扩展)	同传统 IDC 业务	
网站防篡改 (扩展)	同传统 IDC 业务	

(5) IT 维护管理类

IT 维护管理类 IDC 业务如表 6-15 所示。

表 6-15 IT 维护管理类 IDC 业务

业务名称	业务定义及业务特征	计费方式
云监控服务(基本)	云监控业务为用户提供所申请的虚拟机的状态监控服务,以便用户了解所申请资源的使用情况 • 支持用户选择申请的虚拟机业务,开通云监控功能 • 用户能够在自服务门户上查看虚拟机相关 CPU、内存和网络资源的实时使用状态和历史统计记录	• 计费单元:被监控的虚拟机数量 • 计费方式:按使用时长 • 计费环节:服务开通

(6) 综合及其他服务

综合及其他服务类 IDC 业务如表 6-16 所示。

表 6–16 综合及其他服务类 IDC 业务

业务名称	业务定义及业务特征	计费方式
软件租赁与自动安装（扩展）	为用户在虚拟机中提供软件安装服务，如数据库软件、开发/测试软件和媒体处理软件等，所涉及的软件可以是商用软件，亦可以是开源软件；用户无须购买软件的许可，只需按使用时长付费	• 计费单元：软件许可数量 • 计费方式：按使用时长 • 计费环节：服务开通
域名注册（扩展）	同 IDC 传统业务	

三、互联网数据中心业务应用

1. 沃云产品体系

中国联通基于全国云数据中心构建沃云公共云平台资源池，打造安全可信、灵活定制、弹性调度、功能丰富的云计算产品体系，如图 6-2 所示。例如教育云可面向校园监控、在线教育、教育云盘、云图书馆、数字校园、教育云平台和慕课；医疗云可面向健康云平台、卫生云平台、区域医疗云平台、健康档案云平台、电子病历云平台；金融云面向银行、保险、证券，三个细分市场可应用于互联网金融、金融展业云平台、移动定损云平台等；环保云可面向污染源监控云平台、排污企业排查云平台、大气监测云平台等；旅游云可面向旅游景点的智能化云化管理、智慧旅游平台、检测监控云平台等。沃云产品体系的具体介绍见表 6-17。

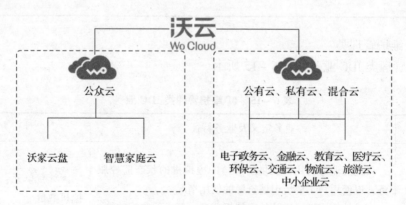

图 6-2 沃云产品体系

2. 沃云产品案例

虚拟私有云是以公有云主机池为基础提供的一种在网络上进行逻辑隔离的服务。沃云为博泰汽车提供虚拟私有云应用服务（图 6-3），具体包括：

①提供 OBD（车载自动诊断系统）服务；

②汽车内置移动通信网络（4G/5G）卡，通过定向流量和云平台业务系统进行通信；

③3台云主机、8核VCPU、32 GB内存、1 TB硬盘通过虚拟路由器，组成虚拟私有云接入网络；

④由虚拟路由器和3G网路由器建立GRE隧道。

表6-17 沃云产品体系

云平台	产品分类	产品名称	功能与规格说明
公有云	云主机	弹性云主机	弹性规格：可以为客户提供不同标准规格（操作系统、CPU、内存、系统盘）云主机。可根据需求弹性选择操作系统、CPU、内存、存储空间定制云主机 弹性扩展：可以实现云主机的弹性扩展（不含WINDOWS）
	云存储	弹性块存储	为云主机提供可扩展、高可靠的数据块级存储卷作为虚拟硬盘 采用DAS或SAN系统架构，通过SCSI/FC协议实现高速I/O连接
		文件存储	为数据存档和备份提供安全而耐用的存储，采用NAS系统架构，通过NFS或CIFS命令集访问数据，以文件为传输对象，通过TCP/IP协议实现网络化存储
		对象存储	面向互联网提供海量、弹性、高可用、高性价比的存储服务，支持亚马逊S3的协议标准 每个数据对象包含元数据和存储数据，根据对象ID直接定位到数据的位置
私有云		虚拟私有云	基于公有云为企业客户提供私有云服务。允许创建虚拟联网环境，包括选择自有的私有IP地址范围、创建子网、配置路由表和网关，并通过VPN/专线与传统数据中心相连组成一个按需定制的网络环境
		专享私有云	提供基于专享机架、服务器、网络设备的企业专享私有云服务，并可提供独享的互联网上联带宽 比虚拟私有云具有更高的安全性
公众云		公众云	为公众客户提供移动云存储、云同步、云分享服务

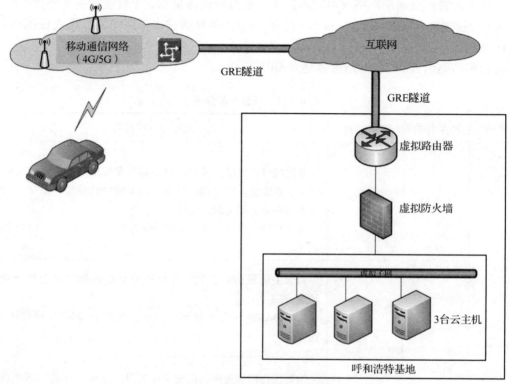

图6-3 虚拟私有云：博泰汽车

任务2　内容分发网络业务

随着中国互联网的迅猛发展，内容分发网络（content delivery network，CDN）作为缓解互联网网络拥塞、提高互联网业务响应速度的重要手段，在过去几年一直在互联网行业占据着重要地位。自2015年国家政策推动后，CDN行业进入高速发展阶段。而在公有云服务厂商纷纷进军并发力之后，中国内容分发网络服务市场得到了蓬勃发展。2019年2月，权威ICT市场咨询机构计世资讯（CCW Research）发布《2018—2019年中国CDN市场发展报告》，报告显示，随着新型信息技术在中国不断应用，以及互联网化新业务的快速发展，特别是物联网、边缘计算、区块链、人工智能等技术在游戏、视频、电子商务、工业制造、交通物流等行业的落地，使得CDN作为缓解互联网网络拥塞、提高互联网业务响应速度、改善用户业务体验的重要手段，已经成为互联网基础设施中不可或缺的重要组成部分。

一、内容分发网络

内容分发网络

CDN通过在现有的互联网中增加一层新的网络架构，将网站的内容发布到最接近用户的网络"边缘"，使用户可以就近取得所需的内容，解决互联网网络拥塞状况，提高用户访问网站的响应速度。从技术上全面解决由于网络带宽小、用户访问量大、网点分布不均等原因,造成的用户访问网站的响应速度慢的问题。

1. CDN 的定义

狭义来讲,CDN 是一种新型的网络构建方式,它是为了能在传统的 IP 网发布宽带丰富媒体而特别优化的网络覆盖层。而从广义的角度,CDN 代表了一种基于质量与秩序的网络服务模式。简单来说,CDN 是一个经策略性部署的整体系统,包括分布式存储、负载均衡、网络请求的重定向和内容管理 4 个要件,而内容管理和全局的网络流量管理(traffic management)是 CDN 的核心所在。通过用户就近性和服务器负载的判断,CDN 确保内容以一种极为高效的方式为用户的请求提供服务。总体来说,内容服务基于缓存服务器,也称作代理缓存(surrogate),它位于网络的边缘,距离用户仅有"一跳"(single hop)之遥。同时,代理缓存是内容提供商源服务器(通常位于 CDN 服务提供商的数据中心)的一个透明镜像。这样的架构使得 CDN 服务提供商能够代表他们客户,即内容供应商,向最终用户提供尽可能好的体验,而这些用户是不能容忍请求响应时间有任何延迟的。据统计,采用 CDN 技术,能处理整个网站页面 70%~95% 的内容访问量,减轻服务器的压力,提升了网站的性能和可扩展性。

2. CDN 的原理

为了解 CDN 的实现原理,对未加 CDN 访问网站的方式和 CDN 缓存访问网站的方式做一个对比。

(1)未加 CDN 访问网站

由图 6-4 可见,用户访问未使用 CDN 缓存网站的过程为:

图 6-4 用户访问未使用 CDN 缓存网站过程

①用户向浏览器提供要访问的域名;

②浏览器调用域名解析函数库对域名进行解析,以得到此域名对应的 IP 地址;

③浏览器使用所得到 IP 地址、域名的服务主机发出数据访问请求;

④浏览器根据域名主机返回的数据显示网页的内容。

通过以上四个步骤,浏览器完成从用户处接收用户要访问的域名到从域名服务主机处获取数据的整个过程。

(2)CDN 缓存访问网站

CDN 是在用户和服务器之间增加 Cache(高速缓存服务器)层,如何将用户的请求引导到 Cache 上获得源服务器的数据,主要是通过接管 DNS 实现,使用 CDN 缓存访问网站的过程如图 6-5 所示。

通过图 6-5 可以看到使用了 CDN 缓存后的网站访问过程变为:

①用户向浏览器提供要访问的域名;

②浏览器调用域名解析库对域名进行解析,由于 CDN 对域名解析过程进行了调整,所以解析函数库一般得到的是该域名对应的 CNAME 记录,为了得到实际 IP 地址,浏览器需要再次对获得的 CNAME 域名进行解析;在此过程中,使用的全局负载均衡 DNS 解析,如

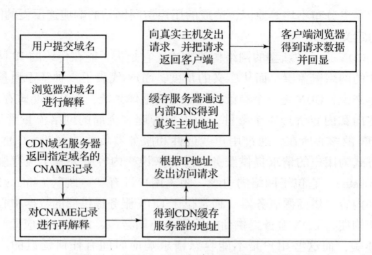

图 6–5 使用 CDN 缓存后的网站访问过程

根据地理位置信息解析对应的 IP 地址，使得用户能就近访问。

③此次解析得到 CDN 缓存服务器的 IP 地址，浏览器在得到实际的 IP 地址以后，向缓存服务器发出访问请求；

④缓存服务器根据浏览器提供的要访问的域名，通过 Cache 内部专用 DNS 解析得到此域名的实际 IP 地址，再由缓存服务器向此实际 IP 地址提交访问请求；

⑤缓存服务器从实际 IP 地址得到内容以后，一方面在本地进行保存，以备以后使用，另一方面把获取的数据返回给客户端，完成数据服务过程；

⑥客户端得到由缓存服务器返回的数据以后显示出来并完成整个浏览的数据请求过程。

通过以上的分析可以看出为了实现既要对普通用户透明（即加入缓存以后用户客户端无须进行任何设置，直接使用被加速网站原有的域名即可访问），又要在为指定的网站提供加速服务的同时降低对 ICP 的影响，只要修改整个访问过程中的域名解析部分，以实现透明的加速服务，下面是 CDN 实现的具体操作过程。

①作为 ICP，只需要把域名解释权交给 CDN 运营商，其他方面不需要进行任何的修改；操作时，ICP 修改自己域名的解析记录，一般用 CNAME 方式指向 CDN Cache 服务器的地址。

②作为 CDN 运营商，首先需要为 ICP 的域名提供公开的解析，为了实现 sortlist，一般是把 ICP 的域名解释结果指向一个 CNAME 记录。

③当需要进行 sortlist 时，CDN 运营商可以利用 DNS 对 CNAME 指向的域名解析过程进行特殊处理，使 DNS 服务器在接收到客户端请求时可以根据客户端的 IP 地址，返回相同域名的不同 IP 地址。

④由于从 CNAME 获得的 IP 地址，并且带有 hostname 信息，请求到达 Cache 之后，Cache 必须知道源服务器的 IP 地址，所以在 CDN 运营商内部维护一个内部 DNS 服务器，用于解释用户所访问的域名的真实 IP 地址。

⑤在维护内部 DNS 服务器时，还需要维护一台授权服务器，控制哪些域名可以进行缓存，而哪些又不进行缓存，以免发生开放代理的情况。

3. CDN 的架构

CDN 的架构主要有两大部分，即中心和边缘两部分，中心指 CDN 网管中心和 DNS 重定向解析中心，负责全局负载均衡，设备系统安装在管理中心机房，边缘主要指异地节点，CDN 分发的载体主要由 Cache 和负载均衡器等组成。

当用户访问加入 CDN 服务的网站时，域名解析请求将最终交给全局负载均衡 DNS 进行处理。全局负载均衡 DNS 通过一组预先定义好的策略，将当时最接近用户的节点地址提供给用户，使用户能够得到快速的服务。同时，它还与分布在世界各地的所有 CDN 节点保持通信，搜集各节点的通信状态，确保不将用户的请求分配到不可用的 CDN 节点上，实际上是通过 DNS 做全局负载均衡。

对于普通的互联网用户来讲，每个 CDN 节点就相当于一个放置在它周围的 WEB。通过全局负载均衡 DNS 的控制，用户的请求被透明地指向离他最近的节点，节点中 CDN 服务器会像网站的原始服务器一样，响应用户的请求。由于它离用户更近，因而响应时间必然更快。

每个 CDN 节点由两部分组成：负载均衡设备和高速缓存服务器。

负载均衡设备负责每个节点中各个 Cache 的负载均衡，保证节点的工作效率；同时，负载均衡设备还负责收集节点与周围环境的信息，保持与全局负载 DNS 的通信，实现整个系统的负载均衡。

高速缓存服务器（Cache）负责存储客户网站的大量信息，就像一个靠近用户的网站服务器一样响应本地用户的访问请求。

CDN 的管理系统是整个系统能够正常运转的保证。它不仅能对系统中的各个子系统和设备进行实时监控，对各种故障产生相应的告警，还可以实时监测到系统中总的流量和各节点的流量，并保存在系统的数据库中，使网管人员能够方便地进行进一步分析。通过完善的网管系统，用户可以对系统配置进行修改。

理论上，最简单的 CDN 有一个负责全局负载均衡的 DNS 和各节点一台 Cache，即可运行。DNS 支持根据用户源 IP 地址解析不同的 IP，实现就近访问。为了保证高可用性等，需要监视各节点的流量、健康状况等。一个节点的单台 Cache 承载数量不够时，才需要多台 Cache，多台 Cache 同时工作，才需要负载均衡器，使 Cache 群协同工作。

二、内容分发网络业务

内容分发网络（CDN）业务是指利用分布在不同区域的节点服务器群组成流量分配管理网络平台，为用户提供内容的分散存储和高速缓存，并根据网络动态流量和负载状况，将内容分发到快速、稳定的缓存服务器上，提高用户内容的访问响应速度和服务的可用性服务。

1. CDN 业务发展

我国 CDN 服务提供商有传统第三方 CDN 服务提供商、云服务 CDN 提供商、基础电信运营商 CDN 服务提供商、创新型 CDN 服务提供商，不同类型的 CDN 服务提供商（CDN 服务商）对比见表 6-18。在提供 CDN 及相关增值服务方面，企业各有优劣，经历过几年价格"战争"，电信运营商、设备商、云厂商、CDN 厂商开始合作，形成生态。

表6-18　不同类型CDN服务提供商优劣对比

CDN服务提供商类型	代表企业	优势	劣势
传统CDN服务提供商	网信科技、阿卡迈、帝联等	最先入局CDN服务的企业，拥有大量成熟的CDN运营经验和服务能力，拥有品牌效应和规模效应	①必须消耗成本费用租用电信运营商带宽，且带宽计费方式固定，不能按需索取，因此CDN整体定价会比较高 ②在云计算研发布局上存在"船大难掉头"的问题，同时和背后拥有互联网巨头支持的云服务商相比较，缺少资金资源
基于云拓展的CDN服务提供商	阿里、腾讯、金山、亚马逊、华为	①积累大量云服务用户，基于云服务拓展且容易获得用户行为大数据，具有巨大的商业价值 ②依靠互联网巨头的雄厚技术和资金，有实力加大资源投入，能够在传输、存储、计算和安全四个方面进一步丰富与强化平台整体服务能力 ③带宽复用冗余大，节点分布众多，具有技术平台完备的属性 ④以云计算为研发起点拓展CDN服务，最后再由CDN服务反馈云计算	CDN目前仅是云服务商的一项细分业务分支，云服务商更多情况下对CDN的布局战略重视度不如传统CDN企业，因此很多时候增值业务的丰富程度、价格稳定性都相对较弱
电信运营商CDN服务提供商	中国电信、中国联通、中国移动	①具备自身带宽和网络优势，能够按需所取，灵活配置CDN的承载能力 ②具有品牌效应，许多互联网公司与之密切合作，对CDN行业发展方向起到引导作用 ③已经建成网络基础设施，CDN能够在此基础上建设和升级 ④拥有5G运营牌照能进一步拓宽CDN市场	①电信运营商技术力量储备不足，且缺乏CDN运营经验，可能需要通过与互联网和传统CDN服务商合作来完成CDN系统的开发维护 ②不同电信运营商之间的互联互通问题比较棘手，难以短时间跨电信运营商网络的CDN服务 ③自建节点过于烦琐，只能和传统CDN企业进行融合发展，当国企和民企合作时，双方可能存在一定的战略发展冲突

续表

CDN 服务提供商类型	代表企业	优势	劣势
业务专注型新锐 CDN 服务提供商	网心科技、七牛	业务专注型,有创新能力,往往在细分行业中以技术挑战传统通用 CDN 模式	业务过于专注,CDN 通用服务能力相对弱、稳定性相对差。

2020 年 5 月 14 日工信部发布第 15、16 批 CDN 牌照,截至 2020 年 5 月 14 日,我国获得 CDN 牌照的企业共计 856 家,其中获得全国 CDN 经营资质的企业共计 222 家(图 6-6)。

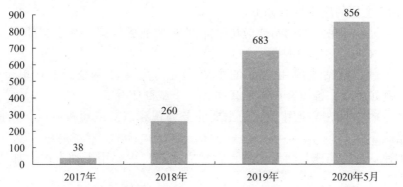

图 6-6　2017—2020 年获得 CDN 牌照企业数量(单位:家)
(资料来源:工信部前瞻产业研究院整理)

从区域市场结构来看,中国 CDN 市场布局总体上集中在发达地区,特别是北京、上海、广州、深圳等特大城市,占据了中国 CDN 市场的大部分份额。截至 2020 年 5 月 14 日,工信部在 2020 年颁布 CDN 相关经营牌照共 173 家,其中北京、上海、广东三地新申请获得 CDN 牌照的企业数量占全国新申请 CDN 牌照总量的 58%。其他市场相对较小,也主要集中在发达省份,如浙江、山东、福建等。

2. CDN 新应用和客户

目前的 CDN 服务主要应用于证券、金融保险、ISP、ICP、网上交易、门户网站、大中型公司、网络教学等领域,另外,在行业专网、互联网中都可以用到,甚至可以对局域网进行网络优化。利用 CDN,这些网站无须投资昂贵的各类服务器、设立分站点,特别是随着流媒体信息的广泛应用、远程教学课件等消耗带宽资源多的媒体信息,应用 CDN,可以把内容复制到网络的最边缘,使内容请求点和交付点之间的距离缩至最小,从而促进 Web 站点性能的提高。CDN 的建设主要有:企业建设的 CDN,为企业服务;IDC 的 CDN,主要服务于 IDC 和增值服务;网络运营商主建的 CDN,主要提供内容推送服务;CDN 服务商专门建设的 CDN,用于做服务,通过与 CDN 机构进行合作,CDN 负责信息传递工作,保证信息正常传输,维护传送网络,而网站只需要内容维护,不再需要考虑流量问题。

CDN 能够为网络的快速、安全、稳定、可扩展等方面提供保障。

IDC 建立 CDN,IDC 运营商一般需要有分布各地的多个 IDC,服务对象是托管在 IDC 的客户,利用现有的网络资源,投资较少,CDN 容易建设。例如某 IDC 全国有 10 个机房,加入IDC的CDN托管在一个节点的Web服务器，相当于有了10个镜像服务器，就近供客户访问。宽带城域网，域内网络速度很快，出城带宽一般就会有瓶颈，为了体现城域网的高速性，解决方案就是将互联网上内容高速缓存到本地，将Cache部署在城域网各POP点上，这样形成高效有序的网络，用户仅一跳就能访问大部分的内容，这也是一种加速所有网站CDN的应用。

3. 阿里云CDN应用案例

阿里云在全球拥有2800+节点。中国内地（大陆）拥有2300+节点，覆盖31个省级区域，大量节点位于省会等城市。海外、中国香港、中国澳门和中国台湾拥有500+节点，覆盖70多个国家和地区。同时，阿里云所有节点均接入万兆网卡，单节点存储容量达40 TB~1.5 PB，带宽负载达到40~200 Gbit/s，具备130 Tbit/s带宽储备能力。

阿里云CDN主要的应用场景如下：

①图片小文件：如果您的网站或应用App的主要业务为图片和小文件下载，包括各类型图片、HTML、CSS、JS小文件等。

②大文件下载：网站或应用App的主要业务为大文件下载，平均单个文件大小在20 MB以上，例如游戏、各类客户端下载和App下载商店等。

③视音频点播：网站或应用App的主要业务为视频点播或短视频类，支持MP4、FLV等主流视频格式。

④全站加速：全站加速是阿里云的一款独立产品，主要用于动态内容加速，也可以实现动静分离加速。

⑤安全加速：如果您的网站易遭受攻击且必须兼顾加速的业务场景，则可以使用安全加速功能，提升全站的安全性。

阿里云CDN帮助众多客户解决了因分布、带宽、服务器性能带来的访问延迟问题，极大提升用户体验。

阿里云CDN客户案例如表6-19所示。

表6-19 阿里云CDN客户案例

典型客户	详细说明
天猫	依托阿里云CDN先进的分布式系统架构，天猫显著降低了业务带宽和运营成本。不仅加速了全球各地用户的日常访问，也从容应对历年双11购物节的极限访问挑战
淘宝	淘宝PC端、手机淘宝等全部内容分发业务均由阿里云CDN支持，面对海量图片处理需求，毫秒级响应速度，图片加载达到秒刷效果，极大提升了用户体验
支付宝	阿里云CDN全面支持支付宝金融业务。HTTPS加密通道访问，既提高了支付宝的用户体验，又有效防止了DNS和资源被劫持或篡改，保障了用户的信息和财产安全
新浪微博	阿里云CDN帮助新浪微博有效提升了图片的下载体验，优化网络底层TCP协议，图片加速效果进一步提升20%，目前是微博业务的主要CDN服务提供商
虾米音乐	CDN的服务可用性，创新性达到99.9%+，对业务的稳定性起到了极大的帮助作用。阿里云售后团队的迅速响应，能够快速应对并解决线上问题

续表

典型客户	详细说明
知乎	依托阿里云多媒体解决方案,知乎业务上云成功。其业务响应时间进一步缩短到原有的1/3,极大地提升了知乎用户的访问体验
陌陌	陌陌有海量的图片和短视频处理需求,采用阿里云CDN解决方案之后,图片显示速度更快,照片加载可以达到秒刷效果,极大提升了客户端用户的使用体验
UC	阿里云CDN帮助UC的Web端显著降低了整体业务的带宽成本。配合OSS的存储服务,不仅降低了大量IT硬件投入的成本,也降低了开发及运维的难度,减少了工作量

阿里云 CDN 计费分为两个部分,即基础服务计费和增值服务计费,详细信息如下。
①基础服务计费:主要有按带宽峰值计费和按流量计费两种模式。
如果流量曲线较平稳,全天带宽利用率大于30%,比较适合按带宽峰值计费。反之,如果流量曲线波动较大,有带宽尖峰,全天带宽利用率小于30%,则比较适合按流量计费。
②增值服务计费:增值服务计费项包括 HTTP 和 HTTPS 请求数、QUIC 请求数、实时日志条数、图片鉴黄和全站加速。

任务3 国内互联网虚拟专用网业务

国内互联网虚拟专用网业务

国内互联网虚拟专用网(IP – VPN)业务是指经营者利用自有或租用的互联网网络资源,采用 TCP/IP 协议,为国内用户定制互联网闭合用户群网络的服务。互联网虚拟专用网主要采用 IP 隧道等基于 TCP/IP 的技术组建,并提供一定的安全性和保密性,IP – VPN 内可实现加密的透明分组传送。

随着 IP – VPN 的兴起,用户和运营商都将目光转向了这种极具竞争力和市场前景的 VPN。对用户而言,IP – VPN 可以非常方便地替代租用线和传统 ATM/帧中继(FR) VPN 来连接计算机或局域网(LAN),同时还可以提供租用线的备份、冗余和峰值负载分担等,大大降低了成本费用;对服务提供商而言,IP – VPN 则是其保持竞争力和客户忠诚度、降低成本和增加利润的重要手段。

一、技术方案选型

当前 IP – VPN 技术主要包括 L2TP、GRE、MPLS VPN 等。
1. 基于 L2TP 的技术解决方案
如图 6 – 7 所示,在边缘路由器上为各行业点到点部署 L2TP VPN,实现行业间业务安全隔离功能的网络服务平台。

L2TP 协议需要以点到点的方式建立 Session,如果网络中有 N 个节点需要建立 L2TP 隧道,则整网的 Session 数量就为 $N×(N-1)/2$,单个节点的 Session 数量为 $N-1$,我们称之为 Full – Mesh 全连接效应。Full – Mesh 全连接至少会导致三个问题:一是加重节点设备

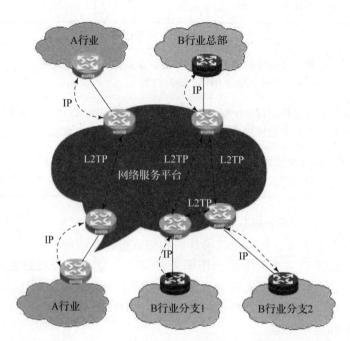

图 6-7 采用 L2TP VPN 方式部署网络服务平台

的主控 CPU 的负担,由于节点设备需要维护大量的 Session,随着网络中节点数目的增加,主控 CPU 占有率会加速上升;二是降低了网络的带宽利用率,协议报文和数据报文共享 IP 网络的带宽,L2TP 协议报文的增加必然导致数据报文可利用带宽的降低;三是可扩展性差,网络中每新增一台节点设备,都需要和原网设备相互配置 Session,维护工作量大,网络稳定性差。

此外,L2TP 技术无法基于全网对隧道做精细化的带宽管理,如通过类似 TE(流量工程)的技术,对 L2TP 隧道定义预留带宽,同时对 L2TP 隧道进行节点、链路和隧道的可靠性快速保护等。

总体而言,L2TP 在 IP 网络中的应用案例较少,L2TP 协议的发展也停滞不前,设备厂商支持 L2TP 的热情普遍不高。因此,在进行网络改造时,较少大规模部署 L2TP VPN,但可以考虑作为其他 VPN 技术的一种应用补充。

2. 基于 GRE 的技术解决方案

如图 6-8 所示,网络服务平台在边缘路由器上为各行业点到点部署 GRE VPN,实现行业间业务的安全隔离功能。

GRE 面临和 L2TP 一样的问题,包括 Full-Mesh 全连接效应和精细化隧道带宽管理等。但是与 L2TP 相比,GRE 技术发展成熟,各设备厂商把 GRE 作为路由器的一项基本功能进行实现,各设备厂商的互联互通也不存在问题。因此,在普通的 IP 网络中部署 GRE VPN 不失为一种较好的选择。

3. 基于 MPLS VPN 的技术解决方案

如图 6-9 所示,网络服务平台在边缘路由器上点到多点部署 MPLS VPN。

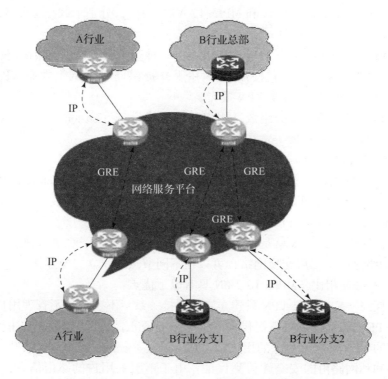

图 6-8 采用 GRE VPN 方式部署网络服务平台

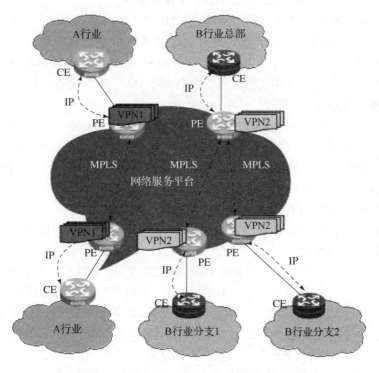

图 6-9 采用 MPLS VPN 方式部署网络服务平台

MPLS VPN 分为 MPLS L3 VPN 和 MPLS L2 VPN 两种，分别承载三层业务和二层业务。

（1）MPLS L3 VPN

MPLS L3 VPN 是服务提供商 VPN 解决方案中一种基于服务提供商边缘路由器（provider edge，PE）的三层 VPN 技术，它使用 BGP 在服务提供商骨干网上发布 VPN 路由，使用 MPLS 在服务提供商骨干网上转发 VPN 报文。

MPLS L3 VPN 模型由三部分组成：用户网络边缘设备（customer edge，CE）、PE 和服务提供商网络中的骨干路由器（provider，P）。

（2）MPLS L2 VPN

MPLS L2 VPN 提供基于多协议标签交换（multiprotocol label switching，MPLS）网络的二层 VPN 服务，使运营商可以在统一的 MPLS 网络上提供基于不同数据链路层的二层 VPN，包括 ATM、VLAN、以太网、PPP 等。

简单来说，MPLS L2 VPN 就是在 MPLS 网络上透明传输用户二层数据。从用户的角度来看，MPLS 网络是一个二层交换网络，可以在不同节点间建立二层连接。

与 MPLS L3 VPN 相比，MPLS L2 VPN 具有以下优点：

①可扩展性强：MPLS L2 VPN 只建立二层连接关系，不引入也不管理用户的路由信息。这大大减轻了 PE、甚至整个服务提供商（service provider，SP）网络的负担，使服务提供商能支持更多的 VPN 和接入更多的用户。

②可靠性和私网路由的安全性得到保证：由于不引入用户的路由信息，MPLS L2 VPN 不能获得和处理用户路由，保证了用户 VPN 路由的安全。

③支持包括 IP、IPX、SNA 等在内的多种网络层协议。

针对前面两种方案都不能解决的一些问题，MPLS VPN 却有其应对之道。Full–Mesh 全连接效应问题用 BGP 的路由反射器方式来解决。精细化带宽管理问题可以通过 TE 技术解决，即由 MPLS EXP 提供业务的 SLA，通过 TE FRR（快速重路由）/LSP backup 提供隧道的高可靠性保护。由于组网方式灵活、可扩展性好、OAM 功能完备，MPLS VPN 已经成为 VPN 的主流技术，应用非常广泛。

但是，MPLS VPN 对网络设备的功能要求较高，全网设备都必须支持 MPLS VPN 功能。早期的 IP 专网路由器设备大多不支持 MPLS VPN 功能，如果要把这种 IP 专网整合成新的 IP/MPLS 专网，需要对整网设备进行升级，并重新规划网络拓扑、配置和路由等资源。这种方式的网络整合迁移代价较大，不仅影响现有 IP 专网业务，而且成本很高。

4. 基于 MPLS VPN OVER GRE 的技术方案

如图 6–10 所示，网络服务平台在边缘路由器上以 MPLS VPN OVER GRE 方式点到点部署，实现业务安全隔离功能。

这种方式是把 MPLS VPN 报文封装在 GRE 报文中传输，MPLS VPN 的 PE 设置在用户的出口路由器上，在出口路由器之间建立 GRE 隧道。从用户侧看，网络是一个 MPLS VPN 网络，提供 VPN 安全隔离等关键服务，继承 MPLS VPN 组网方式灵活、可扩展性好等优点。而从网络侧看，整张网络只是一个普通 IP 网络，网络设备不需要支持 MPLS VPN 功能。

采用 MPLS VPN OVER GRE 方案，具有下列优点：

①对现有的 IP 专网业务不需要做任何修改，各部门之间的业务可以采用原有的 IP 互联。如图 6–10 所示，原有的 A 行业的业务在网络拓扑、配置和路由方面不用做任何修改，

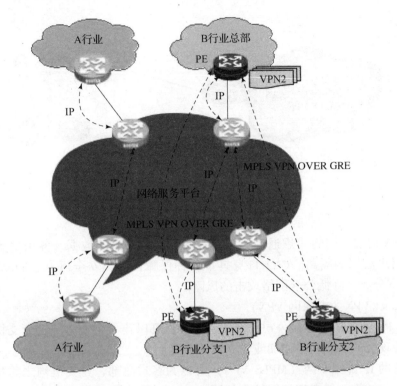

图 6-10 采用 MPLS VPN OVER GRE 方式部署网络服务平台

业务继续采用 IP 承载，这样完全可以保证现有业务的稳定性。

②原有设备无须更新升级，改造成本较低。图 6-10 中，对于新加入的 B 行业，网络侧设备之间采用 IP 互联，在两个端点之间建立 GRE Session，并使能 MPLS VPN OVER GRE 即可。而 MPLS VPN OVER GRE 功能只要求新增的 B 行业设备支持，对原来 IP 专网的设备没有要求。

③行业之间的业务隔离可以得到有效保证。如图 6-10 所示，B 行业的私网路由发布和数据转发还是通过 MPLS VPN，与 A 行业之间是完全逻辑隔离的。

④可扩展性好，便于管理。网络管理员只需要参与端口分配、带宽分配和 IP 地址分配等工作，MPLS VPN OVER GRE 的相关配置完全由 B 行业内部网络管理员自行维护，管理范围和责任明晰，大大降低了运营管理的复杂性。

综合来看上述四种方案，从技术实现可行性和成本来考虑，对于新建的网络，建议采用 MPLS VPN 技术方案；对于在 IP 专网基础上向 IP 网络服务平台转换的需求，建议采用 MPLS VPN OVER GRE 技术方案。

二、应用案例

中国电信 IP 虚拟专网业务"VPN+"是指依托于中国电信下一代承载网（ChinaNet next carrying network，CN2），采用 MPLS 方式，为客户在多个节点间实现 IP 虚拟专网功能，提供安全的数据信息传输服务，如图 6-11 所示。

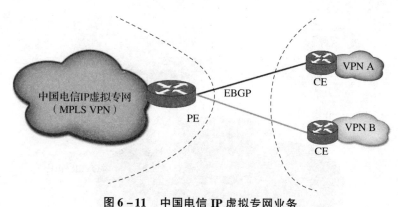

图 6-11　中国电信 IP 虚拟专网业务

EBGP：external border gateway protocol，外部边界网关协议

MPLS VPN 通过不同的"虚通道"，传递不同用户 VPN 的数据。各条"虚通道"互不干扰，保证用户数据的隔离。CN2 自身具备各种保障机制，安全可靠。internet（互联网）与 VPN 承载网分离，降低公众网络攻击的风险。

（1）intranet VPN（内联网 VPN）

内联网 VPN 业务用于连接公司内部各办事处，可以建立企业总部及分支机构间的安全连接，为企业现有的专线网络增加或建立新的带宽。

中国电信的 IP 虚拟专网（MPLS VPN）可以为客户总部、分支机构之间建立星形、全网状、部分网状结构的任意拓扑连接，如图 6-12 所示。只有公司分支机构和中国电信之间的线路需要收费。不再需要从公司总部到企业分支机构的专线连接。

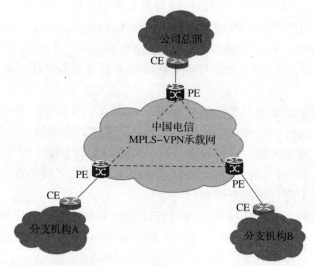

图 6-12　内联网 VPN 应用

（2）access VPN（远程接入 VPN）

移动办公用户可在任何地点通过宽带或窄带接入 internet，然后通过 L2TP/IPSec 方式虚拟拨号接入 VPN 安全网关设备，再接入相应的 VPN，如图 6-13 所示。移动办公用户通过该业务能够及时处理邮件、办理公文以及查询 CRM 系统等各种办公应用，实现了随时随地的远程安全办公。

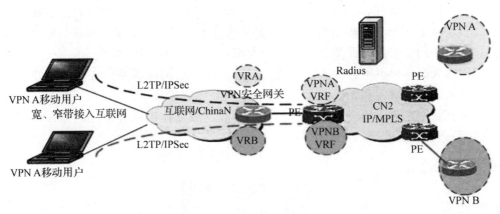

图 6-13 远程接入 VPN 应用

(3) extranet VPN (外联网 VPN)

外联网 VPN 用于公司与外部供应商、客户及其他利益相关群体相连接，如图 6-14 所示。中国电信的 IP 虚拟专网（MPLS VPN）可以为有合作关系的客户之间，建立任意拓扑的连接，同时不影响各企业内部 VPN。

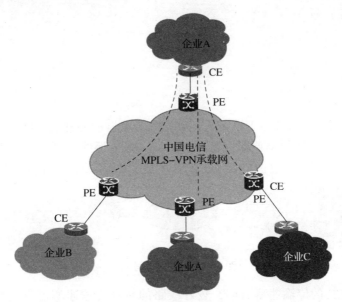

图 6-14 外联网 VPN 应用

任务 4　互联网接入服务

互联网接入服务业务是指利用接入服务器和相应的软硬件资源建立业务节点，并利用公用通信基础设施将业务节点与互联网骨干网相连接，为各类用户提供接入互联网的服务。用户可以利用公用通信网或其他接入手段连接到其业务节点，并通过该节点接入互联网。

互联网接入服务业务主要有两种应用，一是为互联网内容提供商（internet content provider，ICP）等利用互联网从事信息内容提供、网上交易、在线应用的用户提供接入互联网的服务（此类业务多为企业集团用户）；二是为普通上网用户等需要上网获得相关服务的用户提供接入互联网的服务（此类业务多为个人用户）。

互联网接入服务提供了各种接入方式，以满足用户的不同需要。常见的互联网接入方式有拨号接入、专线接入和无线接入。

在接入互联网之前，用户首先要选择一个互联网服务提供商（internet service provider，ISP）和一种适合自己的接入方式。

★通信小知识

【互联网上的服务组织】

ISP：互联网服务供应商，internet service provider。提供互联网接入服务。如中国电信、中国联通、中国移动等。

ICP：互联网内容提供商，internet content provider。提供互联网信息的搜索、整理加工服务。如新浪、搜狐等网站。

ASP：网络应用服务商，application service provider。主要为企业、事业单位进行信息化建设、开展电子商务提供各种基于互联网的应用服务，如主机租用、托管、应用系统（邮件、电子商务平台）服务。

一、拨号接入

1. 电话拨号接入

20世纪90年代，电话拨号上网是人们使用最为普遍的一种互联网接入方式。只要用户拥有一台计算机、一个调制解调器（modem）和一根电话线，再向本地ISP申请账号，拥有用户名和密码后，就可通过拨打ISP的接入号连接到互联网，如图6-15所示。

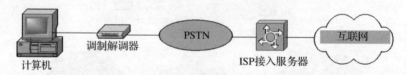

图6-15 电话拨号接入

由于电话线支持的传输速率有限，较好线路的最高传输速率可以达到56 kbit/s左右，一般线路只能达到30~40 kbit/s，而较差线路的传输速率会更低，因此，这种方式只适合个人或小型企业使用。此外，采用电话拨号方式接入互联网打电话和上网不能同时进行。

2. ISDN拨号接入

综合业务数字网（integrated services digital network，ISDN）俗称"一线通"，除了可以用来打电话，还可以提供诸如可视电话、数据通信、会议电视等多种业务，从而将电话、传真、数据、图像等多种业务综合在一个统一的数字网络中进行传输和处理。

ISDN分为窄带ISDN（narrow-ISDN，N-ISDN）和宽带ISDN（broadband-ISDN，B-ISDN）。

N-ISDN：以PSTN为基础，主要用来传输数字化语音，用户环路主要采用双绞线。线路接口为基本速率接口（basic rate interface，BRI），速率可达 144 kbit/s，由 2 个 64 kbit/s 的基本信道（B 信道）和 1 个 16 kbit/s 的 D 信道组成。

B – ISDN：以光纤干线为传输介质，采用异步传输模式（ATM）技术，可以传输各种数字化信息（如语音、数据和图像等）。线路接口为主要速率接口（primary rate interface，PRI），可提供两种速率，即 155 Mbit/s（T1 线路标准）和 622 Mbit/s（E1 线路标准），由 23 个 B 信道和一个 64 kbit/s 的 D 信道组成，或 30 个 B 信道和一个 64 Kbit/s 的 D 信道组成。

通过 ISDN 拨号接入互联网是指用 N – ISDN 在各用户终端之间实现以 64 kbit/s 速率为基础的端到端的透明传输，上网传输速率最高可达 128 kbit/s。

使用 ISDN 拨号入网需要一条电话线、一台 ISDN 设备、一块 ISDN 适配器（外观与网卡类似，但它是一块专用于连接 ISDN 的硬件卡，与网卡一样插在计算机主板的 PCI 插槽上）、一个互联网入网账号，如图 6 – 16 所示。ISDN 线即为普通电话线。

3. ADSL 拨号接入

非对称数字用户环路（asymmetrical digital subscriber loop，ADSL）拨号接入网仍旧以普通的电话线作为传输介质，但它采用先进的数字信号处理技术与创新的数据演算方法，在一条电话线上使用更高频率的范围来传输数据，并将下载、上传和语音数据传输的频道各自分开，形成一条电话线上可以同时传输三个不同频道的数据，这就突破了传统 modem 的 56 kbit/s 最大传输速率的限制。

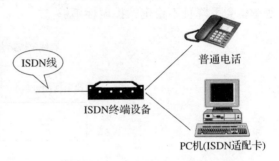

图 6 – 16　ISDN 拨号接入

ADSL 能够实现数字信号与模拟信号同时在电话线上传输的关键在于，上行和下行的带宽是不对称的。从互联网主机到用户端（下行频道）传输的带宽比较高，用户端到互联网主机（上行通道）的传输带宽则比较低。这样设计既保持了与现有电话网络频段的兼容性，也符合一般使用互联网的习惯与特性。

使用 ADSL 接入互联网需要的设备有一台 ADSL 分离器、一台 ADSL modem，一条电话线，连接起来的结构如图 6 – 17 所示。使用 ADSL 接入互联网的优点是速度快，打电话、上网两不误。多数地区采取包月计费，比较经济实惠；缺点是有效传输距离有限，一般在 3 ~ 5 km 范围内。

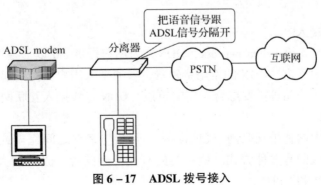

图 6 – 17　ADSL 拨号接入

二、专线接入

相对于拨号上网，通过专线访问互联网，速度快，响应时间短，稳定可靠。

1. cable modem 接入

cable modem（线缆调制解调器）技术，是一种通过有线电视网来发送和接收数据的技术。

cable modem 接入是有线电视运营商提供的全新、高速的网络接入方式，用户通过高速线缆调制解调器（cable modem，CM）和有线电视电缆接入互联网，如图 6－18 所示。cable modem 接入速率达 2～10 Mbit/s，适用于拥有有线电视网的家庭、个人或中小团体。特点是速率较高，接入方式方便（通过有线电缆传输数据，不需要布线），可实现各类视频服务、高速下载等。缺点在于基于有线电视网络的架构是属于网络资源分享型的，当用户激增时，速率就会下降且不稳定，扩展性不够。

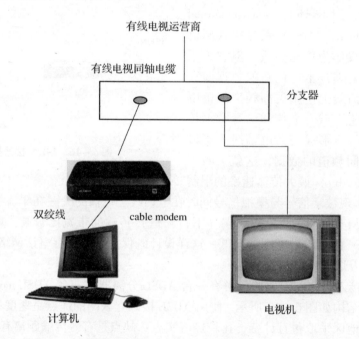

图 6－18　cable modem 接入

2. DDN 专线接入

数字数据网络（digital data network，DDN）为用户提供2M以下各种速率的全数字、高质量的数据专线传输通道。DDN 的租用费较贵，普通个人用户负担不起，因此 DDN 主要面向银行、证券等集团公司等需要综合运用的单位。DDN 专线接入互联网如图 6－19 所示。

3. 光纤专线接入

光纤接入是指中国宽带互联网（ChinaNet）局端与客户之间完全或部分地以光纤作为传输媒体。光纤接入网有多种方式，最主要的有光纤到路边、光纤到大楼和光纤到家，即常说的 FTTC、FTTB 和 FTTH。

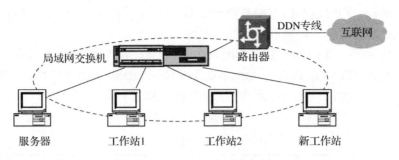

图 6-19 DDN 专线接入互联网

（1）业务特点

传输距离远：光纤连接距离可达 70 km。

传输速度快：光纤接入能够提供 10 Mbit/s、100 Mbit/s、1 000 Mbit/s 的高速带宽。

损耗低：由于光纤介质的制造纯度极高，所以光纤的损耗极低。在通信线中可以减少中继站的数量，提高了通信质量。

抗干扰能力强：因为光纤是非金属的介质材料，使用光纤作为传导介质，不受电磁干扰。

（2）业务定位

由于光纤接入能够提供 10 Mbit/s、100 Mbit/s、1 000 Mbit/s 的高速宽带，且直接汇接于中国宽带互联网（ChinaNet）来实现宽带多媒体应用，主要适用于集团用户和智能化小区、宾馆、商务楼、校园网等的高速接入互联网。

★通信小知识

【DDN 专线与光纤专线的区别】

DDN 专线是以光缆传输电路为主的一种接入方式。光纤专线也是采用光纤作为传输介质的一种接入方式。

DDN 专线能提供 2 Mbit/s 或 $N \times 64$ kbit/s（≤2 Mbit/s）速率的数字传输信道，但光纤接入速率可以是 2~100 Mbit/s。

DDN 专线能提供实时通道（无延时），多用于语音等实时性业务。光纤专线接入一般为交换方式汇接（IP 规范），有延时，多用于非实时性业务。

DDN 专线采用点对点的专用通道，是运营商建立的一个独立专网，虽然安全实时，但带宽利用率不高。

三、无线接入

无线接入

WiFi（wireless fidelity）俗称无线宽带。1999 年，各个厂商为了统一兼容 802.11 标准的设备而结成了一个标准联盟，称为 WiFi Alliance，而 WiFi 这个名词也是他们为了能够更广泛地为人们接受而创造出的一个商标类名词，也有人把它称作"无线保真"。WiFi 实际上为制定 802.11 无线网络的组织，并非代表无线网络。但是后来人们逐渐习惯用 WiFi 来称呼 802.11b 协议。它的最大优点就是传输速度较快，另外它的有效距离也很长，同时也与已有的各种802.11直接序列扩频（DSSS）设备兼容。笔记本电脑上的迅驰技术就是基于该标准设计的。

目前无线局域网（WLAN）主流采用802.11协议，故常直接称为WiFi网络。802.11协议家族包括IEEE 802.11a协议、IEEE 802.11b协议、IEEE 802.11g协议、IEEE 802.11e协议、IEEE 802.11i协议、无线应用协议（WAP）。802.11协议对比如表6-20所示。随着WLAN标准不断完善，其可运营、可管理性稳步增强，802.11n已成主流。

表6-20 802.11协议比较

标准号	IEEE 802.11b	IEEE 802.11a	IEEE 802.11g	IEEE 802.11n
标准发布时间	1999年9月	1999年9月	2003年6月	2009年9月
工作频率范围	2.4~2.483 5 GHz	5.15~5.350 GHz 5.47~5.725 GHz 5.72~5.850 GHz	2.4~2.483 5 GHz	2.4~2.483 5 GHz 5.150~5.850 GHz
非重叠信道数	3	24	3	15
物理速率/(Mbit/s)	11	54	54	600
实际吞吐量/(Mbit/s)	6	24	24	100以上
频宽	20 MHz	20 MHz	20 MHz	20 MHz/40 MHz
调制方式	CCK/DSSS	OFDM	CCK/DSSS/OFDM	MIMO-OFDM/DSSS/CCK
兼容性	802.11b	802.11a	802.11b/g	802.11a/b/g/n

WiFi技术具有以下优点：无线电波的覆盖范围相对广；传输速度非常快，最快可达54 Mbit/s，符合个人和社会信息化的需求；厂商进入该领域的门槛比较低，设备价格低廉；信号功率小，绿色健康；工作在2.4 GHz的IMS频段，全球统一。

WiFi技术的不足之处在于：工作在2.4 GHz的IMS频段，容易受干扰；覆盖范围有限；安全性有待提高；缺乏完善的QoS与商业模式。

1. WiFi的工作模式

WiFi的工作模式有两种，基础设施无线局域网和自组织无线局域网。

（1）基础设施无线局域网

基础设施无线局域网如图6-20所示，包括若干个基本服务集（basic service set, BSS），即BSS是基础设施无线局域网的基本组成单元。一个BSS包括一个或多个无线主机、一个接入点（access point, AP），AP也就是基站。无线主机借助AP与外界通信。AP之间利用集线器（hub）/交换机（switch）/路由器（router）互联。

此外，管理员安装AP时为该AP分配一个不超过32字节的服务集标识符（SSID，就是大家熟悉的WiFi热点的名字）。一个BSS可以是孤立的，也可以通过其AP连接到一个分配系统（distribution system, DS），然后再连接到另一个BSS，这样就构成了一个扩展服务组（extend service set, ESS）。

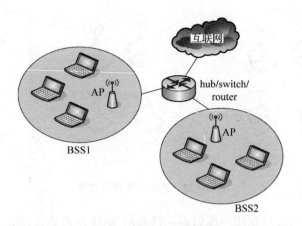

图 6-20 基础设施无线局域网工作模式

ESS 是指由多个 AP 以及连接它们的分配系统 DS 组成的结构化网络，所有的 AP 共享一个 ESSID，一个 ESS 中可以包含多个 BSS，如图 6-21 所示。

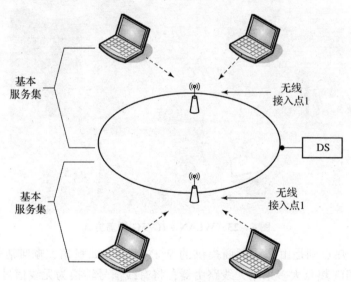

图 6-21 ESS 扩展服务集

分配系统（DS）用于 BSS 互联的逻辑组成单元，由它提供无线站点在 BSS 之间漫游的分配服务。DS 的作用是使 ESS 对上层表现得就像一个 BSS 一样。DS 通常是指以太网、点对点链路或者其他无线网络。

（2）自组织无线局域网

自组织无线局域网如图 6-22 所示，与基础设施无线局域网相比较，没有 AP 的中央控制，一般没有到外部网络的连接。包括基本服务集 BSS 和独立基本服务集 IBSS。

2. WiFi 的应用

目前的 WiFi 热点大致可以分为两类，一类是运营商提供的，采用 WLAN + 4G（或 5G）网络覆盖方式，如图 6-23 所示。例如，中国电信的天翼 WiFi（WiFi 热点"ChinaNet"），中国移动的 WLAN 无线上网方式（WiFi 热点"CMCC"）以及中国联通的无线宽带（WiFi

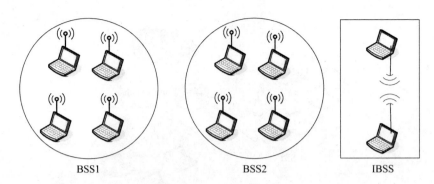

图 6-22　自组织无线局域网

热点"China Unicom")。移动用户搜索到运营商的 WiFi 热点后,可凭手机号码和相应的登录密码接入互联网。

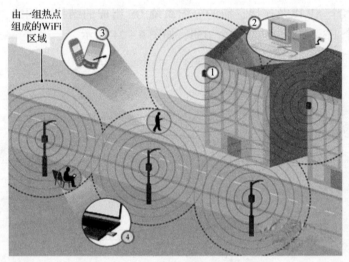

图 6-23　WLAN+4G/5G 覆盖方式

另一类 WiFi 热点则是由非运营商提供的 WiFi 热点,如餐馆、咖啡店等场所提供的免费 WiFi。这类 WiFi 热点大多采用无线路由器,将有线信号转换为无线信号,如图 6-24 所示,覆盖范围有限,一般为几十米到一百米。用户搜索到这类免费的 WiFi 的 SSID 后,如果 SSID 设置了密码保护,用户还得获取该 SSID 的密码才能使用免费的 WiFi 热点。

图 6-24　利用无线路由器设置 WiFi

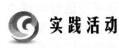 实践活动

模块6 实践活动

【活动背景】

客户解决方案（customer solutions）是立足于客户的具体需求，以整合各种电信产品和服务为手段，为客户设计的能全面解决现实的和潜在的各种通信需求的方案。客户解决方案分为三类：行业级客户解决方案、企业级客户解决方案、公众级客户解决方案，分别针对行业化特色明显的中小企事业单位、重点的大型企业集团、处于离散状态的个人或家庭进行针对性营销。

与聚合类业务站在电信运营企业的立场考虑问题不同，行业级客户解决方案（以下简称行业解决方案）是站在客户的立场上，将通信产品和业务按行业的通信消费特点进行组合，从而能够较准确地把握行业消费规律，更有效地为行业聚类客户提供服务。因此，在营销策划中设计行业解决方案是非常重要的一环。

【活动准备】

设计行业解决方案的目的：首先可以方便客户经理站在行业的高度来思考和认识问题；其次可以通过细分市场，深入挖掘客户需求，规划和引导处于不同阶段的客户需求；再次可以将解决方案模块化，便于根据实际情况选择组合，提高提供解决方案的效率；最后可以提高客户经理综合分析、综合解决问题的能力。

行业解决方案的设计是一个挖掘、整理、分析、加工的过程。一般来说，分为这样几个步骤，如图 6-25 所示。

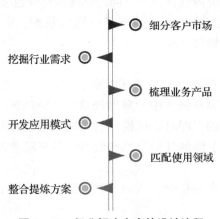

图 6-25　行业解决方案的设计流程

【活动内容】

随着世界加速进入数字化时代，从公用事业、物流运输，再到零售业，几乎所有行业都发生了深刻的数字化转变，而新冠肺炎疫情的影响更加速了这一趋势。数字化在实现技术上飞跃的同时，也在重塑经济和人们的生活方式。截至 2021 年 3 月，中国成为全球第二

大保险市场。站在保险行业数字化转型的关键时间点，银保监会陆续发布多项监管政策及指导意见，其中涉及财产险、健康险、互联网＋保险等多个领域。同时，在相关政策中多次强调了利用现代科技技术改造和优化传统保险业务流程。政策在鼓励和规范保险数字化转型进程的同时也对行业数字化提出了更高的要求。

请按照以下步骤，对保险行业进行行业解决方案的设计。

1. 细分客户市场

由于行业解决方案解决的是企业的问题，所以这里的细分客户市场特指政企类客户的细分；传统的细分方法有不同的维度，这里特指首先按行业特征维度归类，在行业大类中也可以继续按企业发展的阶段、企业的规模等维度细分。

请通过网络调研，分析保险行业的客户市场可以如何细分。

2. 挖掘行业需求

挖掘行业需求的重点在于对行业信息化需求的挖掘，这直接影响对行业客户的通信消费偏好和急需解决的问题等的把握是否准确。一般可以从分析研究行业背景入手，研究行业信息化历程、现状和方向，特别要分析研判行业在信息化应用领域的困境和误区。

①请分析保险行业某一细分市场的背景及目前的信息化情况。

②请站在该细分市场的角度，思考该细分市场未来的关键成功因素是什么（可以从品牌创新、服务优化、风险防控、成本控制等方面考虑）。

③分析该细分市场的信息化程度，思考他们最需要何种类型的产品。

3. 梳理业务产品

全面梳理电信运营企业所能提供的所有业务产品是设计行业解决方案重要步骤，梳理的目的是将业务产品模块化，在模块化中，可以将产品本身及其应用深度和依附于产品的服务进行科学的分类。在将产品模块化的过程中，还能比较直观地发现企业产品的缺陷和产品线的空白，发现同一业务内核可以将不同的功能或特征包装成不同的产品。

产品模块化设计的维度较多，请尝试从基础网络服务、系统集成、外包服务等角度，对前面描述过的业务进行模块化分类。

4. 开发应用模式

开发应用模式就是针对行业客户的需求，分析电信产品与服务和行业需求的结合点，设计电信产品与服务在满足客户需求中的典型场景，以帮助客户产生直观的价值认知。同一产品的应用模式不是唯一的。同时应用模式的构成元素也并非限于电信运营企业自有的产品和服务，协同产业链上下游的其他产品和服务，乃至联合非产业链其他产品和服务也是开发应用模式的有效途径。

请简要设计一个 IDC 业务在保险行业的典型应用场景，即 IDC 业务可以为保险行业提供哪些服务。

5. 匹配使用领域

匹配使用领域就是将模块化后的产品采用适当的应用模式与目标行业的典型通信需求进行匹配，以客户的语言而非电信业界的专业术语来解释客户需求的问题。这一过程要准确生动，不能牵强附会；要解决现在、兼顾未来。

6. 整合提炼方案

最终解决方案的形成并不是将匹配后的业务模块进行简单的堆砌组合，一是要整合、二是要提炼。经过梳理后的业务产品模块是相对独立的，但匹配于不同行业后的模块应用模式就有了依附于行业特点的生命力，各模块的协同作用可以对各模块的独立作用进行增值。

行业解决方案一般分两个维度提供整体性的标准方案：

一是由通信到应用的纵向层次深度，包括基本通信解决方案和应用解决方案；

二是由产品到服务的横向拓展广度，包括产品解决方案和服务解决方案。

行业解决方案应用到营销实践中的项目方案，除了结合企业实际情况作进一步完善外，还应包括电信运营企业支撑能力分析、区别于其他运营企业的优势、具体网络拓扑、详细接入方案、项目报价以及同行业其他成功案例示范等。

过关训练

一、填空题

1. 互联网数据中心（internet data center，IDC）是一类向用户提供_____基本业务和有关附加业务、在线提供_____和_____的数据中心，用户通过使用 IDC 的业务和服务实现用户自身对外的互联网业务和服务。

2. 我国国家工程建设标准 GB 50174《数据中心设计规范》将数据中心划分为 A、B、C 三个等级，其中 A 级数据中心的基础设施应按_____配置（其可靠性和可用性等级_____），B 级数据中心的基础设施应按_____配置（其可靠性和可用性等级_____）；C 级数据中心的基础设施应按_____配置（其可靠性和可用性等级_____）。

3. IDC 传统业务是基于_____，向用户提供以_____为主的传统服务集合。

4. CDN 是一个经策略性部署的整体系统，包括_____、_____、网络请求的重定向和_____4 个要件，而_____和_____是 CDN 的核心所在。

5. 国内互联网虚拟专用网（IP－VPN）业务是指经营者利用自有或租用的互联网网络资源，采用_____协议，为国内用户定制_____的服务。

6. 互联网虚拟专用网主要采用_____等基于 TCP/IP 的技术组建，并提供一定的安全性和保密性，专网内可实现加密的_____传送。

7. 当前 IP－VPN 技术主要包括_____、_____、_____等。

8. 从技术实现可行性和成本来考虑，对于新建的 IP－VPN，建议采用_____技术方案；对于在 IP 专网基础上向 IP 网络服务平台转换的需求，建议采用_____技术方案。

9. ISDN 分为_____和_____。

10. 光纤接入网有多种方式，最主要的有光纤到路边、光纤到大楼和光纤到家，即常说的_____、_____和_____。

二、简答题

1. 简述 IDC 云计算业务的内容。
2. 简述互联网接入服务业务的定义及方式。
3. 我国主要的 CDN 服务提供商有哪些？
4. 无线局域网（WLAN）主流协议有哪些？

模块 6 章节测验

模块七

第二类增值电信业务认知及应用

学习目标

*知识目标：
- 了解移动支付业务、电子数据交换业务、网络/电子设备数据处理业务；
- 了解国内多方电话会议服务业务、国内互联网会议电视及图像服务业务；
- 了解移动邮件、传真存储转发业务；
- 了解呼叫中心业务、信息服务业务、互联网域名解析业务。

*能力目标：
- 能够应用推广移动支付业务、电子数据交换业务、网络/电子设备数据处理业务；
- 能够应用推广国内多方电话会议服务业务、国内互联网会议电视及图像服务业务；
- 能够应用推广移动邮件、传真存储转发业务；
- 能够应用推广呼叫中心业务、信息服务业务、互联网域名解析业务。

*素养目标：
- 具备聚焦电信业务不断创新发展的前瞻视野；
- 具有质量意识、绿色环保意识、安全意识、信息素养和创新思维；
- 具备崇德向善、诚实守信、爱岗敬业、精益求精的职业精神。

学习导图

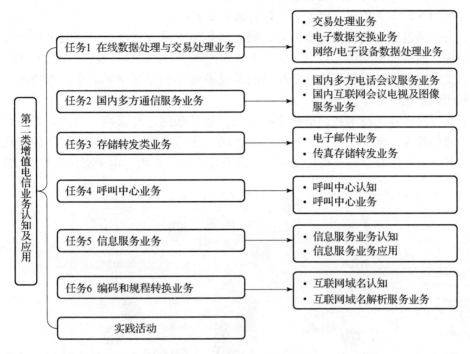

第二类增值电信业务包括在线数据处理与交易处理业务、国内多方通信服务业务、存储转发类业务、呼叫中心业务、信息服务业务、编码和规程转换业务。

任务1　在线数据处理与交易处理业务

在线数据处理与交易处理业务是指利用各种与公用通信网或互联网相连的数据与交易/事务处理应用平台，通过公用通信网或互联网为用户提供在线数据处理和交易/事务处理的业务。在线数据处理与交易处理业务包括交易处理业务、电子数据交换业务和网络/电子设备数据处理业务。

一、交易处理业务

交易处理业务包括办理各种银行业务、股票买卖、票务买卖、拍卖商品买卖、费用支付等。

下面以费用支付为例来说明交易处理业务。

1. 电子支付

电子支付是指电子交易的当事人，包括消费者、厂商和金融机构以电子化设备和各类交易卡为媒介，以计算机技术和通信技术为手段，二进制为存储形式，通过计算机网络系统进行的货币支付或资金流转。

电子支付具有方便、快捷、高效、经济的优势。用户只要拥有一台上网的计算机,便可足不出户,在很短的时间内完成整个支付过程。

与传统的支付方式相比,电子支付具有以下特征:

电子支付通过数字流转来完成信息传输,其各种支付方式都是采用数字化的方式进行款项支付的;而传统的支付方式则是通过现金的流转、票据的转让及银行的汇兑等完成的。

电子支付的工作环境是基于一个开放的系统平台(如互联网)之中;而传统支付则是在较为封闭的系统中运作。

电子支付以计算机技术和通信技术为手段,如互联网、外联网;而传统支付使用的则是传统的通信媒介。电子支付对软、硬件设施的要求很高,一般要求有联网的微机、相关的软件及其他一些配套设施;而传统支付则没有这么高的要求。电子支付流程见图 7-1。

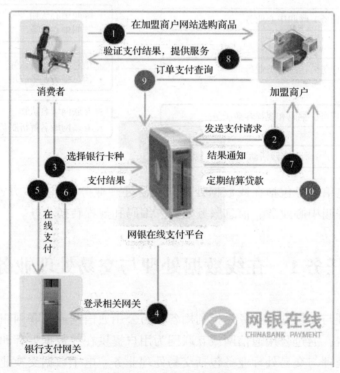

图 7-1 电子支付流程

2. 移动支付

移动支付是指消费者通过移动终端(一般为手机)发出数字化指令为其消费的商品或服务进行账单支付的方式。移动支付包括远程支付和近场支付。

(1)远程支付

远程支付:通过移动通信网络进行接入的服务。用户在支付时,可以用短信、WAP 或客户端软件等方式将支付信息传递到支付平台的后台服务器,支付平台在相应的账户间进行处理。远程支付主要用于网上消费。

①手机银行模式。对用户的要求:一是在银行有合法账户;二是用户手机支持相应的技术和协议。例如招行手机银行要求手机支持 WAP 1.1 或更高版本的 WAP 协议;用户通

过手机浏览器访问手机银行网站。

手机银行的功能和服务：银行卡的账户管理、自动转账、自助缴费、网上支付、投资理财、信用卡的还款管理和积分管理等。

②后台账户模式。电信运营商为每个手机用户建立一个与手机号码绑定的后台支付账户，用户为账户充值后，即可在远程合作商户购物，并通过短信、语音等方式从该账户进行支付。

与手机号码绑定的后台支付账户也可以是该手机的话费账户，这种模式主要适用于图铃下载、游戏等移动增值业务费用的缴纳。

为后台支付账户充值可以通过营业厅现金充值、充值卡充值，则整个支付过程没有银行参与。账户充值也可以通过银行卡转账进行，需要银行与移动运营商进行结算。

③银行卡绑定模式。银行卡绑定模式是一种手机用户通过手机号码和银行卡业务密码进行缴费和消费的业务模式。移动用户将银行卡与手机号码事先绑定，在支付过程中，手机号码代替了定制关系对应的银行卡，用户只需输入银行卡业务密码即可。在此业务模式中，通信运营商只为银行和用户提供信息通道，不参与支付过程。银行为用户提供交易平台和付款途径，并提供相应的安全机制。

④虚拟账户模式。虚拟账户模式是一种手机用户使用在第三方支付机构开设的网上虚拟账户进行支付的业务模式。它要求手机用户预先将资金转账或充值到后台服务器的虚拟账户内，或者将虚拟账户与银行卡关联，在消费时使用该账户进行支付。用户在手机上安装第三方机构推出的具有第三方支付接口的手机客户端，通过该客户端操作虚拟账户完成支付。例如手机用户安装支付宝 App（应用软件）之后，就可以在手机上通过支付宝账号完成 App 的所有付费操作。

（2）近场支付

近场支付：不需要通过移动通信网络，而是利用近距离无线通信技术进行支付，即储值卡式电子钱包支付。通过在手机终端内置近距离无线通信（near field communication，NFC）芯片，植入用户信息、账户信息或银行卡号等信息，将储值卡或银行卡功能集成到手机卡中，以手机作为储值卡的载体，通过刷手机完成支付，如图 7 - 2 所示。

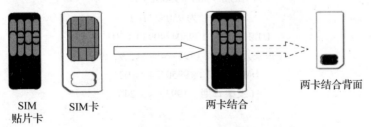

图 7 - 2　双界面智能卡——RFID - SIM 卡

二、电子数据交换业务

1. 什么是电子数据交换业务

电子数据交换（Electronic Data Interchange，EDI）业务是一种把贸易或其他行政事务有关的信息和数据按统一规定的格式形成结构化的事务处理数据，通过通信网络在有关用户的计算机之间进行交换和自动处理，完成贸易或其他行政事务的业务。

★ 通信小知识

【EDI 许可证】

申办 EDI 许可证作用：根据国务院和工信部以及国家行业管理部门颁布的《中华人民共和国电子签名法》《商用密码管理条例》《电子银行业务管理办法》《网络交易平台服务规范》《电子认证服务管理办法》《电子支付指引》和《互联网安全保护技术措施规定》等相关法规和法律文件的规定，未经省通信管理局/工信部审批核准的企业不得从事互联网交易处理业务、网络/电子设备数据处理业务、电子数据交换业务。

注：简单来说，没有此证就没有办法开展互联网交易处理业务、网络/电子设备数据处理业务、电子数据交换业务。

2. 电子数据交换系统的组成

EDI 系统包括 EDI 标准、EDI 软硬件、EDI 通信网络。

（1）EDI 标准

EDI 技术的核心就是 EDI 标准，即被处理的业务数据格式采用国际统一标准，使不同的商业用户的计算机能够识别和处理这些单据。

目前国际上有两大 EDI 标准体系：

①联合国欧洲经济委员会，UN/EDIFACT 标准。

UN/EDIFACT 标准包括了 EDI 标准的三要素：数据元、数据段和标准报文格式。EDIFACT 报文举例如表 7-1 所示。

表 7-1 EDIFACT 报文举例

UNH + 1002：INVOIC：98B：UN：CSBTS'
（报文头，报文参考号 1002）
BGM + 380 + 950S274F'
（发票号为 950S274F）
DTM + 137：199504240930：203'
（报文发送时间 1995 - 4 - 24，9：30）
DMT + 137：19950424：102'
（发票日期：1995 - 4 - 24）
…
UNT：52：1002'
（报文结束，共 52 个段，参考号 1002）

②美国国家标准委员会，ANSI X.12 标准。

由美国国家标准协会授权 ASC X12 委员会依据 TDCC 制定的美国 EDI 国家标准。

（2）EDI 硬件

EDI 硬件包括计算机、通信线路、联网设备。

计算机包括 PC、工作站、小型机、主机。

(3) EDI 软件

EDI 软件的功能是将用户数据库系统中的信息，翻译成 EDI 结构化的要求进行结构化处理，根据 EDI 语法规则进行压缩、重复和嵌套，以及代码转换，以供传输和交换。

EDI 软件包括转换软件、翻译软件、通信软件。

①转换软件可以帮助用户将原有计算机系统的文件转换成翻译软件能够理解的平面文件（flat file），或是将从翻译软件接收来的平面文件转换成原计算机系统中的文件。

②翻译软件将平面文件翻译成 EDI 标准格式，或将接收到的 EDI 标准格式翻译成平面文件。

③通信软件具有管理和维护贸易伙伴的电话号码系统，自动执行拨号等功能。

(4) 通信网络

EDI 通信网络可以是计算机网、移动通信网等，从未来的发展来看，互联网将成为 EDI 传输的主要平台。

用户终端可通过 PSTN、CHINAPAC、DDN、ChinaNet 等方式接入 EDI 系统。

3. 电子数据交换系统的工作过程

EDI 的工作过程如图 7-3 所示。

图 7-3　EDI 的工作过程

首先将 A 公司的单证利用格式转换软件转换成平面文件，再利用翻译软件将平面文件翻译成 EDI 标准报文，并通过通信网络传送 EDI 标准报文。B 公司对接收到的 EDI 标准报文先翻译成平面文件，再利用格式转换软件生成标准格式的单证文件。

4. 电子数据交换业务的应用

电子数据交换的优势在于快速传输、节约劳动、减少错误，从而实现高效率、低成本，在进出口商、运输公司、保险公司、海关、商检、银行等部门得到了广泛应用。

国际贸易领域：在商业贸易领域，通过采用 EDI 技术，可以将不同制造商、供应商、批发商和零售商等商业贸易之间各自的生产管理、物料需求、销售管理、仓库管理、商业 POS 系统有机地结合起来，从而使这些企业大幅提高其经营效率，并创造出更高的利润。商贸 EDI 业务特别适用于那些具有一定规模的、具有良好计算机管理基础的制造商、采用商业 POS 系统的批发商和零售商、为国际著名厂商提供产品的供应商。

贸易运输领域：在运输行业，通过采用集装箱运输电子数据交换业务，可以将船运、空运、陆路运输、外轮代理公司、港口码头、仓库、保险公司等企业之间各自的应用系统联系在一起，从而解决传统单证传输过程中的处理时间长、效率低下等问题；可以有效提高货物运输能力，实现物流控制电子化，从而实现国际集装箱多式联运，进一步促进深圳市港口集装箱运输事业的发展。

【贸易运输领域案例】

中国远洋运输（集团）总公司，前身是中国远洋运输公司，作为国内最早实施 EDI 的企业之一，作为以航运、物流为核心主业的全球性企业集团，中远在全球拥有近千家成员单位，公司规模发展庞大。20 世纪 90 年代初，中远集团与国际著名的 GEIS 公司合作开始了 EDI 中心的建设，由该公司为中远集团提供报文传输服务，经过之后的不断开发和研究，公司实现了对海关和港口的 EDI 报文交换，并通过北京 EDI 中心实现了与 GEIS EDI 中心的互联，连通了中远集团海外各区域公司。目前，中远集团已经通过 EDI 实现了对舱单、船图、箱管等数据的 EDI 传送。中远集团 EDI 的实施上取得了很大的成功，它为中远集团节约了大量的成本，很大程度上提高了中远集团的工作效率，使得中远集团在激烈的国际竞争中始终处在前列。

通关自动化：在外贸领域，通过采用 EDI 技术，可以将海关、商检、卫检等口岸监管部门与外贸公司、来料加工企业、报关公司等相关部门和企业紧密地联系起来，从而可以避免企业多次往返多个外贸管理部门进行申报、审批等，大大简化进出口贸易程序，提高货物通关的速度，最终起到改善经营投资环境，加强企业在国际贸易中的竞争力的目的。

三、网络/电子设备数据处理业务

网络/电子设备数据处理业务是指通过通信网络传送，对连接到通信网络的电子设备进行控制和数据处理的业务。如对 M2M（machine to machine）和消费电子设备、可穿戴设备等数据进行处理和管理的平台。

下面以 M2M 为例来说明。

1. 什么是 M2M

广义上，指人与机器、机器与机器、人与人、移动网络与机器之间的互联与互操作。

狭义上，指机器与机器、网络与机器之间通过相互通信与控制达到相互间的协同运行与最佳适配的技术。

M2M 可以看作是一种以机器智能交互为核心的、网络化的应用与服务。

2. M2M 系统架构

M2M 系统架构如图 7-4 所示。

①通信模块及终端：包括无线模块、内置传感器、智能 RFID 标签。将通信模块植入到特种终端中，如工业可编程控制器、流水线机器人、智能手机等。

②通信网络：包括无线网络和有线网络。要确保网络的覆盖能力和可靠性，能够支撑标准通信协议以及为数据提供低成本、高效率的传输通道。

③智能管理系统：标准的平台扫清了改造升级的技术障碍，并使客户与其合作伙伴、供应商合作无间；标准化的应用服务使数据的采集与发布更加容易；整合应用，根据 M2M 的核心业务定制。

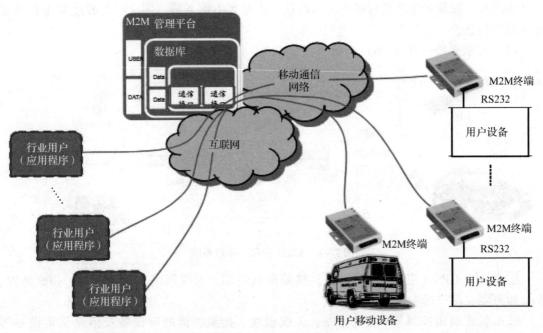

图 7-4　M2M 系统架构

M2M 包含的基本特性如下：

①智能化：利用蜂窝通信和 WSN 等技术实现机器间的智能互联与交互。

②集中管理：大量的机器实现互联，大量数据集中、融合、协同以实现信息的有效利用。

③普适性：各种各样的机器如果安装了 M2M 终端，即可有效加入互联。

④交互性：机器之间，人与机器之间的信息交互是 M2M 技术的核心。

⑤实时性：M2M 的作用就是及时交互机器的具体情况，并根据获得的信息进行快速有效的调整。

3. M2M 的应用

（1）安防视频监控（图 7-5）

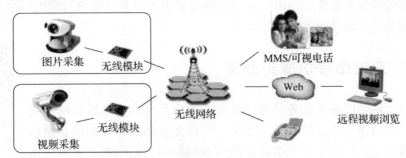

图 7-5　M2M 应用—安防视频监控

①系统由图片、视频采集终端、无线网络和管理系统、Web 服务器、用户终端组成。

②图片、视频采集终端由无线模块、图片采集设备、视频采集设备等组成。

③图片、视频采集终端可以通过 MMS、可视电话直接将信息上传到用户终端。

④图片、视频采集终端可以实时将信息上传到 Web 服务器，用户可以通过 Web 浏览器远程浏览信息。

（2）车载系统（图 7-6）

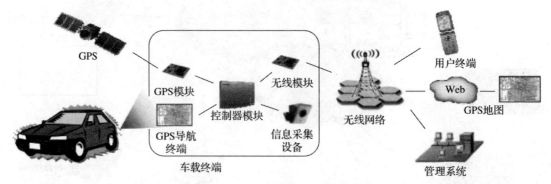

图 7-6　M2M 应用—车载系统

①系统由 GPS（卫星定位系统）、移动车载终端、无线网络和管理系统、GPS 地图、Web 服务器、用户终端组成。

②车载终端由控制器模块、GPS、无线模块、视频图像处理设备及信息采集设备等组成。

③车载 GPS 导航终端通过 GPS 模块接收导航信息，并可以通过无线模块实时更新地图。

④车载终端通过车辆信息采集设备收集车辆状况信息，通过无线模块上传给管理系统。

⑤通过无线模块，车辆防盗系统可以实现与用户终端进行交互。

任务 2　国内多方通信服务业务

国内多方通信服务业务是指通过多方通信平台和公用通信网或互联网实现国内两点或多点之间实时交互式或点播式的语音、图像通信服务。

国内多方通信服务业务包括国内多方电话会议服务业务、国内可视电话会议服务业务和国内互联网会议电视及图像服务业务等。

一、国内多方电话会议服务业务

国内多方电话会议服务业务是指通过多方通信平台和公用通信网把我国境内两点以上的多点电话终端连接起来，实现多点间实时双向语音通信的会议平台服务。它打破了传统会议中的时间限制和空间限制，能够快速进行会议，对于会议内容重要、时间紧急但人员又不集中的情况，具有极大的帮助，不仅省时省力，还节省了部分成本。

国内多方电话会议服务业务

1. 电话会议系统的组成

典型的电话会议系统如图 7-7 所示，它的设备组成主要包括会议桥和会议电话机。

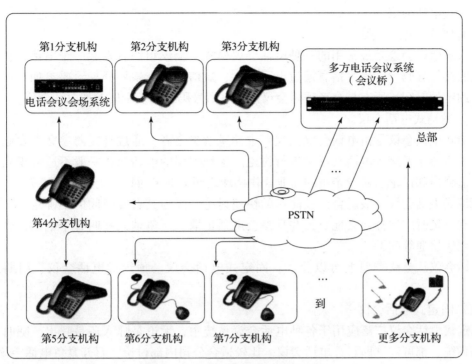

图7-7 典型的电话会议系统组成

(1) 会议桥

会议桥的别名为交互式电话会议系统或多方电话会议桥,它相当于一个虚拟性的会议室,参会人员即便身处各地,只要身边有电话、手机、会场系统等终端设备就可以进入到这个会议室进行会议,它能够实现3人以上的同时连线,并且通话信号稳定可靠。

(2) 会议电话机

会议电话机是指为会场提供会议麦克风信号输入接口和音箱信号输出接口的电话机,如图7-8所示。会议麦克风信号输入接口与普通的麦克风信号输入接口有所区别,采用高品质麦克风信号放大器和自动增益调整技术使得会议的发言者可以用平常的姿势发言,而不用必须贴近麦克风说话才有声音。此外它能够完全过滤掉周围环境的杂声,保证发言者输出的声音清晰、稳定、洪亮、真实,更好地解决会议电话采音音质不好的问题。音箱信号输出接口也是双重性接口,既可接有源音箱,也可以功放。

图7-8 会议电话机

2. 业务类别

电话会议从召开方式上可以分为两个类型,一种为呼入式电话会议(meet-me),另一种为邀请式电话会议。

（1）呼入式电话会议

呼入式电话会议是最常用的一种电话会议模式，会议组织者发起一个电话会议，将电话会议的接入号码、密码等信息通过电子邮件、短信、社交软件分享给要参加会议的与会者。在约定的时间，所有与会者呼叫会议接入电话号码，输入密码参加电话会议。

（2）邀请式电话会议

邀请式电话会议是由电话会议发起者主动邀请参会者，通过直接向参会者发起即时呼叫，立刻将参会者接入电话会议中进行讨论。这种类型的电话会议一般不适合正式的商务场合，适合内部讨论、比较亲密的商业合作伙伴之间的业务讨论，处理应急事务。

邀请式电话会议一般适合比较简短的快速讨论，因为其召开时间的不确定性，所有参会者没有充足时间选择参会地点，并且参会电话也取决于邀请人呼叫哪个电话，容易出现占线、无法接通等问题。

电话会议从会议类型上可以分为：固定式电话会议、预约式电话会议、周期式电话会议。

（1）固定式电话会议

固定式电话会议广泛应用于各种电话会议系统中，无论是呼入还是呼出，随时进入电话会议系统，都可以立即召开电话会议。比较适合公司内部讨论，召开紧急电话会议。

（2）预约式电话会议

预约式电话会议是应用最广泛的电话会议方式，国际上的大型企业也多是采用这种方式召开电话会议，对会议召开的时间、主题、时长进行提前预约，参会人员根据预约时间参加电话会议，适合比较正式的电话会议。

（3）周期式电话会议

在一个周期内反复参加的电话会议，比如每周一的上午9：00召开电话会议，可以使用周期式电话会议的方式，所有参会成员每个周一的上午9：00来参加电话会议，会议组织人不必每周去预定组织电话会议，也避免固定会议一直存在于电话会议系统中所面临的安全问题。

★ 通信小知识

【国内可视电话会议服务业务】

国内可视电话会议服务业务是通过多方通信平台和公用通信网把我国境内两地或多个地点的可视电话会议终端连接起来，以可视方式召开会议，能够实时进行语音、图像和数据的双向通信会议平台服务。

一部可视电话会议设备可以像一部普通电话机一样接入公用电话网使用。动态图像可视电话会议显示的图像是活动的，用户可以看到对方的微笑或说话的形象。动态图像可视电话会议的图像信号因包含的信息量大，所占的频带宽，不能直接在用户线上传输，需要把原有的图像信号数字化，变为数字图像信号，而后还必须采用频带压缩技术，对数字图像信号进行"压缩"，使之所占的频带变窄，这样才可在用户线上传输。动态图像可视电话会议的信号因是数字信号，所以要在数字网中进行传输。可视电话会议还可以加入录像设备，就像录音电话一样，把图像录制下来，以便保留。

二、国内互联网会议电视及图像服务业务

国内互联网会议电视及图像服务业务是为国内用户在互联网上两点或多点之间提供的交互式的多媒体综合应用，如远程诊断、远程教学、协同工作等。

1. 组网结构

互联网会议系统的组网结构随与会者参加方式的不同有所不同，从整体上看，有两种组网结构：点对点组网结构和多点会议组网结构。

（1）点对点组网结构

会议只涉及两个会议终端时，其组网结构非常简单，不需要增加额外的网络设备，只需在终端系统中系统控制模块中增加会议管理功能即可实现。其组网结构如图7-9所示。两个会议场点（终端系统）只需相互拨号呼叫对方并得到对方确认后便可召开会议。

图7-9 点对点组网结构

（2）多点会议组网结构

在多个会议场点进行多点会议时，必须设置一台或多台多点控制单元（multi control unit，MCU），通常设置在网络节点处，可供多个会议场点同时进行相互间的通信。MCU可以在数字域中实现音频、视频、数据信令等数字信号的混合和切换（分配），但不得影响音频、视频等信号的质量。

多点会议组网结构比较复杂，根据MCU数目可分为两类：单MCU方式和多MCU方式。而多MCU方式一般又可分为两种：星形组网结构和层级组网结构。

①单MCU方式。在会议场点数目不多且地域分布比较集中时，可采用单MCU方式，其组网结构如图7-10所示。各会议场点依次加入会议时，必须经过MCU确认并通知先于它加入会议的会议场点。

②多MCU方式。多MCU方式星形组网结构如图7-11所示。这种星形结构对会议终端系统要求较低，增加新会议场点时易扩展。MCU功能类似于交换机，各MCU在这种组网结构中地位平等。

2. 业务应用

视频会议是一种让异地的人们通过"云"平台实现"实时、可视、交互"的多媒体通信技术。它将参会成员的静态和动态图像、语音、文字、图片等多种信息分送到各个用户的终端设备上，通过图像、声音、文字等多种方式交流，使用户犹如身临其境参加在同一会场中沟通一样。使用者只需要通过互联网界面，进行简单易用的操作，便可快速高效地与全球各地团队及客户同步分享语音、数据文件及视频，而会议中数据的传输、处理等复杂技术由云会议服务商来完成。

好视通视频会议是一个以SAAS（software-as-a-service）模式为主体的视讯运营平

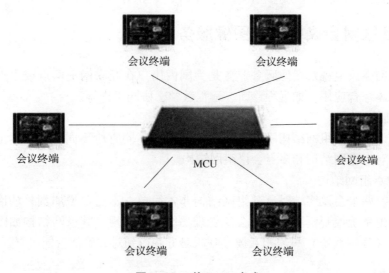

图7–10 单MCU方式

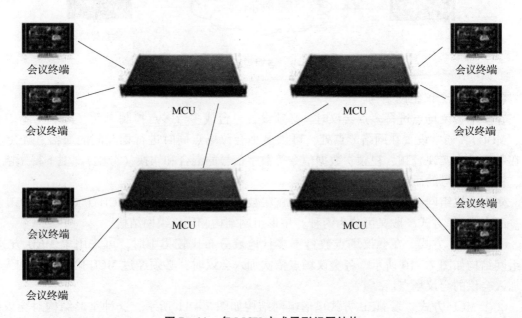

图7–11 多MCU方式星形组网结构

台,其MCU服务器布遍全球80多个城市,使用者不必再安装调试复杂的服务器版客户端。好视通视频会议系统如图7–12所示。

(1)场景配置

好视通视频会议场景配置如表7–2所示。

(2)行业应用场景

好视通视频会议可应用于远程会议、在线直播、远程教育、远程医疗、远程信访等方面(表7–3)。

模块七 第二类增值电信业务认知及应用

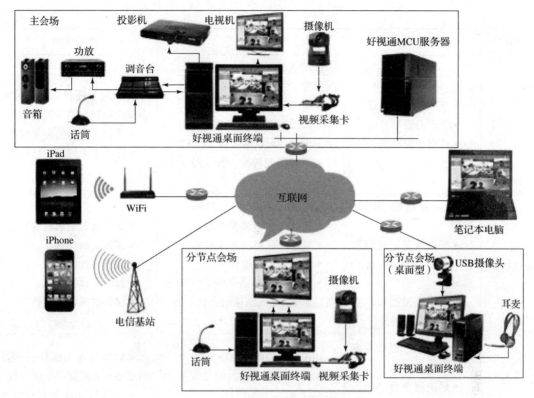

图 7-12 好视通视频会议系统

表 7-2 场景配置

会议场景	配置方案	网络环境
小型会议室	电脑（计算机）或手机和平板电脑、摄像头、音箱、好视通客户端	2M 及以上宽带
中型会议室	电脑或手机和平板电脑、摄像头、话筒、音箱、好视通客户端	2M 及以上宽带
大型会议室	电脑或手机和平板电脑、摄像头、话筒、音箱、好视通客户端、音频设备、投影	2M 及以上宽带

表 7-3 行业应用场景

应用场景	需解决的问题	解决方案	应用价值
远程会议	• 总部与各子公司的日常沟通和远程会议 • 降低会议、工作的成本 • 提高会议效率	好视通远程会议解决方案 • 操作简单 • 界面清晰 • 全球云端互通 • 支持 iOS、Android 操作系统远程接入	• 降低会务成本 • 提高会议和工作的效率 • 手机等多终端接入，增强了参会的便捷性，随时随地进行远程会议、协作沟通

201

续表

应用场景	需解决的问题	解决方案	应用价值
在线直播	• 全国经销商会议 • 新产品发布 • 远程招聘和培训	好视通远程会议、远程培训解决方案 • 高稳定性安全保障 • 云计算和多组高性能服务器动态集群部署技术 • 高清晰度传输，并支持手机接入	• 解决了远程培训、片区会议、远程招聘等问题 • 节省了大量的会务成本 • 提高了会议和工作效率
远程教育	• 远程授课、协作教学 • 国内外科研项目协作研究、实习生远程指导 • 系统可根据用户身份进行权限的划分	好视通远程培训教学方案 • 宽带互联网接入技术 • 手机的实时接入 • 针对高校的需求特色，推出支持 C/S、B/S 结构的会议系统	• 解决远程培训教学难题 • 课程互动性强 • 实现人性化定制 • 教学模式科技化 • 课程效果清晰流畅
远程医疗	• 克服医疗权威专家分布不平衡问题 • 解决疑难急诊的远程协作 • 一流医院信息化建设需求 • 方便日常医务人员培训与交流	好视通远程医疗解决方案 • 采用国际先进的 H.264 视频编码技术 • 手机接入技术 • 医疗资料共享、推进远程协助 • 提高医务人员的培训交流	• 加强与各大医疗机构及国家级重点医院的交流合作 • 专家对疑难杂症病例在线会诊，远程协助 • 节省了大量会议成本 • 促进下层与上级医院的沟通
远程信访	• 党政机关与群众"面对面"沟通 • 节省上访的沟通成本 • 解决群众上访见领导难的问题 • 提供实时监控，使信访工作公开化及智能化等	好视通远程信访解决方案 • 高性能的服务器集群，同时容纳千人在线 • 实现文字交流、资料共享 • 对信访文档、录制以及信访结果进行科学保存管理	• 建立绿色信访模式 • 节约信访、会务成本 • 实现信访数据共享、公开化 • 多终端接入，随时随地接入

任务3　存储转发类业务

存储转发类业务是指利用存储转发机制为用户提供信息发送的业务。存储转发类业务包括语音信箱、电子邮件、传真存储转发等业务。

语音信箱业务是指利用与公用通信网、公用数据传送网、互联网相连接的语音信箱系统向用户提供存储、提取、调用语音留言及其辅助功能的一种业务。每个语音信箱有一个专用信箱号码，用户可以通过电话或计算机等终端设备进行操作，完成信息投递、接收、存储、删除、转发、通知等功能。

一、电子邮件业务

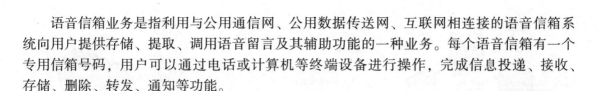
电子邮件服务

电子邮件业务是指通过互联网采用各种电子邮件传输协议为用户提供一对一或一对多的电子邮件编辑、发送、传输、存储、转发、接收的电子信箱业务。它通过智能终端、计算机等与公用通信网结合，利用存储转发方式为用户提供多种类型的信息交换。

随着手机逐渐具备了越来越强的计算能力和越来越高的存储能力，移动电子邮件成为移动业务与传统互联网业务融合的增值应用。

1. 移动邮件的基本定义

移动邮件业务指用户使用手机收发邮件的业务。目前移动邮件业务都支持 Push 功能，即一旦用户有新的邮件，系统通过邮件到达通知主动通知用户，手机则根据邮件到达通知自动收取新邮件，这种业务形式不需要用户经常去查询自己的邮箱是否有新邮件到达，因此也不用时时在线，节省大量的网络资源。由于移动邮件的这种 Push 功能，通常也称作 Push Mail 业务。

移动邮件业务通常分为两类：个人邮件业务和企业邮件业务。个人邮件业务指的是由电信运营商自己开展的面向移动用户的邮件业务，如中国移动的梦网邮箱。企业邮件业务包括移动运营商为中小企业客户提供托管式的移动邮件服务，如中国移动的 ADC 手机邮件业务和企业内部使用的专用邮件系统，这类企业一般规模较大，有自己专用的邮箱系统，这种业务模式一般按照集团用户资费标准进行收费。

由于这两类邮件服务提供的方式不同，实现移动邮件服务的解决方案也有所不同。主要差别是个人邮件业务采用非加密通道的通信方式，企业邮箱则通常采用通道加密技术（如 SSI）进行邮件的传送。

★通信小知识

【手机邮箱】

目前三大运营商都已经开通了手机邮箱业务。中国移动的手机邮箱后缀为@139.com；中国电信的手机邮箱后缀为@189.cn；中国联通的手机邮箱后缀为@wo.com.cn。

2. 移动邮件的实现

（1）网络结构

图 7-13 给出了移动邮件业务系统网络结构，包含了面向个人/企业用户的移动邮件业务。从图中可以看到，移动邮件业务中涉及的网元主要有移动邮件客户端、移动邮件系统和移动邮件代理。

移动邮件客户端：主要是配合终端进行邮件的收发以及对本地邮件进行操作的客户端软件。

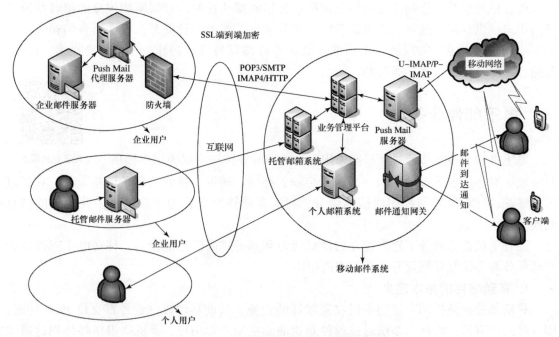

图7-13 移动邮件业务系统网络结构图

移动邮件系统：主要负责互联网邮箱的邮件获取、邮件处理、邮件推送、移动邮件代理的数据转发、终端内容适配等。

移动邮件代理：主要用于企业邮件业务中。其功能和移动邮件服务器功能类似，主要区别在于移动邮件代理位于企业防火墙后，负责企业内部邮箱（如 Exchange、Domino 邮件系统），也可以理解为轻量级的移动邮件服务器。

邮件通知网关负责下发邮件到达通知。

对于个人邮件业务，移动邮件系统直接和个人邮箱相连。

其中，个人/企业邮箱系统与移动邮件系统之间可以支持多种协议（如邮件接收协议：POP3、IMAP4 等。邮件发送协议：SMTP 等）方式实现邮件接收、发送功能。移动邮件系统通过 Push 消息的方式通知移动邮件终端接收邮件，移动邮件终端通过邮件传送协议（如 U-IMAP、P-IMAP 协议等）实现与移动邮件系统间的邮件发送功能，随着技术的发展，移动邮件终端与移动邮件系统之间还将支持其他的邮件收发协议。

目前移动邮件系统有多种方式进行邮件到达通知的推送，主要有 Push、WAP Push 两种。

Push 是采用由短信中心发送普通短信的方式把主要内容为发件人、邮件主题、邮件到达时间等信息传递给用户。用户可选择回复一个特定内容的短消息（如回复 A 到移动邮件系统接入码 1000），移动邮件系统收到该短信后将该邮件全部信息（不包括附件）通过短信中心以一条或多条短信的方式发送给用户。

（2）业务流程

①业务信息更改。业务信息更改流程，如图 7-14 所示。

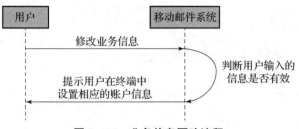

图 7–14 业务信息更改流程

a. 用户通过 WAP/Web 浏览器访问移动邮件系统，或者在手机客户端上选择业务更改功能；并更改 POP3/IMAP4 和 SMTP 服务器上的用户名和密码及默认邮件账户等信息。

b. 移动邮件系统判断用户输入的信息是否有效。

c. 若无效，则提示用户重新输入；若有效，则移动邮件系统修改用户记录中的相关信息，并提示用户在终端中设置相应的账户信息。

② 接收邮件流程。接收邮件流程，如图 7–15 所示。

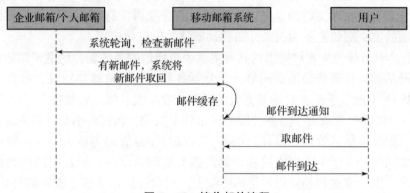

图 7–15 接收邮件流程

a. 移动邮件系统向企业邮箱或个人邮箱定时轮询，检查邮箱内是否有新邮件；

b. 有新邮件，则系统将邮件取回，放入系统缓存区；

c. 系统推送邮件到达通知给用户；

d. 手机向移动邮件系统请求指定邮件标识的邮件；

e. 移动邮件系统将缓存邮件的邮件标题和正文部分发送给用户；

f. 接收到指定邮件的标题和正文。

③ 邮件回复/转发/新建流程。邮件回复/转发/新建流程，如图 7–16 所示。

a. 用户在客户端回复、转发或新建邮件，选择发送邮件；

b. 用户在客户端连接移动邮件系统进行认证，若未通过认证，则显示错误信息给用户；若通过认证，则用户客户端将邮件内容提交到移动邮件系统；

c. 系统用该用户设置的默认邮箱账户，使用 SMTP 协议发送邮件到用户目的邮箱，若发送不成功，则把信退给发信人，此时系统按照一封新邮件方式对发信人进行邮件到达通知，发信用户按照接收邮件流程选择接收被退回的邮件。

3. 移动邮件的应用

移动邮件采用 Push Mail 技术为移动用户提供手机邮件服务的业务，在 Push Mail 出现

电信业务应用与产品服务

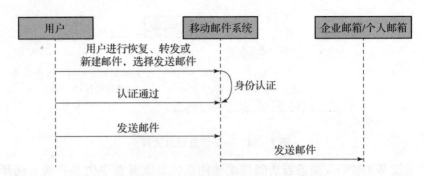

图 7-16 邮件回复/转发/新建流程

之前，常用的接收 E-mail 方式是用户手动拨号上网，收取邮件，这是一种 Pull（拉）技术。如果以前的 Pull 技术是用户去找信息，那么 Push（推）技术就是将信息主动地送到用户端的技术，用户不用做任何的操作。信息主动地去找用户，简单方便，用户体验非常好。

Push Mail 是将邮件主动推送到手机终端的移动邮件解决方案，能随时将企业邮件推送到用户手机终端上，实现关键信息随时、随地、随身获得，有利于企业的信息化进程。下面以中国移动的 139 邮箱业务为例来介绍移动邮件的信息化应用。

139 邮箱是中国移动为客户提供的具有多项手机增值服务的新一代电子邮箱业务，在具备常规互联网基础邮件服务功能的同时，充分发挥和利用手机移动特性，可直接地通过短信、彩信、WAP 上网、手机客户端等方式随时随地收、发、阅、转邮件。

139 邮箱手机客户端致力于将办公服务移植到手机端，新邮件消息及时推送，通过多邮箱账号管理、附件多格式管理、附件云服务、日程与任务管理等能力整合，轻松脱离计算机的束缚。如图 7-17 所示，把集团客户邮件服务器的新邮件，通过中国移动推送平台建立的安全连接，主动推送到相应用户手机终端上。用户可以在手机上查看邮件正文和附件，还可通过手机终端回复、转发和撰写电子邮件以处理公司事务，能够提高用户工作效率，降低企业信息化成本。

图 7-17 139 邮箱的信息化应用

二、传真存储转发业务

传真存储转发业务是指在用户的传真机与传真机、传真机与计算机之间设立存储转发系统，用户间的传真经存储转发系统的控制，非实时地传送到对端的业务。传真存储转发系统主要由传真工作站和传真存储转发信箱组成，两者之间通过分组网、数字专线、互联网连接。传真存储转发业务主要有多址投送、定时投送、传真信箱、指定接收人通信、报文存档及其他辅助功能等。

1. 业务类别

①传真通信业务按其服务范围的不同可分为国际传真业务和国内传真业务。

国际传真业务是用户通过国际路由进行传真通信的业务。

国内传真业务是用户通过国内路由进行传真通信的业务。

②传真通信业务根据不同的传送、服务方式，可分为公众传真、用户传真和海事传真三大类。

用户传真：用户提出申请注册，电信部门派员工上门安装并调测开通在收、发报用户本单位、本住所的专用传真设备，通过公用电话网相互之间自行传递信息的一种传真业务。如收、发报用户之间有一端是使用电信营业部门的公用传真设备传送或接收信息的，则为公众传真，不能纳入用户传真范畴。

公众传真：用户通过电信营业传真设备发送纸张原件的内容到收报地点，由电信部门投送给收报用户的传真业务。根据不同的传送内容又分为相片传真业务和真迹传真业务两种。相片传真业务是将用户交发的相片按原样传送到收报地点，投送给收报用户的一种公众传真业务。真迹传真业务是将用户交发的文字、文件、合同、图表、稿件等资料按原样传送到收报地点，投送给收报用户的一种公众传真业务。

海事传真：用户通过海事卫星进行传真的通信业务。

2. 业务实现

（1）传统传真业务

以传真机为终端设备，以固定电话网为业务传输平台而组成的传真通信网络，如图 7 – 18 所示。

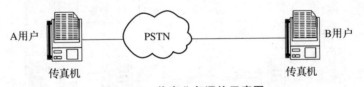

图 7 – 18　传真业务通信示意图

A、B 用户可以通过各自自备或租用的传真设备，向对方拨叫传真号码，获得对方传真设备应答后进行传真通信。

（2）IP 传真业务

①IP 传真的基本原理。传真机的基本工作原理是利用光电扫描技术将图像、文字转化为数字信号，经调制后在模拟信道上传输。由于通信协议、信号格式的不同，传真机是不能直接在互联网上传送信息的。要使连接在 PSTN 上的传真机发出的信号在互联网上传输，基本的原理则是在 PSTN 和互联网之间构筑网关，由网关进行协议的转换，使 PSTN 的传真信号和互联网的数据包可以相互转换。

IP 传真根据终端设备的不同，可分为计算机 – 传真机（PC – FAX）、传真机 – 计算机（FAX – PC）和传真机 – 传真机（FAX – FAX）3 种类型。

PC – FAX 和 FAX – PC 传真原理如图 7 – 19 所示，发送端传真机与网关连接，通过 PSTN 传送传真，网关接收传真后通过互联网传至另一端的网关，另一端的网关再通过 PSTN 将传真发送给接收端传真机。这种方式既适合存储转发模式，也适合实时模式，因此更加有吸引力。

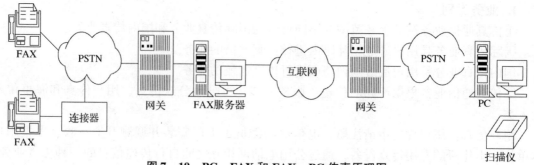

图 7 – 19　PC – FAX 和 FAX – PC 传真原理图

还有一种不依赖网关的 FAX – FAX IP 传真技术，它是利用传真机外挂一专用上网设备直接在互联网上发送信息，原理如图 7 – 20 所示。这种专用上网设备实际上是一种很简单的专用计算机，它内置了用户的 ISP 接入账号和用户网络传真账号，当用户发送传真时将传真信息接收、存储，并转换为互联网信息传输格式（一般为电子邮件格式），然后自动拨号上网发送，起到与网关和 FAX 服务器类似的作用。FAX 外挂这种专用上网设备后不仅可与利用同种设备上网的 FAX 进行传真通信，还可以与通过网关、FAX 服务器连接在 PSTN 上的 FAX 通信，也可以与互联网上的计算机通信。使用这种技术发送传真方便、灵活，特别适合所在地区电信部门与互联网之间没有设置网关的用户使用。但该设备费用比较昂贵，不宜广泛采用。网络传真公司也积极与传真机生产厂家合作，将这种设备内置在传真机里，使传真机出厂时就具备发送 IP – FAX 的功能。

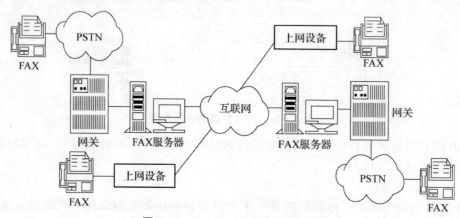

图 7 – 20　FAX – FAX 传真原理图

②IP 传真业务的种类。IP 传真业务分为存储转发传真和 IP 实时传真两类。

存储转发传真是将传真信息发送到一个服务器，并存储起来，然后再转发到另一个服务器上，接下来再发给接收传真机。这种业务缺少传统传真机具有的即时证实信号，但它具有可选的非忙时发送功能和完善的遇忙自动重试功能。存储转发式传真还能把单个传真广播到多台传真机上。

IP 实时传真有一个端到端的传真会话，并且收、发两个传真机是同时完成工作的。在传真会话中，传真数据被分成很多小的数据片通过网络传递，并即时发送到目的传真机上。IP 实时传真业务分为记账卡方式的 IP 传真和主叫号码方式的 IP 传真两种。

任务 4　呼叫中心业务

现代呼叫中心是一种基于 CTI（计算机电话集成）技术，并不断将通信网、计算机网和信息领域最新技术集成融合，并与企业连为一体的综合信息服务系统。它将逐渐发展成为完整的电子商务系统。其最大作用在于能有效、高速地为用户提供多种服务，实现企业的成本最小化和利润最大化。

一、呼叫中心认知

呼叫中心以统一电话号码为标识，利用计算机、通信、信息网络和数据库等现代化的信息技术手段，实现语音中心和其他业务应用系统的连接，搭建统一的、综合的呼叫中心服务平台，向社会公众提供多种快捷方便的服务渠道（电话、传真、短消息、电子邮件、互联网等），满足社会公众的需求，提升政府服务质量和服务形象；同时，实现用户高效业务处理流程和工作管理机制，提高内部工作效率，并通过统计、决策分析模块等功能，为用户政策制定和宏观决策提供依据。

1. 呼叫中心发展历史

①第一代呼叫中心：人工热线电话系统，如图 7-21 所示。

早期是指一个由两人或更多人组成的、在一个特定地方用专用设备处理电话业务的小组。这些人就是通常所说的呼叫中心代理（人）。一个呼叫中心可以只提供信息接收服务，或者只提供信息发送服务，或者是一个混合式呼叫中心，其呼叫中心代理会负责所有这两项工作。第一代呼叫中心硬件设备为普通电话机或小交换机（排队机），简单、造价低、功能简单、自动化程度低，一般仅用于受理用户投诉、咨询；适合小企业或业务量小、用户要求不高的企业/单位使用。

图 7-21　第一代呼叫中心

②第二代呼叫中心：交互式语音应答（IVR）如图 7-22 所示。随着计算机技术和通信技术的发展，第一代呼叫中心由于基本人工操作，对话务员的要求相当高，而且劳动强度大、功能差，已明显不适应时代发展的需要。因此，功能完善的第二代呼叫中心系统随即应运而生。第二代呼叫中心广泛采用了计算机技术，如通过局域网技术实现数据库数据共享；语音自动应答技术用于减轻话务员的劳动强度，减少出错率；采用自动呼叫分配器均衡座席话务量、降低呼损、提高客户的满意度等。但第二代呼叫中心也存在一定的缺点：它需要采用专用的硬件平台与应用软件，还需要投入大量资金用于集成和满足客户个性化

需求、灵活性差、升级不方便、风险较大、造价也较高。

★通信小知识

【IVR】

交互式语音应答（interactive voice response，IVR），一般通过模拟或数字线路，连接到 PBX 后面，完成一些语音引导和自助业务服务的功能，如账单查询、银行转账服务、新业务的介绍等。

③第三代呼叫中心：兼有自动语音和人工服务的客服系统，如图 7-23 所示。

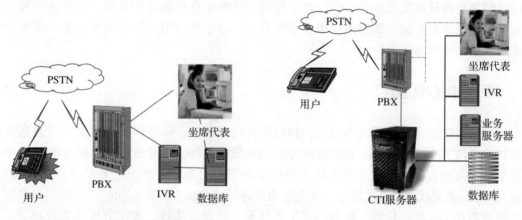

图 7-22　第二代呼叫中心　　　　图 7-23　第三代呼叫中心

a. 采用 CTI 技术实现了语音和数据同步。

b. 采用软件来代替专用的硬件平台及个性化的软件，使得呼叫中心成为一个纯粹的数据网络。

c. 采用通用软硬件平台，造价较低；随着软件价格的不断下调，可以不断增加新功能，特别是中间件的采用，使系统更加灵活，系统扩容升级更加方便；无论是企业内部的业务系统还是企业外部的客户管理系统，不同系统间的互通性都得到了加强。

d. 支持虚拟呼叫中心功能（远程代理）。

★通信小知识

【CTI】

计算机电话集成（computer telephone integration，CTI），利用计算机上的应用程序来控制电话的呼出与应答，获取与这个呼叫相关的信息，如主叫号码、被叫号码等。最常见的 CTI 应用就是座席的屏幕弹出功能，即当一个座席在应答一个用户呼叫的同时把这个用户的所有信息显示在屏幕上。

④第四代呼叫中心：网络多媒体客服中心，如图 7-24 所示。

a. 具有接入和呼出方式多样化的特点，支持电话、VOIP 电话、计算机、传真机、手机短信息、WAP、寻呼机、电子邮件等多种通信方式。

b. 能够将多种沟通方式格式互换，可实现文本到语音、语音到文本、E-mail 到语音、E-mail 到短消息、E-mail 到传真、传真到 E-mail、语音到 E-mail 等自由转换。

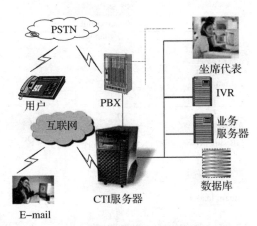

图 7-24 第四代呼叫中心

c. 引入了语音自动识别技术，可自动识别语音，并实现文本与语音自动双向转换，即可实现人与系统的自动交流。

d. 是一种基于 Web 的呼叫中心，能够实现 Web Call、独立电话、文本交谈、非实时任务请求。

2. 呼叫中心运营

（1）呼叫中心的运营方式

①呼入业务（inbound，IB）：以应答客户拨入的电话为主。

②呼出业务（outbound，OB）：以业务人员拨出电话到客户处为主。

③非语音业务（non-voice，NV）：以邮件回复、Web 支持为主。

（2）呼叫中心的运营类型

①自营呼叫中心：呼叫中心由企业内部进行建设和管理，方便信息传达，易管理。企业需担负呼叫中心的场地、人员、设备等一系列投入。

②外包呼叫中心：企业将一些重复性的非核心或核心业务流程外包给供应商，投资成本低、服务效率高。

3. 呼叫中心架构

呼叫中心的典型架构如图 7-25 所示。

QC（quality controler）：质量监控专员，对 CSR 的工作质量进行抽查，提升服务质量。

SV（supervisor）：主管，负责整个团队的管理。

TL（team leader）：组长，负责一线员工的管理及业绩提升。

二、呼叫中心业务

1. 业务定义

呼叫中心业务是指受企事业等相关单位委托，利用与公用通信网或互联网连接的呼叫中心系统和数据库技术，经过信息采集、加工、存储等建立信息库，通过公用通信网向用户提供有关该单位的业务咨询、信息咨询和数据查询等服务。用户可以通过固定电话、传

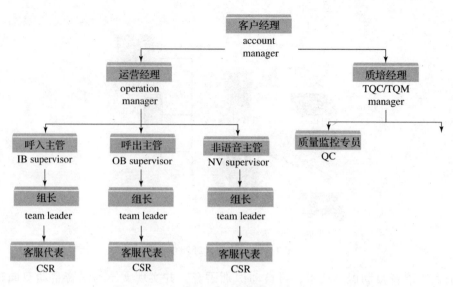

图 7-25 呼叫中心的典型架构

真、移动通信终端和计算机终端等多种方式进入系统,访问系统的数据库,以语音、传真、电子邮件、短消息等方式获取有关该单位的信息咨询服务。

呼叫中心业务包括国内呼叫中心业务和离岸呼叫中心业务。

①国内呼叫中心业务是指通过在境内设立呼叫中心平台,为境内外单位提供的、主要面向国内用户的呼叫中心业务。

②离岸呼叫中心业务是指通过在境内设立呼叫中心平台,为境外单位提供的、面向境外用户服务的呼叫中心业务

2. 业务流程

呼叫中心业务流程如图 7-26 所示。

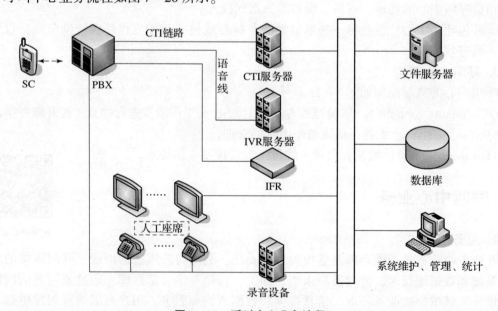

图 7-26 呼叫中心业务流程

①当用户经移动网络，打电话到达交换机（private branch exchange，PBX）后，成为服务委托人（service client，SC）。诞生一个新的服务请求（SR），交换机通过 CTI 链路请求 CTI 服务器路由消息，CTI 服务器根据事先定义好的路由脚本来响应请求，要求 PBX 将电话路由至 IVR 服务器。

②PBX 根据 CTI 的路由消息，找到一路空闲 IVR（自动技能的 SP），引导用户进行自助服务，获取相关信息。

③用户通过电话按键，进行相关选择，并被系统所记录。

④如果用户觉得 IVR 不能满足其需求，按键请求人工座席服务（某种技能的 SP）。

⑤系统为该请求寻找最合适的人工座席，将呼叫转移到该座席。

⑥座席应答该呼叫，并获得系统自动弹出的一些信息，包括用户在 IVR 中的记录。

⑦座席为用户直接提供服务，解答用户的问题（提供信息）或者记录用户的要求（记录信息）。

⑧用户认为服务完毕，挂机，服务请求（SR）消失。

3. 业务案例

400：主、被叫分摊付费业务，为被叫客户提供一个全国范围内的唯一号码，并把对该号码的呼叫转接至被叫客户事先规定的目的地（电话号码或呼叫中心）。该业务的通话费由主、被叫分摊付费。

800：又称被叫集中付费业务或免费电话业务，是企业为联系客户和宣传企业形象而开办的服务号码，用户办理 800 业务时，由电信运营商核配给 800 业务号码，当主叫用户拨打该 800 号码时，即可接通由被叫用户在申请时指定的电话，对主叫用户免收通信费用，而由被叫用户集中付费。

95：95 电话是由国家工业和信息化部直接管理审批，不属于当地电信运营商管理的特殊号码，主要是银行、保险等特殊单位的专用号码，95 电话与 400 电话一样，可利用呼叫中心"技术集合"里的单项功能，为商家企业实现全国或本地统一号码接入，并实现 IVR、智能话务分配、语音信箱及公共坐席服务，快速搭建 24 h 客服中心，打造企业服务品牌，全面提升服务形象。

任务 5　信息服务业务

信息服务业务

一、信息服务业务认知

信息服务业务是指通过信息采集、开发、处理和信息平台的建设，利用公用通信网或互联网向用户提供信息服务的业务。信息服务的类型按照信息组织、传递等技术服务方式，主要包括信息发布平台和递送服务、信息搜索查询服务、信息社区平台服务、信息即时交互服务、信息保护和处理服务等。

1. 信息发布平台和递送服务

信息发布平台和递送服务是指建立信息平台，为其他单位或个人用户发布的文本、图片、音视频、应用软件等信息提供平台的服务。平台提供者可根据单位或个人用户需要向用户指定的终端、电子邮箱等递送、分发文本、图片、音视频、应用软件等信息。

2. 信息搜索查询服务

信息搜索查询服务是指通过公用通信网或互联网，采取信息收集与检索、数据组织与存储、分类索引、整理排序等方式，为用户提供网页信息、文本、图片、音视频等信息检索查询的服务。

3. 信息社区平台服务

信息社区平台服务是指在公用通信网或互联网上建立具有社会化特征的网络活动平台，可供注册或群聚用户同步或异步进行在线文本、图片、音视频交流的服务。

4. 信息即时交互服务

信息即时交互服务指利用公用通信网或互联网，并通过运行在计算机、智能终端等的客户端软件、浏览器等，为用户提供即时发送和接收消息（包括文本、图片、音视频）、文件等信息的服务。信息即时交互服务包括即时通信、交互式语音应答（IVR），以及基于互联网的端到端双向实时语音业务（含视频语音业务）。

5. 信息保护和处理服务

信息保护和处理服务指利用公用通信网或互联网，通过建设公共服务平台以及运行在计算机、智能终端等的客户端软件，面向用户提供终端病毒查询、删除、终端信息内容保护、加工处理以及垃圾信息拦截、免打扰等的服务。

二、信息服务业务应用

1. 信息发布平台和递送服务应用

①产品介绍：信息发布平台是中国电信为政企客户提供的以手机 App 为载体的内部信息发布系统，行业用户可以在该平台上定制隶属于企业内部的信息发布系统，满足客户大容量、多媒体信息发布的需求。

②目标客户：政府机关、事业单位及大中小企业。

③系统架构：信息发布系统采用云计算技术及设计思路，平台软件统一部署到中国电信云资源池中，客户无须软、硬件投资，只需开通账号即可享受该服务（图 7-27）。客户管理员通过互联网登录该平台，发布公司内部信息，单位员工通过手机方便、快捷浏览单位相关信息，并能够进行互动交流。

④运行终端：分为 PC 端和手机客户端两种。

a. PC 端（单位管理员使用）：企业管理员在 PC 端登录，即可使用信息发布、资料管理、监控设置、互动管理、统计管理、系统管理功能。

- 信息发布：单位管理员通过该功能将单位的工作动态、新闻等信息以图文混排方式下发到单位员工手机客户端（图 7-28）。

- 网站信息同步：通过配置可实现相关网站指定栏目信息在手机客户端上同步浏览（图 7-29）。

- 内部通知：可选择部门、员工下发内部通知到相关人员的手机客户端，当有内部通知时，信息自动弹出，管理员也可以通过管理后台查看内部通知的浏览情况（图 7-30）。

模块七 第二类增值电信业务认知及应用

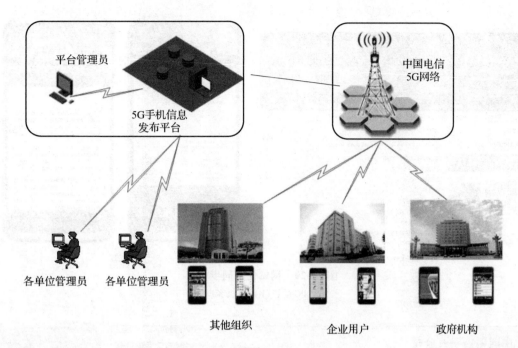

图 7-27 信息发布平台系统架构

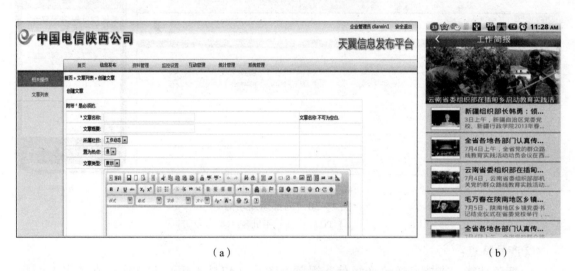

（a）　　　　　　　　　　　　　　　　（b）

图 7-28 信息发布功能
(a) PC 端；(b) 手机客户端

b. 手机客户端（单位员工使用）：在手机上安装客户端软件；可使用信息上报、资料查找、视频监控、互动交流、通讯录等功能。

2. 信息即时交互服务应用

①产品介绍：微信是腾讯公司于 2011 年初推出的一款通过网络快速发送语音短信、视频、图片和文字，支持多人群聊的手机聊天软件。用户可以通过微信与好友进行形式上更加丰富的类似于短信、彩信等方式的联系。

215

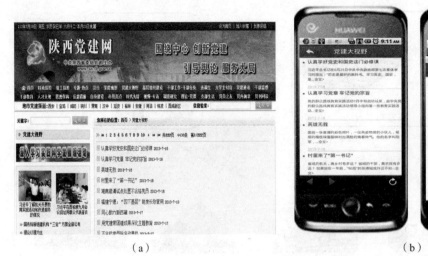

图 7-29　网站信息同步功能

(a) PC 端；(b) 手机客户端

图 7-30　内部通知功能

(a) PC 端；(b) 手机客户端

②产品特点：

a. 特色功能：支持发送语音短信、视频、图片（包括表情）和文字；支持多人群聊，最高 20 人；支持查看所在位置附近使用微信的人；支持微博、邮箱、漂流瓶、语音记事本、QQ 同步助手等插件功能。

b. 多平台：支持 iPhone、Android、Windows Phone、塞班平台的手机之间相互收发消息。

c. 省流量：图片、语音和视频优化，1 MB 可发约 1 000 条文字信息，1 000 s 语音信息，约 1 min 视频信息；后台运行只消耗约 2.4 KB/h。

③实现过程：微信的实现过程如图 7-31 所示。

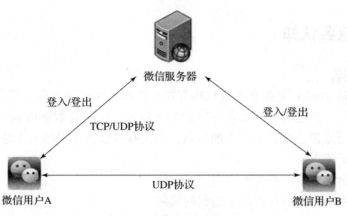

图 7-31 微信的实现过程

a. 登录。不管是 UDP 还是 TCP，最终登录成功之后，微信都会有一个 TCP 连接来保持在线状态。

b. 聊天消息通信。采用 UDP 协议，通过服务器中转方式。因此现在的 IP 侦探在用户仅仅跟对方发送聊天消息的时候是无法获取到 IP 的。UDP 协议是不可靠协议，它只管发送，不管对方是否收到，但它的传输很高效。但是作为聊天软件，怎么可以采用这样不可靠方式来传输消息呢。于是，腾讯公司采用了上层协议来保证可靠传输。如果客户端使用 UDP 协议发出消息后，服务器收到该包，需要使用 UDP 协议发回一个应答包。如此来保证消息可以无遗漏传输。之所以会发生在客户端明明看到"消息发送失败"但对方又收到了这个消息的情况，就是由客户端发出的消息服务器已经收到并转发成功，但客户端由于网络原因没有收到服务器的应答包引起的。

c. 文件/自定义表情传送。微信可以传送文件，可以发送表情，包括自定义表情和官方表情。先介绍官方表情，官方表情实际发送的是命令字，而没有发送表情。客户端收到命令字后，会自动解释为对应的表情。自定义表情的传送是以文件传输方式进行的。例如，A 要向 B 发送一个文件，于是 A 发出一个文件传送请求，服务器收到这个文件传送请求后，转发给 B，同时在 B 应答后，将 A 的 IP 地址同时发送给 B，B 这个时候就得到了 A 的真实 IP，这里的 IP 是 A 的本机 IP。也就是说，如果 A 处在内网，B 得到的地址就是一个内网地址。B 得到了 A 的地址之后，就会尝试去连接 A。如果 B 也处于内网，那么显然 A 跟 B 之间的连接是无法建立的。这个时候，客户端就会请求服务器进行文件中转。因为服务器具有公网 IP，处在内网的 A 跟 B 都是可以连接到服务器的，于是 A 跟 B 的文件传送就通过服务器中转的方式顺利进行。

任务 6　编码和规程转换业务

编码和规程转换业务指为用户提供公用通信网与互联网之间或在互联网上的电话号码、互联网域名资源、互联网业务标识（ID）号之间的用户身份转换服务。编码和规程转换业务在此特指互联网域名解析服务业务。

一、互联网域名认知

1. 什么是域名

域名（domain name）是指企业或机构等在互联网上注册的名称，是互联网上识别企业或机构的网络地址。它是由一串用点分隔的名字组成，用于在数据传输时标识计算机的电子方位（有时也指地理位置，地理上的域名，指代有行政自主权的一个地方区域）。

域名具有以下特点：

①通用性：全球通用，不受地域限制。

②唯一性：互联网上不存在两个相同的域名。

③直观性：与公司名称与品牌名称相同或相似，便于记忆与访问。

④不变性：无论机构地址、计算机位置如何改变，域名都不变。

2. 域名结构

任何一个连接在互联网上的主机或路由器，都有一个唯一的、层次结构的名字，即域名。域名可分为不同级别，包括顶级域名、二级域名、三级域名。

域名结构

（1）顶级域名

顶级域名可分为以下3类。

①国家顶级域名：如 cn 表示中国，us 表示美国，uk 表示英国等。

②国际顶级域名：国际性的组织可在 int 下注册。

③通用顶级域名：如 com 表示公司企业；net 表示网络服务机构；org 表示非营利性组织；edu 表示教育机构；gov 表示政府部门（美国专用）；mil 表示军事部门（美国专用）；firm 表示公司企业；shop 表示销售公司和企业；web 表示突出万维网活动的单位；arts 表示突出文化、娱乐活动的单位；rec 表示突出消遣、娱乐活动的单位；info 表示提供信息服务的单位；nom 表示个人。

（2）二级域名

在国家顶级域名下注册的二级域名均由该国家自行确定。我国则将二级域名划分为类别域名和行政区域名两大类。其中类别域名6个，分别为：ac 表示科研机构；com 表示工、商、金融等企业；edu 表示教育机构；gov 表示政府部门；net 表示互联网络、接入网络的信息中心（NIC）和运行中心（NOC）；org 表示各种非营利性的组织。

行政区域名34个，适用于我国的各个省、自治区及直辖市，例如，bj 为北京市，sh 为上海市，js 为江苏省等。在我国，在二级域名 edu 下申请注册三级域名则由中国教育和科研计算机网网络中心负责。在二级域名 edu 之外的其他二级域名下申请注册三级域名，则应向中国互联网网络信息中心申请。

（3）三级域名

域名的第3部分一般表示主机所属域或单位。例如，域名 cernet. edu. cn 中的 cernet 表示中国教育科研网。

域名示例：新浪网域名结构如图 7-32 所示。

cn：顶级域名，代表某个国家、地区或大型机构。

com：网络名，也叫二级域名，代表部门系统或隶属一级区域的下级机构。

sina：三级域名，即组织机构名，是本系统、单位或院所的软硬件平台的名称。

完整地域名不超过 255 个字符。域名系统既不规定一个域名需要包含多少个下级域名，也不规定每一级的域名代表什么意思。各级域名由其上一级的域名管理机构管理，而最高的顶级域名则由互联网的有关机构管理。用这种方法可使每一个名

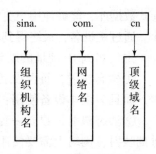

图 7-32　新浪网域名结构

字都是唯一的，并且也容易设计出一种查找域名的机制。需要说明的是，域名只是一个逻辑概念，并不反映出计算机所在的物理地点。

3. 域名管理

（1）域名注册

根据《中国互联网络域名管理办法》，域名注册服务遵循"先申请先注册"的原则。在新的经济环境下，由于域名所具有的商业意义已远远大于其技术意义，可以说域名不是简单的标识性符号，而是企业商誉的凝结和知名度的表彰，域名的使用对企业来说具有丰富的内涵，远非简单的"标识"二字可以穷尽。因此，不论学术界还是实际部门，大都倾向于将域名视为企业知识产权客体的一种。

★ 通信小知识

【域名的抢注】

据了解，早在 1996 年，我国就有大量的商标在国际上被海外公司抢先注册了域名。其中包括海尔、亚都、中纺、中化、中国五矿和同仁堂等。而中国一家香港公司在美国将长虹、同仁堂、五粮液、红塔山、中华、青岛啤酒、海尔等一大批知名商标在 com. 之下注册为域名，并一再向被注册的企业发信，表示愿意以不菲的价格将这些域名卖给它们。

（2）域名管理

互联网上对域名的管理没有专门的组织管理机构，而是由一些非营利性的机构进行管理与服务，通常由全球性网络组织承担。我国的域名由中国互联网网络信息中心（CNNIC）承担，它的主要职责有：

①域名注册管理；

②IP 地址分配；

③目录数据库服务；

④互联网寻址技术研发；

⑤互联网调查与相关信息服务；

⑥国际交流与政策调研等。

二、互联网域名解析服务业务

1. 域名系统

域名系统（domain name system，DNS），互联网上作为域名和 IP 地址相互映射的一个分

布式数据库，能够使用户更方便地访问互联网，而不用去记住能够被机器直接读取的 IP 数字串。通过主机名，最终得到该主机名对应的 IP 地址的过程叫作域名解析（或主机名解析）。

主机名到 IP 地址的映射有两种方式：

①静态映射，每台设备上都配置主机到 IP 地址的映射，各设备独立维护自己的映射表，而且只供本设备使用；

②动态映射，建立一套域名系统（DNS），只在专门的 DNS 服务器上配置主机到 IP 地址的映射，网络上需要使用主机名通信的设备，首先需要到 DNS 服务器查询主机所对应的 IP 地址。

DNS 解析是互联网绝大多数应用的实际寻址方式。

互联网域名解析是实现互联网域名和 IP 地址相互对应关系转换的过程，如图 7-33 所示。

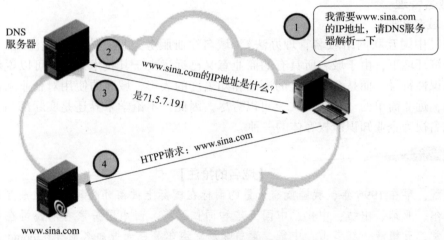

图 7-33 互联网域名解析

2. 域名解析服务

域名解析采用 client/server（C/S）方式工作：

client—请求域名解析服务—域名服务器

域名服务器是一种服务器软件，运行在指定的机器上，完成名字-地址解析任务。对应于域名结构，互联网中的域名服务器也构成层次结构，如图 7-34 所示。

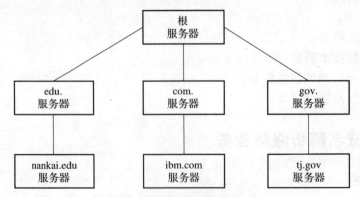

图 7-34 域名服务器逻辑结构

域名解析采取自顶向下的算法，从根服务器到叶服务器，在其中的某个节点上一定能找到所需要的名字-地址映射。

域名解析流程如图7-35所示，域名解析包括递归解析和迭代解析。

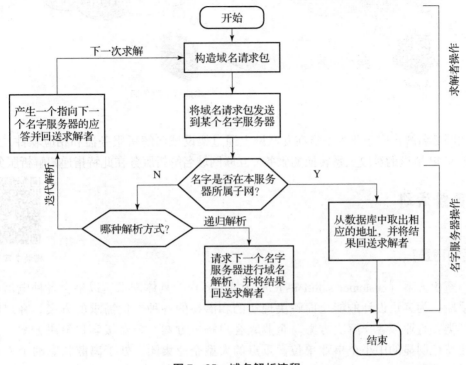

图7-35 域名解析流程

①递归解析：当域名服务器接收到查询请求后，它将负责把最终的查询结果返回请求发送方。即使执行递归解析的DNS服务器无法从本地数据库返回查询结果，它也必须查询其他的DNS服务器，直到得到确认的查询结果。一般客户机与本地DNS域名服务器之间的查询交互采用的就是递归解析方式（图7-36）。

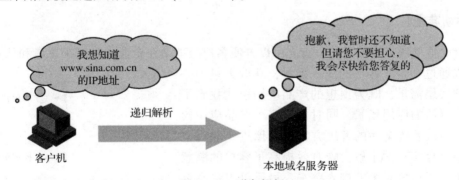

图7-36 递归解析

②迭代解析：DNS服务器接收到迭代解析请求后，如果无法从本地数据库返回查询结果，它会返回一个可能知道查询结果的DNS服务器地址给请求者，由请求者自行查询该DNS服务器，以此类推，请求者最终将得到查询结果。一般本地域名服务器发送至根域名服务器的查询采用的就是迭代解析（图7-37）。

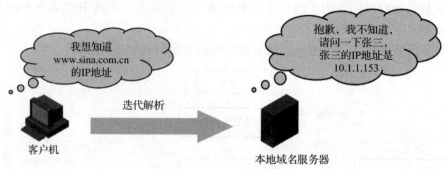

图 7-37　迭代解析

互联网域名解析服务业务是指在互联网上通过架设域名解析服务器和相应软件,实现互联网域名和 IP 地址的对应关系转换的服务。互联网域名解析服务在此特指递归解析服务。

 实践活动

【活动背景】

客户解决方案（customer solutions）是立足于客户的具体需求,以整合各种电信产品和服务为手段,为客户设计的能全面解决现实的和潜在的各种通信需求的方案。客户解决方案分为三类：行业级客户解决方案、企业级客户解决方案、公众级客户解决方案,分别针对行业化特色明显的中小企事业单位、重点的大型企业集团、处于离散状态的个人或家庭进行针对性营销。

企业级客户解决方案（以下简称企业解决方案）是以行业解决方案为基础,为大型企业集团量身定制的信息化解决方案,设计的依据是企业自身特有的信息化需求,提供的是全面的整体性解决方案。企业解决方案可以从行业解决方案而来,但不局限于行业解决方案,与行业解决方案相比,企业解决方案更加注重解决企业的个性化问题。

模块 7 实践活动

【活动准备】

设计企业解决方案的目的：首先可以方便客户经理站在企业的角度来思考和认识问题；其次可以通过和企业客户的深入接触,获取大量第一手的客户底层需求,既为预想的产品应用模式找到了具体的、鲜活的应用场景,同时也丰富了产品应用模式本身；再次系统全面的解决方案可以增进企业对电信运营商综合实力的了解,既有效提高了客户的满意度,又提高了竞争对手的进入壁垒；最后可以提高客户经理综合分析、综合解决问题的能力。

企业解决方案的设计是一个基于行业解决方案的挖掘、整理、再分析、再加工的过程。一般来说分为这样几个步骤,如图 7-38 所示。

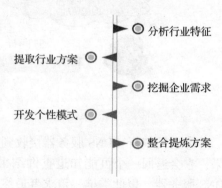

图 7-38　企业解决方案设计流程

1. 分析行业特征

企业不可能脱离行业本质而独立存在，分析企业相对于所属行业的共性特征是整个分析过程的前提，有利于从整体把握企业的需求方向。

2. 提取行业方案

提取行业方案中适合企业的部分，是事半功倍的办法，有利于快速搭建个性化方案的结构。

3. 挖掘企业需求

同一行业中的不同企业，其规模不一、发展阶段不一、信息化水平不一、在行业中所处的地位不一、企业运营模式不一，具有鲜明的个性，因此深入挖掘企业的个性需求是定制企业解决方案的关键。

4. 开发个性模式

开发个性模式就是针对企业客户的个性需求，分析电信产品与服务和企业个性需求的结合点，设计电信产品与服务在满足客户需求中的典型场景，以帮助客户产生直观的价值认知。

5. 整合提炼方案

整合提炼的过程既是满足企业个性化需求的过程，也是进一步完善行业解决方案的过程。

正如企业不可能脱离行业本质而独立存在一样，行业也是由业内企业组成，行业不可能脱离业内企业而孤立存在，一个企业面临的问题，很可能就是一批企业同样面临的问题，解决好一个企业的问题，就有可能推此及彼，解决一批企业的问题。

【活动内容】

请结合上一模块中进行的行业解决方案设计，选取一个特定企业，针对该企业的基础网络设施、工作环境、工作协同、信息服务等方面需求，按以上步骤进行解决方案设计。

过关训练

一、填空题

1. 在线数据处理与交易处理业务是指利用各种与_____或_____相连的数据与交易/事务处理应用平台，通过公用通信网或互联网为用户提供在线数据处理和交易/事务处理的业务。在线数据处理与交易处理业务包括_____、_____和网络/电子设备数据处理业务。

2. _____业务（EDI）是一种把贸易或其他行政事务有关的信息和数据按统一规定的格式形成结构化的事务处理数据，通过通信网络在有关用户的计算机之间进行交换和自动处理，完成贸易或其他行政事务的业务。

3. 互联网会议系统的组网结构包括_____和_____。

4. 移动邮件业务中涉及的网元主要有_____、_____和移动邮件代理。

5. 呼叫中心业务包括_____和_____。

6. _____指利用公用通信网或互联网，通过建设公共服务平台以及运行在计算机、智能终端等的客户端软件，面向用户提供终端病毒查询、删除，终端信息内容保护、加工处理以及垃圾信息拦截、免打扰等服务。

7. 域名可分为不同级别，包括_____、_____、_____、_____。
8. 通过主机名，最终得到该主机名对应的 IP 地址的过程叫作_____。

二、简答题

1. 简述与传统的支付方式相比，电子支付的特征。
2. M2M 系统架构包括哪些？
3. 简述呼叫中心发展历史。
4. 简述呼叫中心的运营类型。
5. 简述信息服务业务的主要类型。
6. 简述域名解析流程。

模块 7 章节测验

第三部分　产品服务篇

第三部分　气品服务篇

模块八

电信产品服务案例

学习目标

* **知识目标：**
- 了解智慧校园；
- 了解车联网；
- 了解智能物流。

* **能力目标：**
- 能够理解智慧校园服务应用；
- 能够理解车联网服务应用；
- 能够理解智能物流服务应用。

* **素养目标：**
- 具备聚焦电信业务不断创新发展的前瞻视野；
- 具有质量意识、绿色环保意识、安全意识、信息素养和创新思维；
- 具备崇德向善、诚实守信、爱岗敬业、精益求精的职业精神。

学习导图

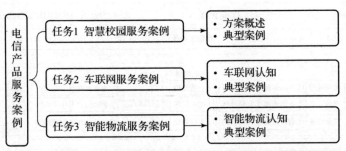

目前，移动通信技术正朝着 5G 网络迈进，通过 5G 移动通信发展的新机遇，能有效加快培育新技术新产业，驱动传统领域的数字化、网络化和智能化升级，成为扩展经济发展的新空间，从而打造未来国际竞争的新优势。5G 的应用场景广泛，包括教育、交通、金融、医疗、物流等领域。

任务1 智慧校园服务案例

某运营商智慧校园解决方案采用云服务模式，利用云计算、大数据、5G、人工智能（AI）等信息技术，为用户提供"云－管－端"一体化解决方案，涵盖教育教学、教育管理、校园生活、平安校园等应用场景。

云服务：基于云计算、IDC等基础设施，提供多租户的云化服务，汇聚海量精品应用及5G特色应用，为用户提供全终端形态的产品服务。

管道服务：以5G、校园专网、物联网为基础，打造多网融合的泛在基础网络接入层，提供高带宽、海量连接、低时延场景下的设备连接整体解决方案，实现对数据和信息的无缝、高效、实时传输。

终端服务：提供电子班牌、电子校徽、人脸识别考勤机、点阵笔、互动学生卡、传感器、摄像头、可穿戴设备等全系列的智能终端设备的接入管理，实现对校园、教师、学生的数据采集。

一、方案概述

某运营商智慧校园解决方案总体架构如图8－1所示，主要包括基础设施层、平台层、应用层、硬件设备层四层服务。

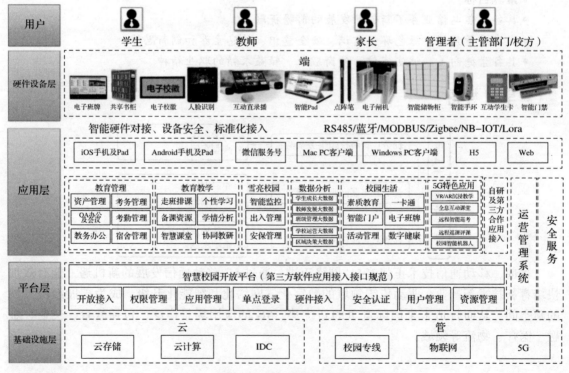

图8－1 某运营商智慧校园解决方案架构

基础设施层：包括运营商自有的公有云、私有云、混合云的云平台、云计算、云存储及 IDC 等基础设施，为上层应用提供动态伸缩、按需取用的计算及存储服务。

平台层：为智慧校园开放平台，负责汇聚安全认证、单点登录、权限管理、用户管理、资源管理、应用管理等核心能力，并通过标准化 Open API 接口供第三方软硬件应用接入智慧校园平台。

硬件设备层：通过蓝牙、NB – IOT 等标准化技术，为智能手机、平板、摄像头、电子闸机、视频会议、学生卡、电子白板、点阵笔、考勤机、电子班牌等各种硬件终端设备提供接入能力。

应用层：包括教育教学、教育管理、校园生活、雪亮校园（又叫平安校园）、数据分析、5G 特色应用六大应用场景，为管理者（主管部门/校方）、教师、学生和家长四类用户提供全方位的软件服务。

教育管理应用场景：为学校各行政管理部门及教师、学生提供教务办公、考勤管理、资产管理、宿舍管理、标准化考场、校园迎新等服务，提升学校的教学效率和管理水平，如图 8 – 2 所示。

图 8 – 2　教育管理应用场景

教育教学应用场景：是教育行业的核心业务场景，融合了移动互联网、云计算、大数据、人工智能技术，改变教师教学、学生学习的传统习惯。解决方案含课前备课、课中授课（智慧教室）、课后教研、个性学习四个子场景，如图 8 – 3 所示。

校园生活应用场景：是智慧校园的重要业务场景之一，随着现代信息技术的飞速发展，在传统校园生活的基础上融入物联网、云计算、大数据、人工智能、智能终端、数据分析等先进技术，进而打造无感化、自助化、智能化的智慧校园生活场景，如图 8 – 4 所示。

图 8-3 教育教学应用场景

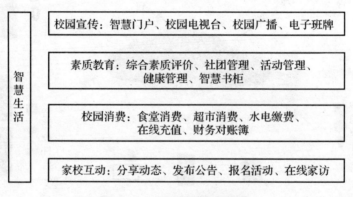

图 8-4 校园生活应用场景

雪亮校园应用场景：又称平安校园，旨在通过加快"人防、物防、技防"等建设，进一步提高校园安全防范能力。通过云计算、大数据、人工智能等信息技术实现进出校门人员查验登记，校园重点时段和重点部位的监控，对外部非法入侵及时预警，为在校师生提供安全保障。雪亮校园包括智能监控、出入管理、安保管理三大场景，如图 8-5 所示。

数据分析应用场景：通过对大量校园数据进行挖掘建模和分析，将分析报告和预测性结果作用于教育评价、个性化学习、学校运营管理、区域化决策等场景，如图 8-6 所示。智慧校园大数据主要包括学生成长大数据、教师发展大数据、班级管理大数据、学校运营大数据、区域决策大数据这五大方面。

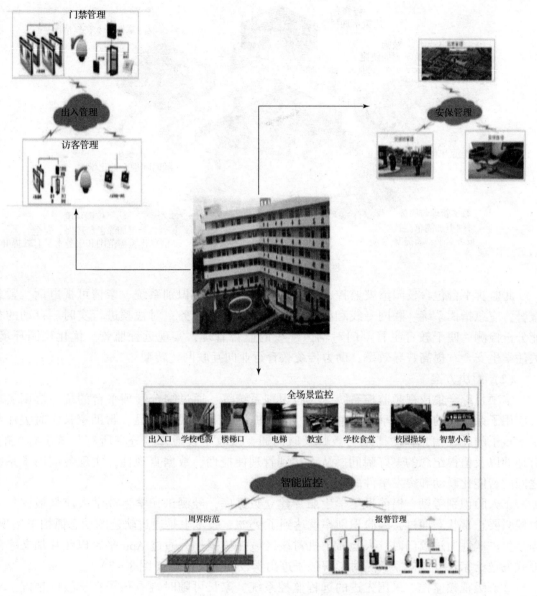

图 8-5 平安校园应用场景

二、典型案例

1. 校园安全类

（1）项目需求

为防止出现安全隐患等问题给学校及教育系统造成恶性的安全事件，平顶山市教育局提出了建设"平安校园"项目需求，要求针对全市各中小学、幼儿园建设安全校园联网统一监管平台，通过科技监管手段助力区域教育安全。

图 8-6 数据分析应用场景

此监管平台包含校园治安监控、班级视频监控、人脸识别系统、亲情可视电话、紧急报警、应急指挥系统、联网专线和校视产品、一卡通等业务，对视频进行实时、自动的智能分析检测。便于教育主管部门对辖区学校的监督管理，实现远程监管、优化校园环境、关注学生安全、提高督导效率，助力传统教育行业向互联网化转型。

（2）解决方案

本项目综合集成视频监控系统、人脸识别系统等，通过综合管理平台的统一协调实现各应用子系统间的资源共享与信息互通，同时提供"和校视"产品，帮助家长实时关注和了解孩子的在校信息，便捷地与教师及时沟通，接收学校通知，分享所有与孩子有关的、有趣的以及值得纪念的美好瞬间。从而达到管理便捷性、数据直观性，实现各应用子系统之间的智能化联动和突发事件的应急指挥。

①人脸识别考勤。提前采集学生照片建立数据库，经测试，学生放学人流量最密集的时候只要正常状态通过，人脸识别率就达到了95%，技术上是通过轨迹的动态抓拍来实现。当学生一次性通过校门时，人脸抓拍机对该区域抓拍图片，通过 App 平台以照片加文字的形式发送给家长，方便家长随时了解孩子进出学校的图文信息（图 8-7）。

②班级视频监控。采用先进的远程监控系统，家长可随时观看孩子在学校的情况。对于学校的管理而言，通过功能齐全、使用方便的远程监控系统帮助管理者更加高效地完成教学管理工作。

2. 学生管理类

（1）项目需求

学校方面：无法解决学生的统一管理需求，如全区统一的考勤，教师工作量、学生负担评估，简洁有效的请假管理流程，八部委文件要求的增加学生户外运动无法量化无法考核等，并且学生在校状态出勤率等无法获得准确数据。

社会需求方面：学生是否到校、有没有去网吧、托管、有没有回家、离家出走、走失迷路、溺水等安全问题亟待解决。

图 8-7 某校园综合信息化项目

（2）解决方案

利用学校统一规格形式的校徽，来解决学校的管理问题和家长的社会需求。利用戴在胸前的"校徽"，标识了孩子所在学校的信息，统一的佩戴不会引起孩子之间的攀比，简单化的设计更不会分散孩子的注意力影响孩子学习，此外"校徽"还具有以下功能：

①学校的功能。佩戴智慧校徽可实现各种管理及考评功能，以及作业、通知、请假等家校沟通服务，并能实现学生运动量动态统计考评（图 8-8）。

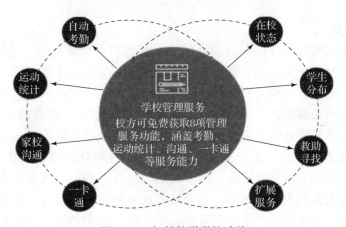

图 8-8 智慧校徽学校功能

②家长功能。家长可以通过微信、App 等查看学生运动量、轨迹、接收公共预警信息、实现家校沟通功能等（图 8-9）。

③扩展服务。后期学校德育综合素质评价应用，身体素质动态检测、学生在校表现信息查询等，都可以通过智慧校徽系统来实现。

1. 家校沟通服务（免费）
可多渠道接收老师作业、学校通知，为学生一键请假到班主任并查看批示结果，留存沟通记录

2. 学生定位、轨迹、围栏预警服务（增值服务资源开通，××元/月）
实时定位学生位置，查看学生轨迹（位置、驻留时长），自主划定电子围栏

3. 公共预警服务（免费）
接收学生到校、离校、到家、离家、迟到、早退、未出勤等各种状态

4. 其他服务（免费）
紧急情况下自助申请人工定位分析服务，点播学校、教育局推广的教育资源，查看学生成绩

图 8-9 智慧校徽家长功能

任务 2　车联网服务案例

在车联网时代，全面的无线连接可以将诸如导航系统等附加服务集成到车辆中，以支持车辆控制系统与云端系统之间频繁的信息交换，减少人为干预。

一、车联网认知

1. 车联网定义

车联网概念来自物联网（internet of things），根据行业背景不同，对车联网的定义也不尽相同。传统的车联网定义是指装载在车辆上的电子标签通过无线射频等识别技术，实现在信息网络平台上对所有车辆的属性信息和静、动态信息进行提取和有效利用，并根据不同的功能需求对所有车辆的运行状态进行有效的监管和提供综合服务的系统。

随着车联网技术与产业的发展，上述定义已经不能涵盖车联网的全部内容。根据车联网产业技术创新战略联盟的定义，车联网是以车内网、车际网和车载移动互联网为基础，按照约定的通信协议和数据交互标准，在车-X（X：车、路、行人及互联网等）之间，进行无线通信和信息交换的大系统网络，是能够实现智能化交通管理、智能动态信息服务和车辆智能化控制的一体化网络，是物联网技术在交通系统领域的典型应用。

2. 车联网技术

车联网关键技术分布在"端-管-云"三个层面："端"层面，车辆和路侧设施的智能化、网联化进程加快，关键技术包括汽车电子、车载操作系统技术等；"管"层面关键技术包括 4G/5G 车载蜂窝通信技术、LTE-V2X 和 802.11p 直连无线通信技术等，直连 V2X 无线通信技术是目前各方竞争的焦点；"云"层面，实现连接管理、能力开放、数据管理多业务支持的车联网平台技术是核心。

车用无线通信技术（vehicle to everything, V2X），是指将车辆与一切事物相连接的新一代信息通信技术。其中，V 代表车辆，X 代表任何与车交互信息的对象，当前 X 主要包含车、人、交通路侧基础设施和网络（图 8-10）。

图 8-10　车用无线通信技术

车与车之间（vehicle to vehicle，V2V）是指通过车载终端进行车辆间的通信。车载终端可以实时获取周围车辆的车速、位置、行车情况等信息，车辆间也可以构成一个互动的平台，实时交换文字、图片和视频等信息。V2V 通信主要应用于避免或减少交通事故、车辆监督管理等。

车与路之间（vehicle to infrastructure，V2I）是指车载设备与路侧基础设施（如红绿灯、交通摄像头、路侧单元等）进行通信，路侧基础设施也可以获取附近区域车辆的信息并发布各种实时信息。V2I 通信主要应用于实时信息服务、车辆监控管理、不停车收费等。

车与人之间（vehicle to pedestrian，V2P）是指弱势交通群体（包括行人、骑行者等）使用用户设备（如手机、笔记本电脑等）与车载设备进行通信。V2P 通信主要应用于避免或减少交通事故、信息服务等。

车与网络之间（vehicle to network，V2N）是指车载设备通过接入网/核心网与云平台连接，云平台与车辆之间进行数据交互，并对获取的数据进行存储和处理，提供车辆所需要的各类应用服务。V2N 通信主要应用于车辆导航、车辆远程监控、紧急救援、信息娱乐服务等。

二、典型案例

下面介绍某地 5G BRT 智能网联车路协同系统案例。

（1）项目需求

随着我国城市化进程的加快，交通拥堵、事故频发和尾气污染等交通问题日益严峻。公交系统作为城市交通的组成部分同样不能幸免。从公交集团的统计数据上看，一方面针对公交通行效率方面的投诉比较集中，占比 50% 以上；另一方面公交车的油耗占整个运营成本的 15% 以上，且是环境污染的主要因素。某地 BRT 公交由于其站台距离地面位置较高，停靠站时一旦距离站台过远容易造成乘客踩空事故的发生。

针对以上公交运营的痛点问题，某地 5G BRT 车路协同系统通过 5G 及 V2X 技术实现了车路、车车、车云通信，一方面以主动安全的方式降低 BRT 车辆在社会路口的事故发生率并提高路口通行效率，另一方面通过在 5G MEC 边缘计算平台上部署大数据、节能优化算法、高精度地图、智能路径规划等技术做到公交车辆运营的精细化管理，不但提高了能耗利用率，也实现了进出站台的精准停靠。

（2）解决方案

将 C-V2X、5G、MEC（multi-access edge computing）等先进通信技术与单车智能驾驶技术相结合实现智能网联，搭建了车内、车际、车云"三网融合"的车联网系统架构，如图 8-11 所示。

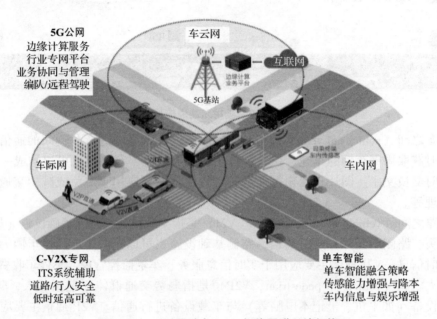

图 8-11 "三网融合"5G 智能网联系统架构

车内网：通过智能车载终端获取的安全信息，结合车内传感器的感知数据，经过感知融合算法，为车辆决策单元提供更安全可靠的参考信息，从而满足了对时延要求极高的车辆行驶安全类应用的需求。

车际网：通过 V2V、V2I，实现车辆与车辆、车辆与路侧基础设施（包括红绿灯信号机等）的交互。

车云网：搭建车辆与 5G 公网的交互通道，将 MEC 平台部署在靠近用户侧，提供路径行驶规划、节能减排策略、区域高精地图下载等应用。

车内、车际、车云三网融合，提供车辆智能网联中不同层面、不同类别业务的实际应用，有效提升车辆行驶安全，提高交通通行效率，从而促进城市交通智能化。基于该三网融合方案，需要对 BRT 车辆及社会路口进行智能化升级改造，其中该项目涉及的社会路口由于路权归属、施工难度等问题难以采用有线的通信方式，因此路口的感知设备和 MEC 平台之间采用 5G 网络进行通信，均可满足其带宽和时延的项目需求。带宽方面，路口多路视频的采集对上行带宽的需求在 32 Mbit/s 以上；时延方面，3GPP、ETSI 等标准化组织对主动安全类应用的端到端通信时延要求控制在 100 ms 以内，而视频信息本身的采集时延、编解码时延等已经在 60 ms 以上，因此对传输时延要求至少控制在 30 ms。由上可知，相较于 4G 网络，只有 5G 网络的 QoS 才能保障带宽和时延方面的需求。

依托 5G/C-V2X 技术的优势，系统实现了实时车路协同、智能车速策略、安全精准停靠以及超视距防碰撞四大业务应用场景，如图 8-12 所示。

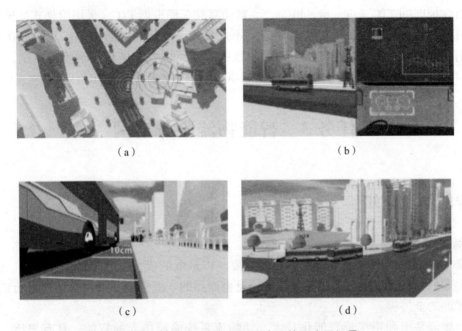

图 8-12 5G BRT 智能网联车路协同应用场景
(a) 实时车路协同业务应用场景；(b) 智能车速策略业务应用场景；
(c) 安全精准停靠业务应用场景；(d) 超视距防碰撞业务应用场景

①实时车路协同。车路协同技术首先可实现交叉路口 360°盲区检测。通过 MEC 对多种传感器探测信息进行感知融合，获取路口行人、机动车及非机动车等障碍物的详细信息并进行行为预测，后经由 5G 网络把 MEC 处理的数据传递给周围车辆。一方面利用 5G 网络的低时延特性达到实时的安全信息传递，另一方面利用 5G 网络大带宽的特性传递更丰富、更多维度的路口状态信息。智能车辆通过这些信息做出安全防撞决策，有效降低了路口交通事故的发生率。

其次可实现绿波通行，车辆通过车路通信提前获知前方路口动态信息，结合自身车速、位置等信息计算出绿波建议车速，同时系统也可对前方路口的红绿灯进行调整控制，保证 BRT 车辆优先通行，提高公交运输效率。经测算，平均可减少 15% 以上的线路通行时长。

②智能车速策略。通过在 5G MEC 上部署智能车速策略，利用 5G 网络的低时延特性，支持车辆行驶数据、状态信息、路况、区域化信息等通过 5G 网络实时分享上报，同时 MEC 结合实时路况信息，计算出不同位置下车辆的优车速，再通过 5G 网络反馈给车辆。车辆一方面以更合理的车速行驶，另一方面也减少了紧急加减速和急停等行为的发生，达到节能减排目的，百公里油耗可节省约 10%，每车每年可节省油费近 2 万元，大幅降低运营成本。

③安全精准停靠。高精度地图、融合感知算法、路径规划等策略部署在 5G MEC 上，MEC 利用 5G 网络的高效数据通道将这些大数据量的信息实时下发给车端，车辆根据这些策略，进站时调整行驶轨迹，实现厘米级的精准停靠站台，车门与站台间距控制在 10 cm 以下，以保证乘客上下车辆的安全，进一步提升了厦门市 BRT 优质高效安全的品牌形象。

④超视距防碰撞。车与车之间通过 V2V 实时通信交换彼此的距离、速度、位置等信息

并计算出碰撞时间 TTC (time to collision),自动驾驶车辆根据 TTC,采用阶梯式减速或制动策略,可实现道路行驶中、通过交叉路口等不同场景下的超视距防碰撞。其优势在于不受视距影响,不受雾、霾、阴雨等天气对能见度的影响,可大幅增加车辆感知范围,远超过450 m;可以在成本较低的前提下,减少交通事故的发生,提高安全出行。

任务3 智能物流服务案例

一、智能物流认知

1. 智能物流定义

物流 (logistics) 是指为了满足客户的需要,以最低的成本,通过运输、保管、配送等方式,实现原材料、半成品、成品及相关信息由商品的产地到商品的消费地所进行的计划、实施和管理的全过程。

智能物流是指利用集成智能化技术,使物流系统能模仿人的智能,具有思维、感知、学习、推理判断和自行解决物流中某些问题的能力。智能物流是物联网技术在物流领域的应用,完成货物从供应者向需求者的智能移动过程,包括智能运输、智能仓储、智能配送、智能包装、智能装卸以及智能信息的获取、加工和处理等多项基本活动,如图 8-13 所示。

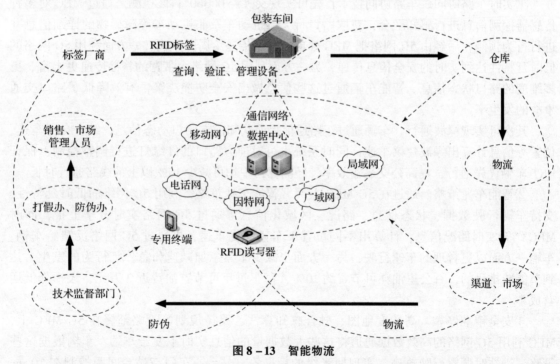

图 8-13 智能物流

智能物流利用先进的信息采集、信息处理、信息流通、信息管理、智能分析技术,智能化地完成运输、仓储、配送、包装、装卸等多项环节,并能实时反馈流动状态,强化流动监控,使货物能够快速高效地从供应者送达给需求者,从而为供应方提供最大化利润,为需求方提供最快捷服务,大大降低自然资源和社会资源的消耗。

智能物流的智能性体现在:

①实现监控的智能化,主动监控车辆与货物,主动分析、获取信息,实现物流过程的全监控。

②实现企业内、外部数据传递的智能化,通过电子数据交换(electronic data interchange, EDI)等技术实现整个供应链的一体化、柔性化。

③实现企业物流决策的智能化,通过实时的数据监控、对比分析,实现对物流过程与调度的不断优化,对客户个性化需求的及时响应。

④在大量基础数据和智能分析的基础上,实现物流战略规划的建模、仿真、预测,确保未来物流战略的准确性和科学性。

2. 智能物流应用

(1) 产品的智能追溯

目前,在医药、农产品、食品、烟草等行业领域,产品追溯体系发挥着货物追踪、识别、查询、信息采集与管理等方面的巨大作用,已有很多成功应用,如图8-14所示。

图8-14 产品的智能追溯

(2) 可视化的智能管理

基于GPS技术、RFID技术、传感技术等多种技术,在物流过程中实时实现车辆定位、运输物品监控、在线调度与配送可视化与管理等功能,如图8-15所示。

(3) 智能化的物流配送

基于传感、RFID、声、光、机、电、移动计算等各项先进技术,建立全自动化的物流配送中心。借助配送中心智能控制、自动化操作的网络,可实现商流、物流、信息流、资金流的全面协同。目前一些先进的自动化物流中心,基本实现了机器人堆码垛,无人搬运车搬运物料,分拣线上开展自动分拣,计算机控制堆垛机自动完成出入库,整个物流作业与生产制造实现了自动化、智能化与网络化。

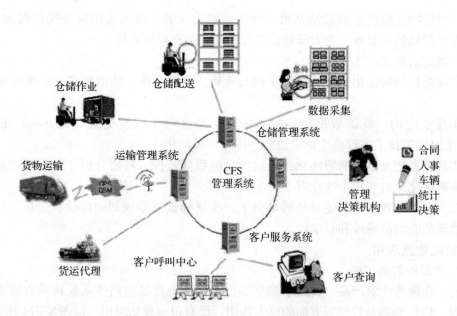

图 8-15　物流过程的可视化智能管理

（4）智慧化的供应链

在竞争日益激烈的今天，面对着大量的个性化需求与订单，怎样能使供应链更加智慧？怎样才能做出准确的客户需求预测？通过智慧物流和智慧供应链的后勤保障网络系统支持商流、物流、信息流、资金流的全面协同。

二、典型案例

1. 奶制品溯源系统

（1）项目需求

奶制品具有良好的营养价值，已成为人们生活中必不可少的饮品之一。目前人们对于奶制品的质量信心日益降低，为了满足生产者、消费者对奶制品生产的透明化需求，需要建设一套标准化、智能化，并且符合社会需求的奶制品安全溯源系统。

（2）解决方案

用电子标签、数据库、互联网等技术将牛奶的生产、加工、流通等环节的信息，通过物联网发送到数据库中。消费者可以通过牛奶包装上的 RFID 码，利用数据库进行查询。生产者也可以通过溯源查询系统监控到整个生产流程，能够及时发现问题，以便迅速顺利地解决。

某奶制品溯源系统如图 8-16 所示。

①奶场的管理。奶场的每头奶牛胃部被植入胃瘤式 RFID 标签，即被封装在陶瓷等耐酸容器内的 RFID 电子标签，并且在奶场的挤奶厅安装多个阅读器。

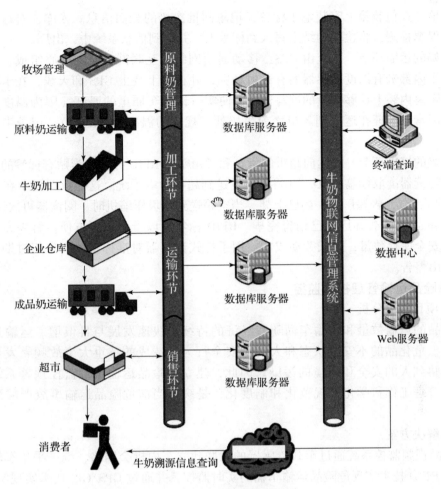

图 8-16 某奶制品溯源系统

每次奶牛进入挤奶厅，阅读器根据 RFID 标签识别每头奶牛，每头奶牛的牛奶产量将会被记录并通过后台的管理信息系统自动分析奶牛的奶量变化，进而得出每头奶牛的产奶性能、泌乳曲线、健康状况等。

通过 RFID 系统和自动投料系统的结合，记录和分析每头奶牛的乳蛋白、乳脂肪和体细胞数据，为精准饲养提供依据。

②牛奶生产环节。首先在原奶罐上贴上 RFID 电子标签，并对电子标签进行初始化，正确识读后装车（低温储藏）。通过该 RFID 电子标签 ID 可查询到奶罐中牛奶的来源和产奶时间。

将原奶的质量检验信息记录到电子标签上，并将电子标签上的信息传到后台管理信息系统中。

将原奶生产成牛奶。在生产开始，向存储罐中放置感应器记录奶罐中原奶的容量，传到后台管理信息系统，由此标记生产开始时间。

在同批次的牛奶上贴 RFID 电子标签，并将这批次的牛奶进行保温试验，将检验的结果写入到标签上，并传到信息系统中，标注在小包装上打印一维条形码，记录牛奶的生产时间和产奶地。在包装箱上安装电子标签,记录同批次奶的全面信息。入库,对这一批次的牛奶进行保温检测,将检验的结果写入到标签上,并传到信息系统中,出厂。

③牛奶的运输环节。系统由 GPS、移动通信网络、互联网、监控中心组成,在运输卡车内安装了内部带有温度传感器的有源射频标,并在车上装上 GPS 和天线,在卡车通过通过的路段距离内装上足够数量的读写器,以便实时记录车厢里的温度(因为温度是影响牛奶的重要因素,保证在运输到超市之前牛奶处于规定的温度状态之中),记录牛奶的物流信息。

④牛奶的销售环节。在运向超市的货盘和货箱贴有 RFID 标签,当贴有标签的货盘到达超市时,阅读器读取标签的 ID,并将它们发送到超市后端系统。这些数据显示在 retail link(零售客户系统),告知厂商牛奶已上架,当空箱送到垃圾压缩机时,阅读器再次读取标签,系统通过 retail link 告知厂商已销售完毕。RFID 标签可以带来以下方便:解决商品脱销问题;减少安全库存数量;降低劳动成本;用手持式读写器对准标签,当牛奶过期时,系统会自动发出警告。

2. 危险品运输管理视频监控

(1) 项目需求分析

危险品的运输数量和运输车辆随着经济的持续、快速发展与日俱增。运输过程中环境、车辆、危化品的不安全状态和人的不安全行为所造成的特重大事故频繁发生,严重危害和威胁到人的安全和环境的污染。因此,建立危险品运输车辆监控预警系统,使危险品运输管理工作科学化、规范化和制度化,是缓解当前危险品运输事故严峻形势的有效途径。

(2) 解决方案

危险品视频监控系统通过车载传感器的互联建立车内机会网络,统一采集车辆状态信息;通过 RFID 技术实现危险品运输车辆的实时监控,并通过 GPS/GIS 技术实现实时定位;然后将信息传输至监控平台实现后台监控与监管,最终实现对危险品运输的统一监管、统一调度、统一控制。

某危险品运输管理视频监控系统如图 8-17 所示,由三大部分组成:车载监控录像系统、数据传输系统(4G/5G/GPS)、监控中心。

车载监控录像系统:安装在危险品运输车辆上(一般安装在驾驶室及车尾),主要功能为车辆运行监控、录像及无线数据传输。

数据传输系统:配合使用无线数字传送模块,将车上的音视频相关行车信息通过 4G/5G 模块实时传输到监控中心,实现危险品运输车辆远程实时的音视频监控。

监控中心:接收和存储运输车辆传送的音视频图像和车辆到达后的行驶记录仪上的相关信息;存储和管理运输车辆和驾驶员的信息资料。

此外,系统通过使用 4G/5G/GPS 模块来实现电子地图的精确定位,提供车辆运输的实施监控。

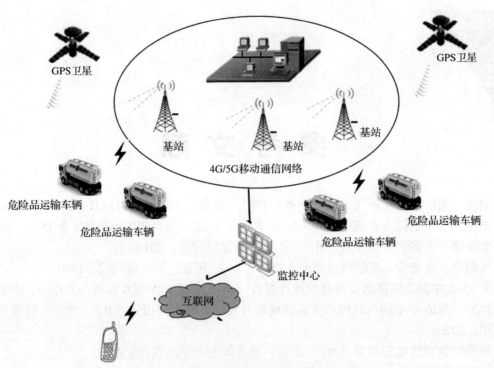

图 8-17　某危险品运输管理视频监控系统

参 考 文 献

[1] 刘莹. 通信专业实务（终端与业务）[M]. 北京：人民邮电出版社，2018.
[2] 李丽，等. 电信业务应用与客户服务[M]. 北京：人民邮电出版社，2015.
[3] 李晓晓. 内容消费行业报[R]. 北京：36氪研究院，2019.
[4] 沈明辉，孙婉莹. 互联网内容产业报告[R]. 北京：恒大研究院，2019.
[5] 第45次中国互联网络发展状况统计报告[R]. 北京：中国互联网信息中心，2020.
[6] 2020—2026年中国物联网产业运营现状及发展战略研究报告[R]. 北京：智研咨询集团，2020.
[7] 胥学跃. 现代电信业务[M]. 北京：北京邮电大学出版社，2008.
[8] 中移物联网网站 http://iot.10086.cn/.
[9] 联通物联网公司 https://www.10646.cn/portal/page/ud_structure.html#/1.
[10] 云游戏产业发展白皮书[R]. 中国信通院，2019.
[11] 云网融合发展白皮书[R]. 计算开源产业联盟，2019.
[12] 电信大数据白皮书[R]. 大数据发展促进委员会电信工作组，2017.
[13] 中国5G车联网产业发展前景研究报告[R]. 深圳：中商产业研究院，2018.
[14] 中国移动5G智慧校园白皮书[R]. 北京：中国移动，2019.